DUMONT

Samuel Leiser ist ein einsamer Vogel. Sein Vater Yehuda entkam den Nazis, indem er vorgab, Autor zu sein und als Künstler nach Amerika einreisen durfte – wo er zum gefeierten Kriminalschriftsteller Jonathan Still wurde. Nun übersetzt Samuel seine Bücher ins Deutsche. Zwischen den Zeilen sucht und findet er versteckte Botschaften. Doch was bedeuten sie? In einem Sommer Anfang der Siebziger zieht Samuels frühreife Tochter Ashley aus England zu ihm nach Paris, damit sich beide einmal in Ruhe kennenlernen. Bald aber wird es eng in der kleinen Wohnung: Samuels Ex-Frau Letitia kommt mit Vater und neuem Freund zu Besuch. Durchreisende bleiben länger als erwartet, sogar Yehuda fliegt samt Gangster-Verwandtschaft ein. Dem turbulenten Familientreffen zwischen Eheschwüren und Eifersuchtsdramen entkommt Samuel nicht einmal, indem er sich in seine Spanischlehrerin verliebt. Denn nicht nur die Menschen seines Lebens überfallen ihn, sondern auch ihre Geschichten und ererbten Alpträume – bis zum furiosen Finale. Martin Kluger erzählt eine drei Generationen umspannende Geschichte um die Liebe: eine melancholisch-ironische Comédie humaine.

Martin Kluger wurde 1948 in Berlin geboren. Er studierte Anglistik und Linguistik, arbeitete als Werbetexter und literarischer Übersetzer (u. a. Malcolm Lowry, Donald Barthelme, John Fowles, Iris Murdoch, Aharon Appelfeld) und schrieb zahlreiche Drehbücher für Film und Fernsehen. 1998 veröffentlichte er den Roman ›Die Verscheuchte‹, bei DuMont erschienen der Erzählungsband ›Der Koch, der nicht ganz richtig war‹ (2006) sowie seine Romane ›Abwesende Tiere‹ (2002) und ›Die Gehilfin‹ (2006). Martin Kluger wurde 2008 mit dem Bremer Literaturpreis und dem Candide-Preis der Stadt Minden ausgezeichnet. Er starb im April 2021 im Alter von 73 Jahren.

MARTIN KLUGER

DER VOGEL, DER SPAZIEREN GING

ROMAN

DUMONT

Von Martin Kluger sind bei DuMont außerdem erschienen:

Abwesende Tiere
Die Gehilfin
Der Koch, der nicht ganz richtig war

FSC
www.fsc.org
MIX
Papier aus verantwortungsvollen Quellen
FSC® C083411

Dieses Buch wurde klimaneutral produziert.

Klimaneutral
Druckprodukt
ClimatePartner.com/17531-2110-1001

März 2022
DuMont Buchverlag, Köln

Umschlaggestaltung: Lübbeke Naumann Thoben, Köln
Gesetzt aus der Dante
Druck und Verarbeitung: CPI books GmbH, Leck
Gedruckt auf säurefreiem und chlorfrei gebleichtem Papier
Printed in Germany
ISBN 978-3-8321-6201-6

www.dumont-buchverlag.de

Für Maureen
para siempre

I believe that while we are alive we lie
to protect ourselves from the truth itself.
The lies we tell are part of the life we live
and therefore part of the truth.

George Bernard Shaw

Erster Teil

Der große Frager

Nicht ich bin, sondern mein Vater ist der Schriftsteller in der Familie. In meiner Geschichte ist er der Absender, ich bin der ewige Bote.

Viele Jahre sind vergangen, Menschen gestorben, Herzen verbrannt. Aber der Bote lebt noch und muß die Botschaft überbringen, die ihm anvertraut wurde.

Wir waren beide Einzelkinder. Vater, ich, wir waren zu zweit, mehr waren wir nicht. Zwei selbstgebackene Yankees in Philadelphia, City of Brotherly Love. Der Rest der Sippe gesellte sich später zu uns, wie die als harmlose Hausgäste getarnten Mörder in Vaters Romanen. Bis auf Onkel Meyer natürlich. Meyer war immer schon dagewesen. Meyer, der Erlöser, hatte Vater und meine Wenigkeit von der Alten Welt über den Ozean in die Neue Welt gelotst. Wie viele Seelen Onkel Meyer später dann als Bote von Boss Neidelman ›erlöst‹, sprich ›vereist‹, sprich vom Leben zum Tode befördert hat, weiß niemand genau. Beim FBI existiert eine Akte über Meyer. Leider kann selbst weltliterarisches Interesse diese Leute nicht erweichen; die Akte bleibt uneinsehbar.

Meine früheste Erinnerung an Amerika, meine früheste Lebenserinnerung überhaupt, halte ich fest und werde ich festhalten bis zu meinem letzten Augenblick. Dort steht mein Vater in europäischen Lumpen am sonnigen Pier und fragt, kaum der Immigrantenbaracke und den eigenen Befragungen entronnen, einem Zeitungsjungen die Seele aus dem Leib. Was er wohl wissen wollte? Ich war ein Kleinkind und verstand kein Wort (die Dreijährigen damals waren noch nicht so artikuliert und intellektuell wie heute), doch erinnere ich mich an diesen ersten amerikanischen Zeitungsjungen meines Lebens, an sein füchsisch zugespitztes Gesicht und seine weltverspottend gelbgrünkarierte Jacke und die frischen Nachrichten in seinem Arm. Und an die Tränen, die plötzlich aus seinen Augen kullerten. Vaters Fragen konnten weh tun. Und die Schauerleute sehe ich noch vor mir, sie hingen in den Streben der kolossalen Kräne und sangen Schlager. Amerika, du hast es besser, wie Goethe richtig prophezeit hatte.

Vater, der in dunkler Vorzeit eine Reliquie aus Goethes Haus entwendet haben soll (laut Onkel Meyer war es die rosa Untertasse mit Goldrand, von der er, also Vater – wohl kaum der Geheimrat – alle halbe Stunde seinen Kaffee schlürfte), spuckte in die Hände und legte los. Schon als Siebenjähriger, so die Legende, hatte er sich mehrere Sprachen einverleibt, er schluckte Sprachen wie ein Fisch, las Dostojewski und Kant, debattierte mit den Hargenseer Alten unter der Linde über Gott und die Welt, vor allem über Gott. Was der sogenannte normale, schnurgerade Bürger einen ›richtigen Beruf‹ nennt, erlernte er allerdings nie. Dafür prägte er sich die Landstraßen ein, auf denen er von Städtchen zu Städtchen zog. Die Camouflage, den Größenwahn, die Lügenmärchen der Landstraße.

Während ich dies diktiere, wird mir klar, daß wir alle Berufslose waren, die gesamte Sippe, sogar Letitia. Und kamen doch eine Strecke weit in unseren Leben. Sehet die Vögel unter dem Himmel, sie säen nicht, sie ernten nicht, sie sammeln nicht in die Scheunen, und euer himmlischer Vater ernährt sie doch.

In unserer neuen Heimat Philadelphia ernährte Vater sich, mich und anfangs sogar Onkel Meyer als Hochzeitsklavierspieler und Beerdigungsorganist. Mendelssohns Hochzeitsmarsch und Chopins *Marche Funèbre* waren die Schlager meiner frühen Kindheit. Regen oder Schnee, Schule oder nicht, ich hatte dabeizusein, wie das Kid in Chaplins Film. Wie Chaplin setzte Vater auf Menschlichkeitsregungen, Mitleidskörnchen in der großen Goldgräberorganisation Vereinigte Staaten von Amerika. Die Schnappschüsse aus dieser Zeit, stets von Onkel Meyer aufgenommen, dem ein Photoapparat ›zugeflogen‹ war und der später ein rotledernes Album für mich anlegte, zeigen meine angeborene Lidhebeschwäche *(Ptosis)*, die ich mit Aristoteles Onassis teile. Gewissen Goldfischen gleich, Himmelsgucker genannt, versuchte ich besser zu sehen, indem ich den Blick permanent ein wenig nach oben richtete. Der Effekt war (und ist) herzergreifend. Bemerkenswert auch die trügerische Wirkung, wenn ich mein Gegenüber einfach nur direkt anschaue. Die leicht herabhängenden Lider verleihen meinen Augen einen Ausdruck vornehmer Müdigkeit oder kontemplativer Versunkenheit oder, je nach Wunschvorstellung des Betrachters, erotischer Abgründigkeit, sexueller Abartigkeit. Als wir endlich über genügend Mittel verfügten, um mich operieren zu lassen, war es längst zu spät. Denn wer hatte mit diesen Augen, diesem Blick, dieser Behinderung in der Central High gegen die versammelte, muskelbepackte Konkurrenz von Baseballschleuderern und Basketballdribblern *Body and Soul* der vielbegehrten, rothaarigen, vollbusigen Melissa Green erobert? Melly war die erste in einer langen Reihe von Romantikerinnen, die hinter meinem Geburtsfehler eine gewisse Reinheit und Schönheit der Seele zu erkennen glaubten. Ich dankte es ihr nicht, ich verließ sie. Ich verließ sie alle. Denn das Schöne ist nichts als des Schrecklichen Anfang.

Vater spielte seine Märsche auf den Grand Pianos in den Livingrooms von Society Hill, an der Hammondorgel des Friedhofs von Laurel Hill, während ich, Sam the Kid, hundetraurig in fröhliche und katzenstoisch in traurige Augen zu schauen, Hände zu schütteln, Gratulation und Beileid zu spielen, fallengelassene Frauentaschentücher aufzuheben und Vaters amouröse Zettel hineinzuschmuggeln hatte: *Tonight at Mincie's, sweety*. Wir waren unglaublich, lächerlich arm und noch nie im Kino gewesen, aber für Vaters eilige Kopulationen mit den Brautjungfern und Witwen von Philadelphia, von ihm (sofern er einmal Deutsch sprach, was er nur tat, wenn er außer sich war), auf gut Goethisch ›Schäferstündchen‹ geheißen, reichte es immer.

Wir hausten in einem niedrigen, gespensterverseuchten Zimmer unter dem Dach einer handtuchschmalen, zweigeschossigen Backsteinbröckelbude mit kleinem Hintergarten, den zu betreten uns unter Androhung sofortigen Rauswurfs verboten war. Natürlich buddelte ich in dem trostlosen Geviert, klaute die stinkenden Kräuter, verkaufte sie an der Penn Central Station, erstand dafür Vaters linierte Schreibhefte und Würmer für seine selbstgebastelte Angelrute, mit der er im Schuylkill River fischte. Kaum ein Lichtstrahl fiel in dieses Haus, wir lebten wie die Nachttiere, wie in einem Gemälde von Breughel. Unsere Straße war die Mount Vernon, Spring Garden District, nahe Strawberry Mansion, damals eine russisch angehauchte Gegend. Nicht allzu weit entfernt vom noch unheimlicheren Edgar-Allan-Poe-Haus und seinen düsteren Stiegen, pochenden Gemäuern, füge ich hinzu – ein Umstand, den Vater in Interviews geflissentlich verschwieg. Der Leningrader Wucherer, falsche Arzt und Engelmacher Leon Zelenski, der sich an den Gestaden der Neuen Welt den Namen Dr. Lou London zugelegt hatte, war unser Tyrann und Hauswirt. Vater taufte das Haus ›Lenin Castle‹. Der Leningrader erhöhte prompt die Miete. Die Seelen der von Dr. Lou London mittels unbeschreiblicher Gartengeräte ausgeschälten Leibesfrüchte suchten mich in meinen Nächten heim, sie weinten auf Deutsch, in der Sprache meiner Mutter, sie klagten mich an, ihnen nicht zu Hilfe gekommen zu sein, auf daß sie geboren werden und irgendein Leben hätten haben können, sie schworen Rache. Die Zweige der Kastanie vor unserem Fenster malten Menetekel an die Zimmerwand, schauerlich vergrößert von Vaters Mitternachtslampe, in deren Schein er über seinem geheimen Plan brütete. Meine Angst vor Schatten wurde geboren. Vater legte seinen dicht behaarten Zeigefinger an die Lippen und bedeutete mir zu schweigen. ›Hab Geduld, Sam‹, sagte er leise. ›Nicht mehr lange …‹

Vater verfolgte einen Plan. Er hatte seinen Plan buchstäblich, und ich meine: Buchstabe für Buchstabe, nach Amerika eingeschleppt. Selbst Onkel Meyer wußte nicht um die Sprengkraft dieser Bombe.

Meyer lebte von amerikanischer Luft und drei geschnorrten Zigaretten pro Tag, legte mir sonntags heimlich seine Kohlroulade, die jetzt *stuffed cabbage* hieß, auf den Teller, schlief unter Vaters Bett, später unter meinem, blieb den Hochzeiten fern, konzentrierte sich auf die Beerdigungen, half den Sargträgern, lungerte herum, hörte sich um. Mied seine Bürgen, die braven Quaker, die ihm und uns Amerika erst möglich gemacht hatten, pumpte keinen Cent von ihnen und auch keine Camel, wollte ihnen als Meyer Nobody nicht unter die Augen treten, geschweige denn ihren sehr innigen, stummen Meetings beiwohnen, die man nur durchstand, wenn man wenigstens eine ungefähre Vorstellung davon hatte, wer man war und was man auf Gottes Erde suchte.

Wartete also ahnungsvoll, mit dem sicheren Instinkt des östlichen Stetl-Eckenstehers auf das Begräbnis der Begräbnisse, auf seinen eigenen Erlöser: Neidelman den Jüngeren. Der eines düsteren Novembertages Neidelman den Älteren alias Black-Friday-Neidelman unter den verwehten Klängen von Vaters *Marche Funèbre* zu

Grabe trug und in der gedrungenen, kleinen Vogelscheuche, die Meyer war, mit dem Instinkt des östlichen Großlandstreichers seinen neuen Laufboten, Todesboten und Märchenerzähler erkannte.

Neidelman ließ Onkel Meyer einkleiden und ausstaffieren, gewiß auch aufrüsten, und brachte ihn in einem, verglichen mit Lenin Castle, fast luxuriösen Zweizimmerapartment in Point Breeze unter – denn langsam wich die Depression, die unser Neues Weltchen just nach unserer Ankunft erfaßt hatte, wiederum der gewohnten kleptokratischen Manie. In Point Breeze verlebte ich die schönsten, längsten Stunden meiner Kindheit. Ich arbeitete mit den langen Stunden, wie nur Kinder es können, ich dehnte und streckte sie und tat alles, damit sie nie endeten. Die langen, trägen, besinnlichen Stunden der Gangster, wie ich sie liebte! Meyer und andere Neidelman-Männer in den tiefen grünen Polstersesseln mit den ingeniösen Aschenbecherhaltern, diesem uramerikanischen Patent. Die Zigaretten, filterlos, damals dufteten sie noch süß und schwer, wie Mädchenschenkel (stellte ich mir vor), sie dufteten nach Süden, Sünde. Die ausdrucksstarken Arten, eine Zigarette zu halten. ›Daumen und Zeigefinger‹, lehrte mich Onkel Meyer früh, ›alles andere wirkt weibisch.‹ Die Geldscheine und die funkelnden Geldclips, die Abendsonne auf den Geldscheinen. Die Abendsonne in den Whiskygläsern. Der winzige Schuß Whisky in meiner Hersheymilch. Das Befühlen der Talismänner, der Schmeichelsteine, gravierten Ringe, Schlüsselanhänger, der Hasenpfoten, Herzen und Heiligen, Meyers Kreuz-As im Hutband, jeden Morgen frisch gezogen, dreimal gefaltet. Das Schweigen. Der kurze Blick auf die Armbanduhr. Das Klingeln des Telefons im Flur. Die Geheimsprache. ›Jamie ist uns ganz fremd geworden, findet ihr nicht auch?‹ Lange Pause. Dann Meyer: ›Kennt einer von euch zufällig Jamies Schuhgröße?‹ Und im Radio meine Lieblingssendung *I Love A Mystery*.

Vater hatte jetzt bündelweise Fragen an Onkel Meyer, er notierte sie auf seinen linierten Zetteln (Vater fürchtete sich vor unliniertem Papier), steckte die Zettel in einen Umschlag und schickte mich nach Point Breeze, was damals eine Stunde Fußmarsch bedeutete. Die Straßen, die Sprachen, die Ecken, die Pfützen und die Hochbahn, nichts war mir neu in der Neuen Welt, denn die Alte Welt lag, wie ich schon sagte, im Dunkel. Erinnerte ich mich gar nicht an den kleinen Weimar-Mensch, der ich gewesen war, an irgendeinen Pflasterstein, Mamas Hand vielleicht, oder an Paris, den Eiffelturm, die Place des Vosges, Southampton? Nein. Ich war ein neuer kleiner Mensch geworden in Philadelphia, war nie woanders gewesen, schleppte keinen Rucksack mit mir herum, randvoll mit alter, trauriger Wäsche, wie die Russen und Galizier der Mount Vernon Street und ihre Kinder und Kindeskinder. Und doch, manchmal, wenn ich mein Spiegelbild im Schaufenster von Fred Koenig's Fischladen auf der Spring Garden betrachtete, beschlich mich das beklemmende Gefühl, nein, ich schmücke aus (die Berufskrankheit der Boten und Übersetzer): war ich mir *sicher*, nicht ich zu sein, Sam the Kid, sondern ein ganz anderer, der Sams Platz eingenommen und den wahren Sam, oder wie immer er wirklich hieß, um sein Glück in der Neuen Welt betrogen hatte. Der wahre Sam, sagten unter hängenden Lidern meine schuldigen Augen über den toten Kabeljauen in Koenig's Schaufenster, schmachtete in einem Verlies, als Brandstifter zu lebenslanger Kerkerhaft und stündlichen Auspeitschungen verurteilt. Für einen Brand, den er nicht gelegt hatte. Natürlich erzählte ich Vater nichts von diesen Gott sei Dank seltenen Anflügen und Bedrückungen. Vater mochte mich eh nicht sonderlich leiden. Ich war ihm eine Last. Mein bloßes Dasein erinnerte ihn an Zeiten, Jahre, Fehler, Flecken. Ein Wunder, daß er mich nicht auf der Landstraße verkauft oder in der Seine ertränkt hatte. Soweit es möglich war, gingen wir uns während dieser schweren ersten Jahre in Lenin Castle aus dem Weg. Vielleicht spürte er auch, daß ich nicht der eigentliche Sohn war, Original Sam. Ich vertraute mich Onkel Meyer an. Meyer ließ sich in seinen grünen Sessel sinken, sortierte seufzend Vaters Fragezettel, notierte mit schneller, unwirscher Hand die Antworten an den Rand und bemerkte rätselhaft: ›Identität bedeutet Schuld. Das wußten wir immer schon, Sam. Das muß uns keiner erklären.‹

Ich will versuchen, Meyer Mushkin kurz zu beschreiben, er hat es verdient. Er war von kleiner, kräftiger Statur, fast quadratisch, er fraß wie ein Scheunendrescher, soff wie ein Ochse, rauchte wie ein Kombüsenschlot. Hatte nie eine Schule von innen gesehen, besaß jedoch die rapideste intuitive Auffassungsgabe, die ich je bei einem Menschen erlebt habe (nur Katzen reagierten schneller). Bücher waren nicht sein Ding, wohl aber Zeitungen und Zeitschriften, unter letzteren vor allem *Reader's Digest*. Unsere ersten bettelarmen Jahre in Philly schmälerten den quadratischen Eindruck nicht, sondern bewirkten höchstens, daß er nun dastand wie ein leicht wackliger Kleiderständer für schlotternde Gnomenlumpen. Er maß einen Meter sechzig, trug jedoch Einlagen und pries später die Swinging Sixties mit ihren hochhackigen Herrenstiefeletten als die wahre Epoche des Fortschritts. Meyers tiefdunkelrote, drahtig gelockte, affendichte Haare signalisierten nicht gerade Gemütlichkeit, ebensowenig wie seine winzigen, kugelrunden, pechschwarzen Augen, die der nie um einen hübschen Vergleich verlegene Boss Neidelman *Meyer's muzzles*, Meyers Pistolenmündungen nannte. Der Mund, den sich Gott für Meyer ausgedacht hatte, war indessen der einer Diva, orientalisch olivfarben und vollippig geschwungen, stets ein wenig schmollend. Seine Zähne, die er bis in die fünziger Jahre (als er sie überkappen ließ) selten zeigte, flößten wiederum Angst ein, sie liefen raubfischartig spitz zu. Sommersprossen umtanzten Meyers knollige Nase.

Er machte das Beste daraus. In Meyers Blütezeit besaß er in seinem Domizil am Rittenhouse Square zwei begehbare Ankleidezimmer mit vierhundert Maßanzügen, die sein britischer *manservant* Barkley jeden Ersten des Monats in einem eigens hierfür angeschafften Lieferwagen zu Applebaum's Dry Cleaners karrte. Anders als viele Altweltler (unser Nachbar Chaim Elender, der sich nun Chip Hollander nannte, oder Moshe Gewirtz, aus dem Morris Worthington wurde) nahm Meyer Mushkin keinen neuen Namen an. Seine Quaker, zu deren priesterlosem, pazifistischem Glauben er bald übertrat, waren voll des Lobes für die Integrität ihres neuen Freundes. Mehr sein als scheinen, im stillen wirken, lautete ihre Devise. Meyer nahm es sich zu Herzen, wirkte im stillen, schraubte den Schalldämpfer auf.

Ich wiederhole: dies sind Vermutungen, bewiesen ist nichts. Im Leben eines Menschen, so habe ich gelernt, ist alles, absolut alles möglich, aber nichts, absolut nichts beweisbar. Meyer wurde mehrmals angeklagt, nie verurteilt, auch nicht, nachdem er auf mysteriöse Weise bei Boss Neidelman, dessen Verbindungen angeblich bis ins Weiße Haus reichten, in Ungnade gefallen war.

Er hatte Vater und mich nach Amerika geführt. Und war dazu bestimmt, uns ein zweites Mal zu erlösen, wie sich auf diesen Seiten herausstellen wird. Meyer Mushkin, der zwanzig Jahre jüngere Bruder von Amelia ›Mali‹ Mushkin: Landstreicherin, Traumdeuterin, in Milch badende Hexe, die Vaters Mutter wurde. Meine Großmutter, die ich nicht mehr kennenlernte, die mich nachts in Träumen besuchte und eine Sprache sprach, die ich nicht verstand.

Ach, Mali, sagenumwobene Mali, Friede deiner Asche, wenn du

wüßtest, wenn die Toten wüßten. In gewisser Weise stehst du im Mittelpunkt der Geschichte, die ich zu erzählen habe. Sokrates sagt, wir müssen das Sterben üben, indem wir uns von Dingen trennen, von Menschen lösen. Aber die Erinnerungen bleiben, sie sterben nicht mit uns, sie lösen sich auf und erschaffen sich neu, wie die Wolken. Du wirst es erleben: Durch die schiere Willenskraft und Widerborstigkeit einer Dreizehnjährigen, deiner Urenkelin, wirst du noch einmal unter uns sein, werden wir uns wiedersehen.

❖❖❖

An jenem schwülfeuchten Sonntagnachmittag Ende August, als ich meine Tochter Ashley Inès Djuna, Rufname Ashy, endlich am Flughafen Orly in Empfang nehmen durfte, hatte ich vorher noch ein unerfreuliches transatlantisches Telefonat mit dem greisen Hutbinder geführt. Er stehe kurz davor, teilte er mir in seiner geschwurbelten Art mit, die Worte *finis opera Hutbinderi* unter das ›Konvolut‹ zu setzen, welches die erste autorisierte Biographie meines Vaters zu werden drohte. Ich versuchte mich zu beruhigen, indem ich aus dem Fenster guckte. Nachschauen, was die Wolken so treiben, das half immer. Mittelhohe Schäfchen weideten trügerisch heiter über den Giebeln von Montparnasse, bildeten aber nur die Vorhut für die unheilschwangeren, revolutionären Massen, welche sich von der Porte d'Orléans heranwälzten.

Hutbinder hatte also tatsächlich das Ende des Tunnels erreicht. Und war autorisiert. Während ich, unautorisiert, in den tiefsten Tiefen meines Schreibtischs einen schmalen Ordner vor mir selbst versteckte, in dem sich magere neuneinhalb Seiten befanden. Ich beabsichtigte, das Gespinst aus Legenden, Lügen und Fiktionen zu zerreißen, das Vater und Meyer geduldig, systematisch gesponnen hatten. Bei den Steinen des Ersten Tempels, ich beabsichtigte, sehr weit vorne beziehungsweise sehr weit hinten anzufangen, wenn nötig bei Abraham, bei Isaak, bei Jahwe höchstpersönlich. Ganz gewiß bei der Frau, die meine Mutter war; hier hatte mir eine geldgierige Geheimquelle aus Weimar über meinen Mittelsmann Bruno Fetterly neue Informationen angekündigt. Noch wußte Vater nichts von meinem Vorhaben. Kein Mensch wußte davon.

Andererseits, wie oft hatte Hutbinder mich schon meschugge gemacht mit seinen Verlautbarungen aus Santa Monica, und dann war es doch nichts gewesen, nichts geworden. Franz Hutbinder, Vaters erster deutscher Übersetzer (ich wurde sein Nachfolger). Etwa um die Zeit, als ich die erotische Wirkung meiner *Ptosis* auf der Philly Central High an Melissa Green schulte, machte Hutbinder sich bereits anheischig, Vaters Biograph zu werden. Mehr über ihn später.

Ashys Flugzeug sollte um fünf landen, also blieb mir noch Zeit, letzte Hand an ihr Zimmer am Ende des schummrigen Flurs, vormals mein Pingpong-Zimmer, vormals das elterliche Schlafzimmer, zu legen. Ich stellte einen Teller mit einer Orange auf ihren Nachttisch. Ich pinnte das Poster eines vornehmlich aus Schminke bestehenden ›Sängers‹ an die Wand über dem angeblich aus dem Madrid des achtzehnten Jahrhunderts stammenden, jetzt knallgelb gestrichenen Sekretär, den ich meiner Spanischlehrerin abgeschwatzt hatte (sie benutzte ihn sowieso nicht). Ich bettete liebevoll meine alte, *nicht* illustrierte, sondern aus sich selbst sprechende Ausgabe der La Fontaine'schen Fabeln auf das Kopfkissen und krönte sie mit einer zweiten Orange. Die dritte aß ich selbst. Sie weckte meinen Appetit, und so ging ich hinunter zu Audrain.

Ich war sehr aufgeregt. Das Wolkendrama, sonst stets ein meditatives Schauspiel, das mir wenigstens zwei Joints oder drei Ricards, in Valiumwährung eine halbe Zehnertablette ersparte, kitzelte heute nur den sensitiven Beziehungswahn hervor, die Furcht vor den Winken des Demiurgen, vor dem ›Gemeint-Sein‹ (lieber böser Gott, sollte es dich wider Erwarten *doch* geben, mach, daß ich nicht gemeint bin), die Familienseuche. Zeichen, Vorzeichen, Menetekel, ein auf die Spitze fallendes Blatt, eine stehengebliebene Bahnhofsuhr, ein schielender Postbote, eine ungeschälte Weintraube, saure Milch, gewisse Zahlen, gewisse Vögel, um nur einige harmlosere Beispiele zu nennen – und Kübel von Unheil schwebten kippelig über unseren Köpfen. Und nein, andere waren nicht gemeint, wir waren gemeint, wir allein.

Ich hatte meine Tochter seit zwei Jahren nicht mehr gesehen, Letitia, ihre Mutter, hatte es untersagt; damit das Kind ›zu sich komme‹; Bedeutung natürlich: zu ihr, zu ihr. Aber das Gegenteil war geschehen drüben am anderen Ufer des Ärmelkanals.

Ashley war in Montevideo geboren worden, Letitias Heimatstadt. Fünf Jahre später verpflanzten wir sie nach Paris. Dann trennten wir uns (selbstverständlich waren wir nicht verheiratet). Ashley ging mit Letitia nach England. Ich blieb in Paris, das mir nie viel gesagt hatte und ohne montevideanisches Kind noch weniger sagte. Aber wo sollte ich hin? Letitia verbrachte eine Zeit in Jerusalem, wo sie verhaftet wurde, und ließ Ashley im englischen Internat zurück. Ich durchlebte zu dieser Zeit einen amourösen Alptraum nach dem anderen, hatte sogar eine Affäre mit einer bleichen Blonden (die Frauen meines Lebens waren alle dunkel wie die Teufel). Währenddessen blieb Vater in Lenin Castle, pflanzte ein Bäumchen im Gärtchen, ersaß sich einen breiten Arsch und schrieb Romane, um seine eigenen Irrfahrten zu vergessen, mit Druckerschwärze unkenntlich zu machen, als hätten sie nie stattgefunden.

Ashy würde bald dreizehn sein und ein ›Bewußtsein‹ entwikkeln, wie schrecklich. Und Himmel, ich sah sie schon alle schmachten auf den Boulevards und vor dem Haus, die maulfaulen, desorientierten, sich nurmehr in Zeitlupe auf Zehenspitzen durchs Desaster tastenden Jünglinge der Neuzeit, von denen die allermeisten aussahen wie ihre eigenen Schwestern. Beklemmenderweise hatte Ashley am selben Tag Geburtstag wie Vater.

I was born on a warm October morning, hatte Vater letztes Jahr dem staunenden Publikum bei seinem Auftritt in der ›Tonight Show‹ eröffnet, *in Hargensee, a small idyllic town in what used to be known as Germany*. Sogar Jonny Carson, nicht so leicht aus der Ruhe zu bringen, zeigte sich verunsichert, fast pikiert. Wen hatten die amerikanischen Leser da jahrzehntelang an ihrem Busen genährt, *a fucking Kraut*? Hutbinders Biographie warf ihre Schatten voraus. Vermutlich mußte er sich jeden einzelnen Satz absegnen lassen, kein Zukkerschlecken für Vaters dreiundachtzigjährigen Eckermann. Aber soviel stand nach der ›Tonight Show‹ fest: Vater war bereit, ein paar Krumen Wahrheit unter die Leute zu streuen. Möglich, daß er ahnte, was ich vorhatte, und mir zuvorkommen wollte. Möglich, daß er sich nicht mehr überschaute. Möglich, daß er einfach alt wurde. Angeblich war er sechsundsechzig. Er würde seinen Siebenundsechzigsten wie immer in Lenin Castle feiern, mit Meyer und Alan Altshuld junior, bei Kaffee und Mandelmuscheln und zur Musik seines geliebten George Frederick Handel.

›Wird Ashy mich denn noch verstehen?‹ fragte Audrain.

Ich warf ihm einen Blick zu.

›Entschuldige, Sam.‹

Wie ihre Mutter sprach Ashy vier Sprachen: Spanisch (Muttersprache), Englisch (Vatersprache), Französisch (Exilsprache) und ein wenig Deutsch. Die fünfte, jetzt tote Sprache, ein verzaubertes Kauderwelsch der Zärtlichkeit und Ausgelassenheit, das wir drei miteinander in glücklicheren Zeiten gesprochen hatten, gedachte ich, in den kommenden zehn Monaten wieder aufleben zu lassen. Und noch eine Überraschung hielt ich für meine Tochter parat. Ich wollte endlich Spanisch lernen. Ausgerechnet Letitias wundervolle Weltsprache hatte ich aus verschiedenen, teilweise irrationalen, teilweise guten Gründen nie gelernt. Spanisch sperrte sich, steckte voller Menetekel, war gefährlicher als saure Milch, brachte Kummer und Tränen, es war ein wunder Punkt. *Lo siento*. Audrain wußte das.

›Wie kommst du mit deinem Spanisch voran?‹

›Langsam. Mühsam. Irgendetwas in mir weigert sich noch.‹

Audrain wechselte zu seinem, unserem Lieblingsthema.

›Was macht dein Vater?‹

›Ein Yakuza hat Perrone mit der Schwertspitze das Ohrläppchen abgetrennt.‹

›Yakuza? In Philadelphia?‹

›In Tokio. Perrone ist in Tokio.‹

›Mach keine Witze.‹

›Ich bin allerdings erst auf Seite fünfundvierzig.‹

›Aber das ist ein Skandal! Er hat Philadelphia noch nie verlassen. Was wird aus Heinrich? ‹

Ich zuckte die Achseln. Heinrichs Schicksal war das letzte, worüber ich mir im Moment Gedanken machte.

›Dein Vater ist doch nicht etwa krank?‹, sagte Audrain. ›Hast du eine Erklärung?‹

Audrain, Besitzer des *Roi du Cous-Cous* unten im Haus, sah mir beim Essen zu. Wir sprachen Französisch, das ich hier in entbrimborisierter Übertragung wiederzugeben versuche. Audrains Cous-Cous hatten etwas grützig Aufgewärmtes, doch ich schlang den Pamps hinunter, weil ich nicht mehr viel Zeit bis zu Ashys Ankunft hatte und meine Küche seit langem für mich gestorben war. Lebst du allein, ist die Küche der einsamste Ort der Welt. Brieflich waren Ashy und ich übereingekommen, unsere Abendmahlzeiten in den schlichteren Restaurants dieser (vermeintlichen) Feinschmecker-Hochburg Europas einzunehmen. Vermutlich würden wir über das *Roi du Cous-Cous* nicht hinauskommen.

Nein, ich hatte keine Erklärung für Paul Perrones Ausflug nach Tokio, er kam für mich ebenso überraschend wie für Audrain. Ich las den alljährlichen Roman meines Vaters prinzipiell nicht, bevor ich ihn eindeutschte. Ich übersetzte Satz für Satz, es gab mir das tänzerische Gefühl, ein wenig mitzuschreiben an seinen Büchern. *Dream dancing, Pops, with you*. Noch immer meinte ich, eines Tages dort in seinen Zeilen verschlüsselte Botschaften nur für mich finden zu dürfen; ein ›Erinnerst du dich?‹ oder ein ›Hallo, mein Sohn, wie geht's dir?‹ oder ein ›Kala Nag! Kala Nag! Nimm mich bitte mit, o Kala Nag!‹

❖❖❖

Da der Name Paul Perrone nun gefallen ist, wird jeder Leser, sei er kanadischer Holzfäller, schottischer Schafhirte oder indischer Ingenieur, wissen, wer mein Vater ist. Jonathan Still, Erfinder einer der bekanntesten Detektivgestalten der Neuzeit, weltweit summa summarum hundertachtzig Millionen verkaufte Exemplare (übertroffen nur von der Christie, Lenin und Gottes Wort), immer wieder, und immer wieder schlecht, verfilmt und seit Jahren viermal monatlich auch via Fernsehröhre der zivilisierten Menschheit die Zeit vertreibend.

Pumpt mich nicht an, der ganze Zaster gehört dem Alten, ich schlage mich gerade mal so durch. Das Mantra meines Lebens.

In neunundzwanzig Sprachen übersetzt, nicht eingerechnet die Raubkopien des Ostblocks, Herr und Gebieter also über neunundzwanzig Knechte des Wortes, die er alle fünfzehn Monate auf Kosten seines Verlegers nach Philadelphia zitierte, um sie in geheimer Sitzung im Rittenhouse Hotel auf die Feinheiten des neuen Manuskripts einzustimmen. Dort ging es jedes Mal hoch her. Der Neid und die Mißgunst unter den Übersetzern, es waren sogar drei Frauen darunter (Hebräisch, Esperanto und Braille), wurden nur übertroffen von dem mit Hilfe des reichlich fließenden kalifornischen Champagners mehr schlecht als recht niedergehaltenen, offenkundigen Haß auf den kahlköpfigen, sie mit seinen hageren einsfünfundachtzig alle überragenden Gebieter, den Multimillionär, der ihnen im Ballsaal des Rittenhouse die kleinen Eigenwilligkeiten seiner englischen Syntax erläuterte. Wie sie ihn sowohl für diese Syntax als auch für die pedantische Analyse derselben haßten, wie sie schwitzten und litten und grimassierend Aufmerksamkeit heuchelten, während sie insgeheim überschlugen, was Vater wohl für seine goldenen, muschelförmigen Manschettenknöpfe bezahlt haben mochte, seinen dunkelblauen Mohairanzug, die Jaeger-LeCoultre Reverso an seinem Handgelenk, die maßgeschneiderten Pferdelederschuhe. Der gemeine Übersetzer erhielt, wenn es hochkam, sechs Dollar pro Seite. Sobald der Meister endlich in Altshuld seniors Limousine gestiegen (Vater hatte nie Autofahren gelernt) und davonkutschiert worden war, stürzten sie ab wie die Lemminge. Um mich, der ich bei diesen Veranstaltungen, als ich sie noch besuchte, vorsorglich Sonnenbrille und die unsichtbare Narrenkappe des leicht debilen Prinzen trug, machte man einen großen Bogen. Wie seltsam, wie bezeichnend für alles, was später geschah, daß ich ausgerechnet dort zum ersten Mal Leti begegnete, Letitia Weintraub aus Montevideo. Sie war siebzehn damals, einzige uruguayische Gewinnerin irgendeines Quaker-Schulstipendiums. Sie schnitt den Braten auf, bediente die Übersetzer, trug eine gelbgrünkarierte Schürze. Brachte diese Schürze mit, als sie bei uns in Lenin Castle einzog.

Citizen Jonathan Still, Ehrendoktor der Universitäten von Pennsylvania, Southern California (Hutbinder hielt die Laudatio) und Case Western Reserve, Ehrenbürger von Philadelphia, Ehrenvorsitzender diverser gemeinnütziger Vereinigungen und Stiftungen, deren Liste länger ist als mein Arm, eine Zeitlang befreundet mit Frank Lloyd Wright, Otto Preminger, Billy Graham und Buddy Rich (der Onkel Meyer verblüffend ähnlich sah) – wie war er auf seine Goldmine gestoßen?

Hörensagen und Legende, mit mehr konnte ich an diesem Sonntagnachmittag, gebeugt über mein Cous-Cous, nicht aufwarten. Teil drei der Legende (Teil eins und zwei werden uns später beschäftigen), mit der auch Hutbinder angefüttert worden war, besagte folgendes: Vater hatte sich, Meyer und meine Wenigkeit im Gefolge, zu Fuß nach Paris durchgeschlagen, auf der Flucht vor der Polizei, schlimmer noch, der deutschen Polizei, schlimmer noch: der Gestapo. Wie die Verdächtigen in Vaters Romanen konnte ich mich ›an nichts erinnern‹. Ich war klein, drei Jahre vielleicht, wie mir Hutbinder gnädigerweise mitteilte. Wir lebten, hieß es, in einer Pension in der Rue de l'Université, unterm Dach natürlich, in *einem* Zimmer natürlich. Vater verließ dieses Zimmer nur des Nachts, um frisches Wasser aus einer Straßenpumpe zu trinken. Meyer Mushkin hingegen war auch tagaktiv, er verbrachte alle Stunden auf den Friedhöfen, stand herum, hörte sich um. Und siehe, es machte sich bezahlt. Ein gebildeter englischer Gentleman, zufällig oder eben nicht zufällig Quaker, der Balzacs Grab besuchte, erbarmte sich des Gnoms. Man parlierte über Balzacs *Verlorene Illusionen*, und zwar auf Deutsch (ich wäre gerne dabeigewesen), wobei Meyer wohl den gänzlich verlorenen, revoluzzerhaften Sturm-und-Drang-Rastignac gab und auch ein paar Lügenmärchen der Landstraße einstreute. Jedenfalls arrangierte der Gentleman, der in Meyer geradezu vernarrt war, ein Treffen mit anderen Gentlemen, amerikanischen Quakern aus Philadelphia, dem Quaker-Hauptquartier der Welt, wiederum vor Balzacs Grab auf dem Père Lachaise. Ganz einfach, meinten die Amerikaner, da gebe es doch diese ›American Guild for German Cultural Freedom‹, die bedrohten deutschen Poeten unter die Arme greife, ihnen sogar Einreisevisa in die Vereinigten Staaten von Amerika verschaffe. Bei ihnen werde man sich für Meyer einsetzen. Schon damals spielte Meyer seine Asse schwerblütig, beinahe desinteressiert aus. Das sei ja wundervoll, sagte er, doch solle man anderen Poeten diese Chance zuteil werden lassen, er falle dreimal am Tag in Ohmacht vor Hunger und wisse nicht, ob er das rettende amerikanische Ufer noch erreichen würde. Nicht doch, meinten die Wohltäter, die Guild biete achtunddreißig Dollar monatlich, es genüge eine kleine Probe des schriftstellerischen Schaffens, man könne ja nicht alle deutschen Genies mit Namen kennen, es gebe doch so viele.

Meyer befahl Vater, dem nichtsnutzigen Sohn seiner Schwester, sich einmal im Leben nützlich zu machen und irgendetwas zu Papier zu bringen. Du hast doch Dostojewski und Kant gelesen, sagte Meyer. Achtunddreißig Dollar waren immerhin tausendzweihundert Francs, kein Pappenstiel.

So fing es an.

Vaters frühe ›Erzählungen‹ sind leider, leider nicht erhalten. Laut Meyer handelten sie von allem, was er haßte, vornehmlich von Hunden, Katzen und Rabbinern. Die Quaker waren entzückt. Meyer galt als der ›kommende zornige Mann‹. Aber keiner der anderen exilierten Schriftsteller bekam ihn je zu Gesicht oder auch nur eine Zeile von ihm zu lesen. Für ein paar Monate wurde Meyer, eigentlich jedoch sein Ghostwriter, beinahe zum Stadtgespräch. Vater ging im Hotelzimmer auf und ab, den Mantel über die Schultern gelegt, die Hände in den Taschen vergraben, als warte er auf die Abfahrt seines Zuges. Dann setzte er sich an den wackligen Tisch und schrieb weiter. Dann waren wir auch schon in Southampton. Keine, nicht die kleinste Erinnerung an Southampton. Der Frachter, die Überfahrt, tabula rasa. Es war, als hätten mir erst die Tränen des New Yorker Zeitungsjungen Leben eingehaucht. Golem junior.

Die Amerikaner wollten Vater auf der Stelle verhaften. Er hatte nicht damit gerechnet, sich entkleiden zu müssen. In seiner Unterwäsche fanden die harten Hunde der Immigrationsbehörde drei Seiten, aus einem Pariser Mathematikheft gerissen, vollgekritzelt mit unleserlichen Zeichen und Minuskeln, Kreisen und Kurven. Sehr verdächtig bei einem Deutschen (laut Meyer waren sie beide mit ihren Hargenseer Pässen unterwegs). ›*Planning to build a bomb?*‹

Sie hätten viel eher nachforschen sollen, wo ›Hargensee‹ eigentlich lag. Kein Mensch wußte das nämlich, es war auf keiner Karte des Deutschen oder irgendeines anderen Reiches verzeichnet, es schien nicht zu existieren. Hargensee, Vaters und Meyers mythischer Ort, ihr Camelot.

›*Oh yes. Yes, yes*‹, soll Vater geistesabwesend geantwortet haben. Meyer klärte auch diese Situation. Meine Herren, soll Meyer, von Vater gedolmetscht, gesagt haben, die Mitglieder unseres Stammes sind seit jeher für ihre Friedensliebe bekannt, sie verabscheuen alles Militärische, man kann behaupten, sie drücken sich vor allem Militärischen, sie wollen im Grunde immer nur nach Hause. Dieser Mann ist mein Neffe, soll Meyer weiterhin erklärt haben. Und da lachten die Amerikaner dann. Meyer war gerade einmal zwei Jahre älter als Vater, besaß aber noch jedes einzelne seiner drahtigen, roten Haare und wirkte jünger. Diese Zeichnung, beendete Meyer seine hochfahrende Ansprache, ist keine Bombe, sondern die Skizze für eine Geschichte über Hunde und Rabbiner.

Aber es wurde eine Bombe. Als *Never A Stranger* erschien (von Hutbinder gewohnt ungelenk unter dem Titel *Sprich nicht mit Fremden* ins Deutsche übertragen), konnte das keiner ahnen. Nur Vaters Verleger, Alan Altshuld, hatte es angeblich von Anfang an ›kommen sehen‹.

Die Kritiker wußten nicht so recht. Es war nicht Chandler, es war nicht Hammett, besaß nicht deren Klasse. Es war nicht Spillane, Vater lehnte die erste Person Singular in Fiktionen kategorisch ab. Ein Feldwaldundwiesen-*Whodunit* war es allerdings auch nicht. Was zum Henker war es dann? Fast unerträglich spannend war es, blutrünstig, geradezu eklig, gewürzt mit einem guten Schuß Paranoia. Jeder fühlte sich von jedem verfolgt. Keine Figur, die hinter biederer Maske nicht wenigstens ein Doppelleben führte. Friedliche Nachbarn verwandelten sich in bösartige Oger, harmlose Hühnerzüchter in reißende Raubtiere, und Marybeth, das blonde Jungfräulein von der Heilsarmee, vergiftete halb Philadelphia mit verseuchtem Leitungswasser. Den Lesern kam das alles *seltsam* bekannt, *unheimlich* vertraut vor, als hätten sie es ›irgendwo‹ (in einem früheren Leben?) *schon einmal gehört*. Es lag ihnen auf der Zunge, aber sie konnten es nicht benennen: Sie hatten ein Märchen verschlungen.

Die Camouflage, der Größenwahn, die Lügenmärchen der Landstraße. Das war seine Schule gewesen. Den Rest klaute er sich zusammen.

Vater besaß die Angewohnheit, sehr viel, jedoch heimlich zu lesen, hinter verschlossener Tür, auf der Toilette, im Gartenschuppen, als hätte er Angst, mit einem Buch ertappt zu werden. Wir sprachen zu Hause nicht über Bücher, sie waren genauso tabu wie meine Mutter. Er legte mir die Bücher, die er liebte, die ich lesen sollte, aufs Kopfkissen. Ich paßte mich an, verschlang Kipling und Thomas Hardy und wiederum Kipling in meinen eigenen geheimen Ecken und Winkeln. Wir lasen weiß Gott keine *Girlie*-Magazine, Vater und ich, und dennoch hatte Lesen in Lenin Castle etwas Masturbatorisches.

Der europäische Kulturzusammenhang sei ihm schnurzegal, giftete er später Bruno Fetterly an, meinen zartbesaiteten Deutschprofessor am Oberlin College, Ohio, der es gewagt hatte, auf Einflüsse von Leo Perutz in Vaters Erstling hinzuweisen, in der fälschlichen Annahme, er werde für seinen Spürsinn auch noch gelobt. Jonathan Still sei *American as apple pie*, erregte sich Vater. Damals hatte er die Nabelschnur, die ihn mit Hargensee (wo immer es liegen mochte) und den Landstraßen des Ostens verband, bereits an der Garderobe abgegeben, um das blutige Ding nie wieder abzuholen. Aber er mochte es drehen und wenden, wie er wollte: Die Lesedroge, mit der Jonathan Still sein Publikum in aller Welt süchtig machte, hörte nie ganz auf, nach Märchen zu schmecken. Und nach seiner fernen Kindheit, wie ich sie mir vorstellte, den bittersüßen Mandelmuscheln, den fliegenden Fischen, tanzenden Zimtstangen, sprechenden Sträuchern, dem Kardamom, dem Öl, der Myrrhe, den traurigen Steinen der Landstraße und der Sehnsucht, nach Hause zurückzufinden.

Und natürlich hatte er sich bei Leo Perutz bedient. Wie im ›Meister des Jüngsten Tages‹ stellt sich am Ende von *Never A Stranger* heraus: Der Erzähler selbst ist das ›Gehirn‹, der Verführer, der Anstifter zum Mord. Für alle, die ihn noch erlebt, oder besser gesagt:

überlebt hatten, unschwer als unser Vermieter Leon Zelenski alias Dr. Lou London wiederzuerkennen. Hinzu kamen ein gehöriger Schuß Horror und Terror vom toten Nachbarn Edgar Allan Poe und ein schmeichelhafter, freundlich-staunender, fast kindlicher Blick auf Amerika – für den die Leser Vater liebten. Sowie, *last but not least*, der erste Auftritt, noch als Nebenfigur, des merkwürdigen Detektivs Paul Perrone.

Never A Stranger erschien in einem nahezu unbekannten, nahezu vor dem Bankrott stehenden New Yorker Kleinstverlag an der East 8th Street, *Porcelain Press*, der danach trachtete, amerikanischen Hausfrauen die fernöstliche Küche schmackhaft zu machen. Alan Altshuld, Hobbykoch und von seiner Familie verstoßener Hobbybuddhist, der die Klitsche praktisch im Alleingang betrieb, hatte keine glückliche Hand gehabt (Pearl Harbour war dazwischengekommen) und saß nun ratlos auf einem kleinen Berg unverkäuflicher Kochbücher und einem großen Berg von Schulden. Auch sein eigenes Buch, *Denn sie wissen nicht, was sie glauben* (das Vater zu Alans Siebzigstem den neunundzwanzig ausländischen Perrone-Verlegern aufoktroyierte), lag wie Blei in den drei Buchläden, die es geordert hatten. Alan startete einen letzten Versuch und inserierte in der Zeitung, Porcelain Press suche den ›großen Roman aus dem Süden‹. Aber den suchten immer alle. Zeitungsleser Meyer stemmte mit meiner Hilfe Vaters Schreibtisch auf, schnappte sich das Manuskript, an dem dieser sonst bis zu seinem Lebensende weitergefeilt hätte, und brachte es zu Altshuld nach New York. Der wußte nicht so recht. Quaker Meyer redete ihm gut zu, appellierte an seine Menschlichkeit. Der Vertrag der Verträge wurde geschlossen. Altshuld war inzwischen derart pleite, daß er keinen Nickel Vorschuß zahlen konnte. Im Gegenzug bot er Vater höhere Tantiemen – für *Never A Stranger* und drei weitere Romane. Zwanzig weitere, diktierte Vater. Er war sich seiner Sache plötzlich sicher. Sie wurden beide reich, aber Vater wurde reicher.

Blieb die Frage nach der Identität des Autors.

Vater beabsichtigte, Paul Perrone zum Helden seiner nächsten zwanzig Bücher zu machen, der Detektiv war sein imaginärer Freund geworden (das Einzelkind bevölkert seine kleine Welt notgedrungen selber), mit dem er sich stundenlang unterhielt, als der er sich seinen Bettgespielinnen vorstellte, am liebsten hätte er unter dem Namen ›Perrone‹ veröffentlicht. Altshuld war dagegen, er wollte keinen *Dago*, keinen ›Makkaroni‹ als Autor. Eine Zeitlang spielte Vater mit verschiedenen abenteuerlichen und absonderlichen Lebensläufen, immerhin befand er sich nun im Land der unbegrenzten Möglichkeiten. Boxer, Cowboy und Cop entsprachen noch den gängigen Vorstellungen von Klein Moritz Emigrant, aber welche alten Teufel ritten ihn bei Findelkind, Einsiedler und Wandermönch? Schließlich entschied er sich für das Enigmatische. *Wurde in Philadelphia geboren, wo er zurückgezogen lebt.* Sollten die Leser reden und rätseln. Den Lesern war es herzlich egal, bereits nach wenigen Jahren prangte auf jedem Cover die Reklameblase *A Paul Perrone Extravaganza*.

Die Selbsttaufe wurde in Philadelphia vollzogen, im New Palace an der South Street, diesmal war ich sogar dabei. Wir sahen *I Wake Up Screaming* mit Carole Landis. Meyer bezahlte die Kinokarte für Altshuld, kaufte mir Erdnüsse. Vorher zeigten sie die Wochenschau, Kriegsbilder, Bilder von Treibjagden, tote Menschen unter toten Pferden am Rande der Landstraße. Die Maschinerie der Herrenrasse lief auf Hochtouren. Ich schämte mich jeder einzelnen Erdnuß. Der weinende Junge neben der toten Frau unter dem toten Pferd, war er nicht der echte, der wahre Sam, dessen Leben ich gestohlen hatte? Wann würde er kommen, um sich zu rächen?

Vater, sonst kein Lächler, lächelte.

›Still‹, murmelte er. ›Jonathan Still.‹

Meyer verstand nicht.

›*I'm still here, ain't I?*‹ sagte Vater. Und aus Yehuda Leiser (denn das war Vaters Name) wurde Jonathan Still.

❖❖❖

›Perrone ohne Ohrläppchen ...‹ sinnierte Audrain.

›Keine Sorge‹, sagte ich, ›im nächsten Buch sind sie wieder dran.‹

›Tokio und die Ohrläppchen werden ihn Leser kosten‹, sagte Audrain. ›Kannst du das nicht einfach umschreiben, rausschreiben?‹

Ich schaute kurz von meinem Essen auf. Dann aß ich weiter.

›So verliert er wenigstens keine Leser bei den *boches*.‹

›Die *boches* verschlingen ihn. Egal, was er macht.‹

In Kapitel zwei des neuen Perrone-Thrillers mit dem Titel *Perrone Has No Clue*, den ich damals in die Sprache meiner Mutter übersetzte (mein scherzhaft gemeinter Titelvorschlag *Perrone hat keine Ahnung* war in Philadelphia unkommentiert geblieben), erhielt der Detektiv einen Anruf von der Schwester des Ermordeten, die nach Tokio geheiratet hatte. In Vaters Büchern wurde außerordentlich viel herumgeheiratet, aber nur unter den Opfern. Es wurde auch kräftig Verrat geübt und Verstellung betrieben, darin war sich Vater, bei allen Metamorphosen, die sein Detektiv durchlaufen hatte, erstaunlich treu geblieben. Tokio. Jeder Perrone-Fan rieb sich vorfreudig die Hände. Nun würde eine der berühmten apodiktischen Abschweifungen des Meisters folgen. Man heiratete nicht nach Tokio, man verließ das Land nicht, die Stadt, das Viertel, das Gässel, man blieb zu Hause, Kant beispielsweise habe Königsberg zeitlebens nicht verlassen et cetera, et cetera. Die Leser in Baton Rouge,

Norwich, Uptington, Kingston, Auckland, Brisbane und Bangalore, um nur einige zu nennen, schlugen ihre Handlexika beim Buchstaben *K* auf und durften finden: Kant, Immanuel, deutscher Philosoph, Erfinder irgendeines Imperativs, das mußte dann wohl der Imperativ sein, zeitlebens dort zu verharren, wo man hingehörte. Wieder auf unterhaltsame Weise etwas dazugelernt.

Zugegeben, Paul Perrone war ein trickreiches Konstrukt. Ursprünglich angetreten als von Nonnen in Philadelphia aufgezogener, tiefkatholischer Sohn eines wegen ›Hochverrats‹ lebenslang einsitzenden italienischen Einwanderers. Schon mal nicht schlecht, ein bißchen was für die Rührung. Vierzehn Romane dauert es, bis dieser Vater sich läutert, im fünfzehnten hängt er sich in seiner Gefängniszelle auf, Perrone trägt ihn schluchzend zu Grabe. Längst hat der Sohn die Detektivlaufbahn eingeschlagen, um *nur einen Bruchteil des von meinem Vater an den Vereinigten Staaten von Amerika begangenen Unrechts wiedergutzumachen*. Einsame Klasse, Perrone, der dankbare Emigrant, lange vor J.F.Ks ›Frage nicht, was dein Land für dich tun kann, sondern was du für dein Land tun kannst‹.

Dann kam Leti in unser Leben. Letitia Weintraub, Tochter des Entrepreneurs Ludovico Weintraub aus Montevideo, der meinem Vater seine Aufwartung in der Mount Vernon Street machte, ein Bündel luftiger Anleihen im Krokodillederkoffer. Ludovico brachte die weite Welt mit, erzählte uns Geschichten aus Zeiten und Ländern, wechselte die Sprachen wie seine monogrammierten Hemden. Erzählte, unter Tränen, von der großen Stadt Berlin, wo wir alle nie im Leben (behauptete Vater) gewesen waren. Meyer weilte zu dieser Zeit in Las Vegas, vielleicht hätte er Ludovico etwas gründlicher auf den Zahn gefühlt. Jedenfalls setzte Letis Vater bei meinem Vater irgendeinen verborgenen Hebel in Bewegung. Perrone begann Kant zu lesen und richtete in *Black Christmas* eine alte, schwarze Nutte mit den Worten auf: *›I believe, with Kant, that the mind is self-determined‹*. In der Hutbinderschen Fassung, man lese und staune: *›Ich glaube, Kant hatte recht, ihr müßt euch wehren.‹* Im Lauf der Jahre und Jahrzehnte nahm Perrone nun mehr und mehr deutsche und/oder jüdische Züge an. Zwar verführte er die Frauen noch auf italienische Art, ließ sich aber *danach* vom Deli ›Muskatbrot‹, ›Mandelkringel‹, ›Kugel‹ und ›ein Rösl Reformierten Tee‹ liefern und zitierte frei erfundene Platitüden deutscher Dichter und Denker, in jener leicht bekömmlichen Maggiwürfelform, die Vater mit links beherrschte. Wie sein Schöpfer durchlitt Perrone religiöse Sinnkrisen und wurde schließlich glühender Atheist. Altshuld bekam es mit der Angst zu tun. Aber das Publikum folgte Perrone bedingungsloser als dem *Duce*. Seine Fälle spielten, nach Ludovicos großer Berlin-Reminiszenz, jetzt immer häufiger im Milieu der Pennsylvania-Deutschen, um welches Yehuda im wirklichen Leben stets einen Riesenbogen gemacht hatte. ›Die Leute lieben so ein braves, gemütliches Milieu‹, sagte Meyer, ›die Leute lieben es, wenn das dann alles zusammenkracht.‹ ›Hast du schon mal darüber nachgedacht, Sam‹, fuhr Meyer fort, ›warum die Leute massenweise zu *Holiday On Ice* rennen? Ganz einfach: Sie wollen sehen, wie die Eiskunstshiksen auf die Schnauze fallen.‹ Die New York Review of Books hätte dieses zentrale Perrone-Erfolgsrezept, Aufbau und Zerstörung einer heilen Welt, nicht besser formulieren können. Obwohl Perrone zu anfallartiger Brutalität neigte und seine Kontrahenten, nachdem er sie zusammengeschlagen hatte, vorsorglich lieber auch gleich noch erschoß, blieb seine Hauptwaffe ein deutscher Rottweiler namens ›Heinrich‹, der nun schon so ewig lebte wie Argos, die Töle des Odysseus. Heinrich debütierte in *Murder Is My Favorite Crime* und war auf Anhieb ein Hit. Er bekam in jedem Roman eine eigene kleine Erzählstrecke, auf der er sich preußisch streng und in übelstem Deutsch-Englisch *(vat is ze matter, you knoedelhead?)* über Perrone, die anderen Zweibeiner und den Lauf der Welt auslassen durfte. Altshulds Ratgeberreihe für Hundefreunde, *Heinrich's Doggy Secrets*, ließ die Kassen explodieren.

Zurück zum neuen Perrone, von dem ich, wie gesagt, erst fünfundvierzig Seiten übersetzt hatte. Diesmal kam Kant nicht, auch Schopenhauer und Nietzsche blieben aus. Statt dessen bestellte Perrone ein Taxi in die Juniper Street 8 und ließ sich zum Philadelphia International fahren. In einem Taxi, Perrone, der große Fußgänger, der exzentrische Antiautomobilist, der letzte Flaneur Amerikas! Wollte er vielleicht nur ein beliebiges japanisches, vorzugsweise weibliches Gesicht am Schalter der JAL studieren, dessen Züge ihm blitzartig ganz Japan offenbaren würden? Neben diversen anderen huldigte Vater in seinen Büchern dem Klischee des von der Landschaft geprägten Gesichts, ein verhinderter Ethnologe schlummerte in ihm, und er ließ Perrone oft inspirierten Nonsens der folgenden Art sagen: *›Zeigen Sie mir das Gesicht eines potentiellen Täters oder Opfers, und ich sage Ihnen, wie der Tatort aussehen wird.‹* (Heavy stuff, wenn man genauer darüber nachdenkt.)

Jedoch nein, Perrone tat das Ungeheuerliche, er nahm Flug 625 nach Tokio, er verließ Philadelphia ohne Vorwarnung, ohne Koffer, ohne Heinrich und verzehrte an Bord, *bedachtsam neunmal in der Minute kauend, wie von Gottfried Wilhelm Freiherrn von Leibniz empfohlen*, ein blutiges Steak. Was war los mit meinem Vater?

Er hatte das Land, in dem er reich und berühmt geworden war, nie wieder verlassen, ganz gleich wie klangvoll und verlockend die Einladungen aus aller Welt daherkamen. Seit Jahren setzte er auch keinen Fuß mehr über die Stadtgrenze Philadelphias. Wenn es ihm gefiel, hielt er Hof in Lenin Castle, das er bereits nach Roman Nummer drei gekauft und geringfügig verschönern, nicht jedoch modernisieren, geschweige denn hatte aufhellen lassen. Die alten Funzeln brannten immer noch Tag und Nacht. Und Tag für Tag stieg er die steile, finstere Treppe zur alten Dachkammer hoch, die sein Arbeitszimmer geblieben war, verschloß die Tür – und war mit sich allein. Das acht Jahre währende Herumwerkeln an *Never A Stranger* muß eine zutiefst traumatische Erfahrung gewesen sein, denn für keinen der folgenden zweiunddreißig Romane brauchte er mehr als sechs Wochen auf seiner Underwood, in die er immer noch das alte, billige, linierte Papier spannte. Was fing er mit dem Rest des Jahres an? Man wollte es besser gar nicht wissen.

›Und ich soll wirklich nicht mitkommen zum Flughafen?‹ Audrain sah mir die Bangigkeit an und sorgte sich um mich. Vielleicht sorgte er sich mehr um Ashy.

›Ich schaff das schon.‹

›Wir könnten mal in den Zirkus gehen. Oder ihr die Baustelle zeigen, die kennt sie ja noch nicht.‹ Letztes Jahr hatten sie begonnen, *Les Halles* abzureißen, Zolas ›Bauch von Paris‹. Jetzt waren die Ausschachtungsarbeiten in vollem Gange. Die Selbstmörder von Paris standen Schlange vor dieser Baustelle mit ihren hohen Kränen und tiefen Gruben.

›Wir gehen nirgendwohin‹, sagte ich. ›Wir blenden die Welt aus. Wir bleiben zu Hause und konzentrieren uns auf uns selbst.‹

Das war mein Plan. Ich wollte meine Tochter zurückerobern, lange Gespräche mit ihr führen, von Einzelkind zu Einzelkind. Deshalb lernte ich, mit dreizehn Jahren Verspätung, Spanisch. Keine Besuche, keine Partys, keine Mitternachtsbesäufnisse, kein *open house* für Schulfreunde. Ich und du, und die Tür ist zu. Kein Herumlungern auf den Boulevards. Lange Stille und lange Blicke, wie in den famosen Filmen unseres Gastlandes. Kein Kino, außer im Notfall. Ein Schloß fürs Telefon hatte ich bereits angeschafft.

Ashy war immer ein introvertiertes Menschenkind gewesen, ihr eigener kleiner Fisch, der in seinem eigenen kleinen Bassin gründelte. Sie liebte es, sich melancholischen Stimmungen hinzugeben (was Wunder, sie war am Rio de la Plata geboren worden, Welthauptquartier der Schwermut), die leider im nächsten Augenblick ins aggressiv Mürrische umschlagen konnten. Sie war, als einzige von uns, musikalisch begabt und schabte neuerdings Sonaten auf einem Cello. Meine Ohrstöpsel lagen bereit.

›Hier, nimm ihr einen Apfel mit‹, sagte Audrain. Obwohl er keine große Rolle in meiner Geschichte spielt, fühle ich mich verpflichtet, Audrain kurz zu beschreiben. Immerhin verbringen wir die meiste Zeit unseres Lebens mit denen, die keine große Rolle darin spielen. Audrain war zur Zeit der folgenden Ereignisse Anfang fünfzig (ich war neununddreißig) und müder Besitzer oben erwähnten Speiserestaurants, dessen wenige einzelgängerische Gäste nicht selten über ihren Tellern einnickten. Auch mich machte das *Roi du Cous-Cous* schläfrig. Mit fünf oder sechs Jahren erklärte mir Ashy, bei Audrain würden die Gäste vergessen, warum sie eigentlich gekommen seien, und einschlafen und träumen, sie hätten schon gegessen. Audrain stimmte ihr traurig zu. Er nannte sie *Petite Perrone*. Audrain war ein kleiner, semmelblonder, nahezu zahnloser, bewegungsfauler Bretone aus St. Brieux, der sich erfolglos durch den Süden gekocht und gekellnert hatte. Er ging nach Algerien, wo er seine spätere Frau kennenlernte und von einer nie gekannten Sehnsucht nach Paris befallen wurde, um das er zuvor stets einen großen Bogen gemacht hatte, kluger Mensch. Die Eheleute arbeiteten gemeinsam im ›Belfort‹ an der Place Denfert-Rochereau. Beim Einschrauben einer Glühbirne erlitt Audrains Frau einen tödlichen Schlag (das Belfort war diese Art von Café). Überraschend erbte er eine Summe Geldes von ihr, mietete den leerstehenden Buchladen gegenüber und verwandelte ihn in ein kleines, träges, grünlich submarin schimmerndes Restaurant. Letitia, Ashy und ich waren seine ersten Stammgäste. Audrain liebte Ashy, hatte Angst vor Letitia und vergötterte, ohne ihm je begegnet zu sein, meinen Vater, aus dessen Romanen er ganze Passagen auswendig aufsagen konnte.

Ich verabschiedete mich und trat auf die Avenue Denfert-Rochereau. Der Himmel war schwarz, das Gewitterbett gemacht. Ich schaute am Haus hinauf. Ja, die weißblaue uruguayische Fahne hing zur Begrüßung aus Ashys Fenster im dritten Stock. Sorgen wir für einen nicht versiegenden Vorrat an freundlichen, lebensbejahenden kleinen Zeichen, verringert sich der Anteil der Menetekel. Dabei aber das allgegenwärtige Unheil um Gottes willen nie aus den Augen verlieren.

Drüben im Belfort saß mein Schatten und trank Kaffee. Er sah aus wie der typische Mann in der Menge, unbestimmbaren Alters, unbestimmbarer Nationalität, anthrazitfarbener Anzug, blauer Schlips, das einzig Hervorstechende war sein kleines Zickenbärtchen à la Thelonious Monk. Er folgte mir seit Wochen.

Anfangs hielt ich ihn für einen Sonderling, der vierzehn Stunden am Stück im Belfort an einem Fenstertisch hocken und Kaffee trinken konnte, der letzte praktizierende Philosoph von Montparnasse vielleicht, vertieft in die Konzeption einer Geschichte der Unscheinbarkeit. Ich kam nicht auf die Idee, daß er ein Schatten war und mich verfolgte. Dann, eines Tages, wanderte ich zum Fluß, um ein wenig bei Shakespeare & Company zu stöbern. Ich blätterte in einem zerlesenen Exemplar der Olympia Press, *The She-Devils*, als ich den Unscheinbaren weiter hinten im Laden stehen sah, seinerseits blätternd, im *Don Quijote*. Er bezahlte das Buch bei Hildegard, der jungen westdeutschen Austauschpoetin und Kampftrinkerin, und verließ den Laden vor mir. Zufall, dachte ich und las weiter und stieß auf das Wort *boarding school* und wurde von einem trockenen Weinkrampf geschüttelt, weil ich an Ashy denken mußte, und flüchtete hinaus. Dort wartete er wieder, den *Quijote* unterm Arm, vor der Kirche Saint-Julien-le-Pauvre. Ich setzte meine Sonnenbrille auf. Ich überlegte, ob ich ihn ansprechen sollte. Während ich noch überlegte, hatte er sich in Luft aufgelöst. Ich ging zu der Stelle, wo er gestanden hatte, und entdeckte etwas Beunruhigendes. Zuoberst in einem unserer wie üblich vandalisierten Pariser Papierkörbe steckte der *Quijote*. Wenn ich je ein erdrosseltes Buch gesehen hatte, dann dieses. Er hatte es nicht zerreißen können, also hatte er es gewrungen und gewrungen. Die obersten Seiten wiesen eine gezackte Perforierung auf, hatte er hinein*gebissen*?

Mir wurde klar, warum ich ihn nicht von Anfang an als Schatten und Verfolger erkannt hatte. Ich war der irrigen Ansicht gewesen, daß es bei mir wenig zu beschatten und zu verfolgen gab. Wer war ich denn schon? Einer der neunundzwanzig Übersetzer meines Vaters. Wenn inzwischen auch besser bezahlt als die anderen. Ich verbrachte meine ereignislosen Tage und Nächte in der halbleeren Viereinhalbzimmerwohnung, wo die alte Standuhr aus Montevideo tickte und tickte und sogar der Staub zu faul zum Wirbeln war. Verließ selten das Haus. Übersetzte. Las. Hörte Platten (Bill Evans, *Conversations With Myself*). Spielte Pingpong mit mir selbst. Grübelte unautorisiert über den neuneinhalb Seiten der ultimativen Biographie des Yehuda Leiser. Suchte einen Ort, der auf keiner Landkarte verzeichnet war. Jagte Menschen ohne Vergangenheit. Fehlte mir eigentlich nur noch ein Sancho Pansa.

Natürlich hatte ich einen Verdacht, wer ›Schatten‹ auf mich angesetzt hatte. Letitia wollte mich ausbaldowern, herausfinden, ob sie mir unsere Tochter guten Gewissens überlassen konnte.

Etwa drei Wochen, bevor ich den geschändeten Cervantes im Papierkorb fand, war es drüben in England dramatisch geworden. Ashley hatte alle zwanzig Fensterscheiben in Ringold Schneiders (ja, *der* Ringold Schneider) gemieteter Prunkvilla in Mousehole im idyllischen Cornwall zerdeppert. Und zwar von innen. ›Ich hab die ganze Woche Steine gesammelt!‹ erklärte sie mir halb triumphierend, halb schluchzend am Telefon. Letitia, die seit einiger Zeit mit Ringold, angeblich in getrennten Schlafzimmern, zusammenlebte, stand kurz vor Beginn der Dreharbeiten zu ihrem neuen Film *Bury Me In Candyland*, der in und um Mousehole spielte – und stand nun auch noch kurz vor einem Nervenzusammenbruch. Ashys Internat hatte soeben diese langen, schrecklichen, traurigen Internatsferien ausgerufen, die den Kindern jeden Sommer erneut vor Augen führten, auf welch verlorenen Posten sie standen. Die ach so gescheiten Eltern entweder viel zu gescheit, um es länger miteinander auszuhalten, oder in Poona, oder die Weltrevolution vorbereitend. Nur die Sprößlinge des englischen Adels, meinte Ashy, badeten förmlich in ihrem Weh und feierten Partys, masochistische kleine Teufel. Wie dem auch sei, ein Telefongespräch jagte das andere, unschöne Worte wurden gewechselt, ich hörte am anderen Ende der Leitung, wie Mutter und Tochter sich auf Spanisch fetzten (Konnte Ringold eigentlich Spanisch? Ich hoffte nicht.), die gute alte Weintraub'sche Wanderbühne und Drama School eröffnete mal wieder ihre Spielzeit. *›Odio a la vieja!‹*, ich hasse die Alte, hörte ich Ashy in Mousehole schreien, während ich in Paris aus dem Fenster schaute und vergeblich nach Wolken am Nachthimmel Ausschau hielt. ›So geht es jedenfalls nicht weiter, Sam‹, übernahm Leti wieder den Telefonhörer, während ich mir einen Ricard einschenkte, ›Ashley will zu dir, also soll sie‹. Ich stellte das Glas ab. Noch in derselben Nacht faßte ich den Entschluß, Spanisch zu lernen.

◆◆◆

Ashys Flugzeug hatte Verspätung, es kreiste noch in einer Warteschleife über dem Unwetter. Mein armer Liebling, *mi pobre corazón, mi caramelita*. Ich stellte sie mir vor, meine kleine schwarzgelockte Heuschrecke mit den langen, dürren Beinen, wie sie auf ihre Daniel-Düsentrieb-Armbanduhr schaute und genauso nervös war wie ich. Die Blitze und Windböen würden ihr nicht die Bohne ausmachen, wir waren erprobte Vielflieger, Leti, sie und ich, Marathonflieger der ersten Stunde, Montevideo–Philadelphia–Montevideo–Paris–London–Montevideo–Jerusalem. Wo andere das Drei-Gänge-Menu über dem Atlantik um drei Uhr früh schaudernd zurückwiesen, bestellten wir Nachschlag. Wo andere klagten, sie könnten nicht schlafen, schnarchten wir um die Wette. Wo andere sich bei heftigen Turbulenzen in die Hosen machten, liebten Leti und ich uns auf der Toilette.

Ich kaufte mir Streichhölzer und ein Lotterielos und blickte mich unauffällig um. In der Metro, im Bus zum Flughafen: keine Spur von meinem Schatten. Aber er war nicht weit, ich wußte es. Nun, ich würde dafür sorgen, daß seine ›Berichte‹ an Leti sich läsen wie Malpass' *Morgens um sieben ist die Welt noch in Ordnung*. War er ein echter Detetektiv, ein Kollege Perrones aus der wirklichen Welt?

Ein französisches Schuljahr, September bis Juni, hatte meine brave, zähe, steinewerfende Tochter sich erkämpft. Im Lycée St. Louis war ich mit dem Direktor übereingekommen, sie ob ihrer guten englischen Zeugnisse gleich in den Circus Maximus der vierzehn- bis fünzehnjährigen *Parisiennes* zu werfen. Leider waren auch unappetitliche Knaben dabei; Koedukation, eine Spätfolge der Französischen Revolution, mit der all die Ereiferung, all das

Unglück begonnen hatte; dieser naive Bienenzüchterglaube an Freiheit, Gleichheit, Apfelmus und an die Doktrin, ein derart widersprüchliches Wesen wie der Mensch könne ›befreit‹ werden. Goethe hatte schon recht gehabt, sich da herauszuhalten, Chapeau.

Ich zündete mir eine Zigarette an.

Es ist das erste und letzte Mal, daß der Leser diesen Satz auf diesen Seiten finden wird. Nicht etwa, weil ich mir damals das Rauchen abgewöhnen wollte, sondern weil ich der Sohn von Jonathan Still bin, der das Anzünden von Zigaretten, die Beschreibung weiblicher Brustformen und andere Füllsel in seinen Romanen ein für allemal ausgemerzt hatte und mit Recht stolz darauf sein konnte. Sofern nicht ausdrücklich anders erwähnt, befindet sich zwischen meinem Daumen und Zeigefinger unablässig eine Zigarette, eine Richmond *sin filtro*, ehrlicher, starker Tobak, uruguayische Ware.

Ich gesellte mich zu den anderen Abholern am Flugsteig. Ein englisches Liebespaar, das kurz davor gewesen war, die rosigen Münder zu einem Kuß aufeinanderzupressen, ließ davon ab, denn ein gewaltiger Donnerschlag erschütterte Orly. Wen sie wohl erwarteten? Ich wünschte ihnen Glück, ich lächelte ihnen zu. Die Engländerin errötete. Ihr Portemonnaie, das schräg aus der Seitentasche ihrer gelben Regenjacke gehangen hatte, fiel zu Boden. Münzen kullerten und kreiselten durch die Ankunftshalle. Das Leben konnte, wenn man es nicht überdosierte, schön sein. Meine Bangigkeit war der reinen Vorfreude gewichen. Ich übte die kleine Ansprache, die ich mir in der Metro ausgedacht hatte. Die Metro war einmal Ashys ein und alles gewesen (Montevideo besaß keine Metro), als kleines Mädchen hatte sie felsenfest geglaubt, führen wir nur lange genug unter der Riesenstadt im Kreis herum, würde der Sommer schneller zurückkehren, *mas rápido*, würde schon auf uns warten, wenn wir am Steinernen Löwen von Denfert-Rochereau ausstiegen. Ihr erster, nicht enden wollender europäischer Winter setzte ihr schwer zu. Sie suchte das Meer und fand die Seine. Sie suchte die Rambla und fand den Boulevard Montparnasse, wo sie statt braungebrannter, halbnackter, spielender *niños* traurigen Troglodyten mit roten Tropfnasen begegnete, die in zentnerschweren Mänteln ihrer freudlosen Wege gingen.

Ashley Inès Djuna Weintraub, sollte meine Ansprache beginnen, auch ich war einmal zwölf, entschuldige, fast dreizehn, und ich erinnere mich, wenn auch ungern, an den Horror. Nichts ist so, wie es zu sein schien, als man noch kein ›Bewußtsein‹ hatte, auf nichts und niemanden kann man sich verlassen. Ich weiß, daß Letitia und ich dir einiges zugemutet haben, drei grundverschiedene Länder, neue Schulen, neue Gesichter, neue Sitten, ekliges Essen, und dann wieder Abschiednehmen, wenn es einem gerade zu schmecken begonnen hat, das muß man in deinem Alter erst mal verkraften. Ich habe mit dreizehn zwar keine zwanzig Fensterscheiben eingeschmissen, was ich, wenn ich's recht bedenke, auf jeden Fall hätte tun sollen, aber –

Aber da kam Ashy auch schon durch die Paßkontrolle.

Ich erkannte mein Kind kaum wieder. Es wirkte alt, alt wie ein Stein. Es war von oben bis unten in Schwarz gehüllt. Es entdeckte mich und deutete ein trübes Nicken an. Es nahm seinen Paß in Empfang, als enthalte er sein Todesurteil.

Der ganze Auftritt hatte etwas von antiker Tragödie. Die Ankunft irgendeiner unguten Göttin zu dumpfen Donnerwirbeln.

Sie trug nicht das anmutige blaue Kleid mit den lustigen, pickenden Hühnchen, das ich ihr bei unserem letzten Treffen in London geschenkt hatte. Auch nicht eine von Letis schrillen, perlenbestickten Blusen, um die Mutter und Tochter sich ständig kloppten. Keine Ohrringe, keine Ringe, überhaupt kein Geschmeide. Keine

Daniel-Düsentrieb-Armbanduhr. Ihre langen Beine steckten in schmuddeligen, engen, schwarzen Cordjeans. Darüber ein sackartiger, schwarzer, löchriger Pullover, als habe sie ein Armutsgelübde abgelegt. Ihre Haare nicht mehr wilder, stolzer Afro-Leo wie die ihrer Mutter, sondern soldatisch kurz geschnitten wie die von Jean Seberg. Ich begriff. Ashley war die Anti-Leti geworden. *Odio a la vieja*.

Ich erholte mich vom ersten Schreck und nahm sie in meine Arme. Sie reichte mir schon bis zum Kinn (ich bin einsvierundachtzig, einen Zentimeter kleiner als Vater).

›Du bist wieder gewachsen‹, sagte ich.

Sie machte ein nasales Geräusch, das wie *Rnnpff* klang.

›*Bienvenue à Paris*, Ashley. Du hast mir gefehlt, Kind.‹

›Du mir auch, Sam.‹ Damals war es Sitte in unseren Kreisen, die Eltern mit Vornamen anzureden. Eine weitere Spätfolge besagter Revolution.

Wir holten Ashys Gepäck ab, ihr neues Cello und ihren weißblauen, zerknautschten, mit Aufklebern übersäten Daueremigrantenkoffer. Ich steckte meinen Zeigefinger in eins der Pulloverlöcher.

›Kommt der Existentialismus wieder, ohne daß ich es bemerkt hätte?‹

›Was?‹ Sie stellte sich dumm. Ich haßte das. Auch wenn die Teenager es neuerdings toll und ›lässig‹ fanden – Dummstellen war verboten, hieß, den Teufel an die Wand zu malen, die allzeit schlummernden Hunde der tatsächlich existierenden, der gefährlichen Dummheit zu wecken. Aber ich wollte unser Wiedersehen nicht mit einer Standpauke beginnen.

›Die Existentialisten ließen immerhin noch bei Dior schneidern …‹ sagte ich, um die Situation aufzulockern.

›*Rnnpff.*‹

Ich schlug den Weg Richtung Bus ein, der uns zu ihrer geliebten Metro bringen würde. Das paßte ihr nicht, sie lotste mich zum Taxistand. Dreimal *Choucroute* bei deinem Leib-und-Magen-Elsässer, gab ich zu bedenken, so viel kostet uns der Spaß. Sie war nicht geneigt, meiner Argumentation zu folgen. Sie zog den scheußlichen Sackpullover über ihren Kurzhaarkopf und angelte unter ihrem schwarzen T-Shirt nach einem Brustbeutel, dem sie eine Pfundnote entnahm. Der Brustbeutel quoll über vor Pfundnoten.

›Letitia ist aber großzügig neuerdings‹, sagte ich.

Sie sagte nichts, hielt mir nur die Pfundnote hin, als sei ich eine abgehalfterte Hure aus der Rue St. Denis (womit sie nicht einmal so falsch lag). Ich rollte die Note zusammen und steckte sie Ashley hinters Ohr. Wir schauten uns an. Wir seufzten.

Erst jetzt bemerkte ich des T-Shirts Aufschrift. Es war der allerletzte Schrei, mit bedruckten T-Shirts wie ein gebrändetes Kalb durch die Straßen zu laufen. Auf ihrem stand geschrieben: *My God Can Beat Up Thy God!* War meine Tochter eine englische Exzentrikerin geworden?

›Damit wirst du im Lycée St. Louis nicht antreten, soviel steht fest.‹

›Ich hab gehört, die machen da nur Sit-ins gegen den Krieg. Da schlaf ich lieber aus.‹

›Unsinn.‹

Oder machten sie Sit-ins? Ich hatte nicht die leiseste Ahnung. Ich kannte keine Kinder, nur dieses eine. Welches auszuschlafen wünschte anstatt zu demonstrieren. Ihre aktivistische Mutter würde schäumen. ›Wer hat das denn behauptet?‹ fragte ich.

Sie schwieg wieder. Ich ahnte, daß der Verteiler der Pfundnoten und des subversiven Wissens Ringold war.

Ringold Schneider und ich konnten einander nicht ausstehen. Wir waren uns nur ein einziges Mal begegnet, bei meiner Zwischenlandung in London vor einem Jahr, wo mir Leti auf dem Flughaften ein Bündel alter Rechnungen präsentiert hatte. Keine metaphorischen Rechnungen übrigens, sondern echte aus Montevideo, die uns mit üblicher uruguayischer Verspätung nun doch noch eingeholt hatten. Ich las sie unter den Blitzlichtern der Paparazzi, von denen Ringold allüberall umringt war. Leti und er führten eine ›symbiotische‹ Beziehung. Sie profitierte von seinem Starruhm, gab ihm die Titelrolle in ihrer Melville-Verfilmung *(Bartleby The Scrivener)* und wurde mit einem Budget belohnt, von dem sie zuvor nur hatte träumen können. Er sonnte sich in der Aufmerksamkeit, die ihm eine angesagte ›wilde junge Regisseurin‹ und ihr angesagter Kreis schenkten. Sein Stern ist inzwischen verglüht, aber damals war er ein paar Lenze lang der Gesichtsverleiher Nummer eins.

›Ringold?‹ hakte ich nach.

›Der ist mir so was von egal, lach‹, sagte sie.

›Lach? Was heißt *lach*?‹

›Na, daß ich lache‹, sagte sie. ›Ist doch wohl klar‹, fügte sie hinzu.

›Aha. Ein neuer englischer Manierismus. In deinem letzten Brief hast du dich jedenfalls noch darüber aufgeregt, daß sie Ringold bei der Oscar-Verleihung wieder übergangen haben.‹

›Weiß ich nicht mehr.‹

Redete sie mir nach dem Mund? Nein, dafür wirkte sie zu ernst und zu verwundet, wie sie da, den löchrigen Pullover in der Hand, neben ihrem alten Koffer stand und verloren in den Regen starrte. Der nächste Schwung Taxis rückte an. Ich nahm Ashleys Hand. ›Was ist denn genau passiert bei euch in Mousehole?‹ fragte ich, ›sprich dich aus.‹ Ein algerischer Zeitungsjunge in zerbeulten Schlotterhosen (die Hosen seines Vaters?) tauchte hinter uns auf und erbot sich, Ashley zu beschirmen. Er wartete nicht auf meine Antwort, sondern hielt seine paar Zeitungen schützend über Ashys Haupt, führte sie zum Wagen und öffnete ihr die Tür. Es ging bereits los mit den Verehrern. Ich kaufte ihm notgedrungen die durchnäßten Zeitungen ab und stopfte sie in den nächsten Papierkorb.

›Ich wollte, daß du kommst‹, sagte Ashy leise, nachdem wir eine Weile gefahren waren. ›Ich hab das über Ringold geschrieben, damit du eifersüchtig wirst und kommst und mich holst.‹

Ich zog sie dicht an mich heran und küßte ihren Kopf. Sie hatte die ganze Zeit Englisch gesprochen. Noch hatte der Fisch sein altes französisches Aquarium nicht wiedererkannt, in dem er die nächste Zeit mit mir in ruhigen, beschaulichen Kreisen herumschwimmen würde. Bis zum Tag X, wenn ich aus heiterem Himmel auf Spanisch verkündete, daß ich nun endlich Spanisch spräche und ihr erklärte, warum die Liebe, ähnlich dem Talent, manchmal eine Generation übersprang. Denn die Frage würde kommen, wieso ich das nicht bereits vor vielen Jahren geschafft hatte, für Leti.

Camouflage, Verrat und Doppelspiel wie in den Perrone-Romanen waren von Anfang an Letis und mein Los gewesen. Keinem Kind zu erklären, in keiner Sprache der Welt.

◆◆◆

›Philadelphia Cheese Steak …‹

›Schon notiert.‹

›Und Stuffed Cabbage und Knishes, zum Nachtisch Kugel.‹

›Wie bitte?‹

›Und gefilte Fish und Matzah Ball Soup.‹

Wir saßen in unserer alten, häßlichen Küche. Ashy diktierte mir mit leiser, bewegter Stimme, was sie in den kommenden Tagen zu essen wünschte. Unser geplantes *restaurant hopping* war kein Thema mehr. Das Wiedersehen mit der Küche ihrer Kindheit hatte bei meiner Tochter einen Proust'schen Prozeß in Gang gesetzt. Ich fühlte mit ihr. Küchen, auch lichtlose, handtuchschmale, zum Hinterhaus gelegene, sind sentimentale Orte, Backstuben der Erinnerung. Dort saß sie auf ihrem wackligen, hochlehnigen Stuhl, ihrem Thronsessel, den wir einst für sie auf dem Flohmarkt an der Porte des Lilas entdeckt hatten und den Leti ockerfarben gestrichen hatte, damit unser Kind den Süden nicht vergaß. (Leti strich, wo immer sie hinkam, erst einmal alles neu, Möbel, Wände, Türen, Badewannen.) Wir hatten sie angerufen, aber in Mousehole war keiner ans Telefon gegangen.

›Diese Dinge gibt es hier nicht, Ashy.‹

›Doch. In Jo Goldenbergs Deli.‹ Sie konsultierte einen Fetzen Papier, den sie aus ihren schwarzen Cordjeans fischte. ›Im Marais‹, fügte sie hinzu.

›Wer behauptet das? Ringold?‹

Sie schüttelte stumm den Kopf. Es sah so aus, als wollte sie gleich weinen. Ich suchte ihren Blick und verabreichte ihr eine kleine Dosis kontemplativer *Ptosis*. Sie beruhigte sich. Ich vertiefte mich in ihr Gesicht. So viele Einzelheiten, die ich vergessen hatte. Letis vollippiger Urmenschenmund, stets leicht geöffnet, nicht lächelnd, sondern als müßte sie über etwas, oder über alles, staunen. Meine, sprich Yehudas Nase *en miniature* (begnügen wir uns mit dem Attribut ›streng‹). Das charmant Schalkhafte, Füchsische ihres Gesichts stammte von Letis Vater Ludovico, der pechschwarz schimmernde, wildgelockte Haarschopf, jetzt so barbarisch abgemäht, von Großmutter Beatrice. Aus Letis prähistorischen, dunklen Augen und meinen schwarzen, starren Spezial-*beepers* hatte die Natur ein paar Gott sei Dank makellose, wunderschöne Kirschen geformt. Kurzsichtige Kirschen allerdings, wie man jüngst in England festgestellt hatte, weshalb der Gang zu Augenarzt und Optiker laut Leti ›das Allerwichtigste‹ sei. Was die Pigmentierung der Haut, die Farbgebung der ganzen, hochaufgeschossenen, feingliedrigen Gestalt betraf, hätte Ashley unter der Überschrift ›Verdoppelung‹ jedem Standardwerk der Vererbungslehre zur Ehre gereicht. Letis und meine doppelte Dunkelheit hatten aus unserem Kind, farblich gesprochen, eine Beduinin gemacht. Ashy liebte ihre Haut, pflegte und salbte sie, war oft ganz versunken gewesen in den Anblick ihres Unterarms, ihres Handrückens, ihres Knies. Jetzt rieb sie gerade heftig einen Tropfen Cola von der Innenseite ihres Daumens. Ich mußte diesen Hautnarzissmus im Auge behalten.

›Ich hab das alles noch nie gegessen‹, sagte sie. ›Es ist so unfair.‹

›Wieso unfair?‹

›Ihr habt es gegessen.‹

›Deine Mutter und ich? Unsinn. Nie.‹

›Leti hat es in Jerusalem gegessen.‹

›In Jerusalem hat sie trocken Brot gegessen. Okay, ungesäuert trocken Brot vielleicht.‹ Leti war vor einigen Jahren in Israel verhaftet worden und hatte mehrere ungemütliche Wochen im Gefängnis verbracht. Ich verspürte wenig Lust, dieses Gespräch über Holishkes und Kugels fortzuführen. Ich sagte: ›Hör zu, mein letztes Seder hatte ich mit sechs. Und nur, weil Onkel Meyer darauf bestand. Später haben wir das abgeschafft und sind zu Hot Dogs und Pabst Blue Ribbon übergegangen wie jeder vernünftige Mensch. Und jetzt zeige ich dir endlich die Wohnung und dein Zimmer. Und dann gehen wir *Choucroute* essen.‹ Aber sie schüttelte nur stumm den Kopf.

Auch die uruguayische Fahne, die ich erst nach stundenlangem

Herumtelefonieren bei einem urugayischen Dichter aufgetrieben hatte, dem ich beim ›Leben meiner Mutter‹ hatte schwören müssen, sie unversehrt zurückzugeben, war von Ashy nur achselzukkend zur Kenntnis genommen worden. Ringold Schneiders zwanzig zerdepperte Fensterscheiben waren mir herzlich gleichgültig, aber daß Leti exklusiv die erste ernsthafte Revolte unserer Tochter hatte ausbaden dürfen, machte mich fast eifersüchtig. Nun, was nicht war, konnte ja noch werden. Eine gewisse Gereiztheit, ein leises Nölen, weil ihr geliebter, alter Korbfahrstuhl wie üblich nicht funktionierte, war beim Hinaufsteigen der drei Treppen nicht zu überhören gewesen. Audrain hatte uns mit ausgebreiteten Armen vor dem Haus erwartet und mir unauffällig, verschwörerisch ein Telegramm aus Philadelphia zugesteckt. Umsichtiger Audrain. Das letzte, was Ashy und ich an diesem wichtigen Tag brauchen konnten, war ein Telegramm von *abuelo Jonathan*.

Da weniger die Stadt Paris als vielmehr meine Wohnung in der Avenue Denfert-Rochereau die Bühne darstellte, auf der sich die folgenden Ereignisse abspielten, werde ich sie kurz beschreiben – wohlwissend, daß ich damit Vaters goldene Regel breche, wonach die Phantasie des Lesers sich den Ort aus der *action* zusammensetzen sollte. (Perrone war ein Meister der Rekonstruktion, er konnte aus einem Glas Wein die Originalrebe wiedererstehen lassen.)

Aber Beschreibung ist Sehnsucht, und manchmal sehne ich mich, trotz allem, was dann geschah, nach dieser alten Wohnung im 14ten Bezirk.

Nachdem wir drei gewundene, knarrende, tagsüber hinlänglich helle, nachts aufgrund mysteriöser elektrischer Vorgänge fast immer stockfinstere Treppen hinaufgestiegen waren, kamen Ashy und ich zur Wohnungstür, einst von Leti gelb gestrichen und von Ashley mit blauen Fischen bemalt, auf Befehl der jahraus jahrein unter

Sonnenschirmen in den Tropen weilenden Hauswirtsgebrüder de Carné später jedoch wieder in eine nichtssagende Tür zurückverwandelt. Das Klingelschild behauptete schlicht und ergreifend: *Samuel Leiser*. Schlicht, weil ich den Namen *Still* nie annehmen wollte, obwohl es machbar gewesen wäre und ich dazu aufgefordert wurde. Ergreifend, weil Vater auf seiner Flucht nach vorne so viele Lebensdaten so oft gefälscht haben mußte, daß er sie inzwischen wohl selber vergessen hatte. Weswegen dieses *Leiser* auf dem Klingelschild eigentlich nichts bezeichnete und bedeutete, sondern eine Niete war. Oder, optimistischer betrachtet, ein Blankoscheck; ich hätte mir jede Biographie der Welt zulegen, Samuel Leiser jeden Freitag neu erfinden können.

Am Ende des langen, schummrigen Flurs – wie die ganze Wohnung, das gesamte Haus besagten elektrischen Unwägbarkeiten ausgeliefert – lag die schon ansatzweise geschilderte Küche (weiteres über sie später), aus der ich Ashy nun zog, um sie endlich, wie man im Hoteljargon sagt, ›auf ihr Zimmer zu bringen‹. In diesen großen Raum (früher das elterliche Schlafgemach) gelangte man durch eine gleich neben der Küche vom Flur abzweigende, gotisch gebogene, türlose Kammer oder Kapelle, deren Funktion uns nie ganz klar geworden war. In glücklichen Tagen nutzten wir sie als Kleider-, Wäsche- und Versteckspielschrank, jetzt stapelte ich dort weniger wesentliche Bücher und ein bißchen Bettwäsche. Wie die übrigen drei Wohnräume besaß Ashys neues Zimmer eine Aussicht auf die Avenue, doch nur aus diesem Fenster konnte man den steinernen Löwen in der Mitte der Place Denfert-Rochereau sehen, der an Herbstabenden und Winternachmittagen vom grünen Neonkreuz der Eckapotheke kränklich beleuchtet wurde.

Auch das Mittelzimmer (ehemals Letis und meine Spiel- und Arbeitswiese, jetzt eine Art Empfangssalon, in welchem ich schon lange nicht mehr empfing) war großzügig geschnitten. Es beherbergte noch immer unser altes Mobiliar: eine langgestreckte, von Zigarettennarben übersäte Arbeitsplatte, einen hohen, häßlichen Schrank, zwei rote Polstersessel, einen englischen Ohrensessel, die brokatene Ottomane aus Getrude Steins und die geschwurbelte Stehlampe aus Rilkes Zeiten sowie den *coffee table*, über dem eine angeblich äußerst wertvolle Intarsienarbeit an der Wand hing. Sie stellte ein Piratenschiff mit geblähten Segeln dar, das sich besonders im Dämmerlicht wie eine riesige, schwarze Spinne ausnahm. Unheimlich und beängstigend konnte auf schreckhafte Besucher, die sich nachts, vom Bad kommend, hierher verirrten, auch Letis alte Schneiderpuppe wirken, von Ashley nur ›Der Mann‹ genannt. Eigentlich war es eine fleischfarbene Schaufensterpuppe, im Kaufhaus Samaritaine während der Wirren der Mairevolte organisiert. Der ›Mann‹ starrte nackt und dauerlächelnd aus dem Fenster in eine imaginäre Ferne, nur die Lackschuhe waren ihm geblieben.

Die beiden angrenzenden Räume waren beengter. Den weniger beengten (vormals Ashleys Kinderzimmer) nutzte ich als Büro. Rechts meine bis an die Decke reichenden Bücherregale, davor eine weinrote Gymnastikmatte, die sich bis zur Zimmermitte erstreckte, meine Denkmatte. Links ein Wandschrank, in dem ich meine Spirituosen aufbewahrte, als da in der Reihenfolge ihrer therapeutischen Wirksamkeit waren: verschiedene Pastis (Ricard blieb der beste), Tequila Tres Mujeres, Smirnoff, Bushmills, Johnny Walker *(Still Going Strong)*, Courvoisier sowie das alljährlich in einer Art kleinem Holzsarg aus Vaters deutschem Verlag eintreffende Weihnachtsgeschenk, der gute alte Steinhäger. Neben dem Wandschrank zwei gerahmte Drucke von Van de Vennes ›Der Sommer‹ und ›Der Winter‹, die mir Leti geschenkt hatte und an denen ich mich nicht sattsehen konnte. Wie ich seltsamerweise erst viel später und eher zufällig entdeckt hatte, hockte auf beiden Bildern ein- und derselbe kleine, schwarze Vogel in der Linde am Fluß. Vor dem Fenster dann das eigentliche Büro, oder Büro im Büro, ein Geviert mit meinem Schreibtisch als Zentrum und drei Barrieren, die ich stets um mich errichtete, bestehend aus einer Kommode, einem Glastischchen und einem Servierwagen, Ablage für diverse Aktenordner, Papiere, Wörterbücher, Lexika und meine zerlesene Lieblingsliteratur, Kipling, Hardy, Kipling.

Da ich sie schon ein paarmal, nicht mehr ganz nüchtern, aus dem Fenster geworfen hatte, war meine Olivetti Lettera an der Schreibtischplatte festgeschraubt. Als besondere Attraktion befand sich in der Wand des Wandschranks ein Loch (Poe hätte es geliebt), das gewiß nicht das Kind Ashley gebohrt hatte, durch welches sie Leti und mich jedoch auf unserer Spiel-, Arbeits- und leider dann auch Dramawiese beobachtet haben mußte; ich mochte lieber nicht darüber nachdenken, wann und wie oft. Ich hatte mir nie die Mühe gemacht, es zuzugipsen, da es mit mir noch nicht so weit gekommen war, von der Arbeit aufzustehen und durch ein Loch in ein menschenleeres Zimmer zu starren.

Blieb das Kabuff gleich neben der Wohnungstür, wo früher Gäste und Babysitter übernachtet hatten und wo ich jetzt auf einer raumfüllenden Matratze am Erdboden schlief. Die beiden großen Gemächer verfügten über die typischen toten Pariser Kamine mit den dazugehörigen güldenen Riesenspiegeln, die zwei anderen nicht. Das Telefon (jetzt durch ein Schloß vor exzessivem Gebrauch geschützt) logierte abwechselnd in einem Schuhschrank unter der Garderobe und in meinem Büro. Das Bad lag wie die Küche zum Hinterhaus und erfreute noch immer mit Ashleys frühen Fresken von Fischen, Palmen und Sonnen. Im Flur tickte unablässig die schon erwähnte Standuhr aus Montevideo. Vermutlich war sie um die Jahrhundertwende auf Geheiß eines zu Vermögen gekommenen Emigranten umständlich von Europa nach Uruguay geschifft worden und später mit Letis und meiner tatkräftigen Hilfe wieder an ihrem Ausgangspunkt angelangt.

›Was ist das für ein Geräusch?‹ fragte Ashy. Es war nicht die Standuhr.

›Ach, das sind nur die Irren oben im *Golden Fist*‹, sagte ich. ›Keine Sorge, man gewöhnt sich daran.‹

Ashy packte ihren Koffer aus. Sie warf weitere schwarze Lumpen auf das hellgrüne Bett, das ich für sie gekauft hatte. Wie erwachsen sie wirkte. Ich erinnerte mich an die Zeit, als ich für sie den Koffer packen mußte. Jede Socke hatte ich unter ihrem strengen Blick dreimal falten müssen. Um dann unter großem Gebrüll alles wieder herauszuzerren und sie selber in den Koffer zu legen und mich draufzusetzen und zu rufen: ›Ashley Weintraub ist gepackt!‹ Leider nicht auf Spanisch. Zu dritt sprachen wir Englisch oder Französisch miteinander, Leti und Ashy stets Spanisch. Ich verstand, wie man auf Deutsch so grausig sagt, ›Bahnhof‹, las ihre Gesichter, grinste blöde, fühlte mich ausgeschlossen, änderte jedoch nichts, blieb Täter und Opfer zugleich.

›Karatekämpfer‹, erklärte ich, ›haben in der Wohnung der verblichenen Madame Donzelot ein sogenanntes Studio eingerichtet. Hast du das Schild nicht gesehen?‹

Sie schüttelte den Kopf und lehnte behutsam ihr Cello gegen den Sekretär. Sie bemerkte das Poster des Geschminkten und nickte wohlgefällig.

›Stimmt es, daß du als Junge eine Haushälterin gehabt hast?‹ fragte sie, aus heiterstem Himmel.

›Ihren Tätowierungen nach direkt aus der Fremdenlegion‹, sagte ich.

›Deine Haushälterin?‹

›Die Karatekämpfer. Mach einen Bogen um sie, wenn du ihnen begegnest.‹

›Wie hieß deine Haushälterin?‹

›Francesca. Wer hat dir von ihr erzählt?‹

›Leti.‹

Ich sah ihr an, daß sie log.

›Francesca existierte nicht, sie war eine Erfindung‹, sagte ich.

›War sie nicht taub?‹ sagte Ashy.

Woher kannte sie diese Einzelheiten?

›*Shucks, kiddo!* Also gut, ja, unsere taube Haushälterin Francesca, die es nicht gab. Wenn die Leute deinen Opa fragten, warum er nie aufmache, sagte er: Weil ich eine taube Haushälterin habe.‹

Ashley lächelte. Endlich. Ich hatte fast vergessen, daß sie das anrührendste Lächeln unter der Sonne besaß. Kamen die Leute auf allerlei sonderbare Gedanken, wenn sie mich anschauten, so zerflossen ihnen bei Ashys Lächeln die Seelen. Mehr Nofretete als Mona Lisa. (Der Student des menschlichen, insbesondere des heidnischen, vorchristlichen Lächelns wird verstehen, wovon ich spreche.)

›Erzähl.‹

›Da gibt es nichts zu erzählen. Mein Vater hatte andauernd solche Ideen. Er mochte keinen Besuch. Mag ihn bis heute nicht. Und wir zwei beide, mein Schatz, werden es ihm in den nächsten Monaten nachmachen. Ich habe alles schon genau geplant. Wir werden – ‹

›Gab es nicht eine echte Francesca, die bei diesem Rodeo starb?‹ unterbrach sie mich.

›– wir werden ganz für uns bleiben, niemanden reinlassen, uns unterhalten –‹

›Dann unterhalt dich doch mit mir. Über Francesca, zum Beispiel.‹

Auf welchem fürchterlichen *trip* befand sich meine Tochter? Vielleicht hatte sie gar nicht gelogen. Nur Leti konnte ich die Roy-Rogers-Geschichte erzählt haben. Oder? Was man so alles erzählt in einem Leben. Ich mußte an den Roboter denken.

›Erinnerst du dich an den Roboter, den wir damals auf der Büromesse sahen? Wie diese endlose Papierschlange aus seinem Mund kam und nicht mehr aufhörte?‹

›Ja. – Wieso?‹

Ich hatte schon wieder vergessen, wieso. Ich wollte ihr Vertrauen gewinnen. Also verabreichte ich ihr die knappestmögliche Version der Francesca-Geschichte.

›Als ich zehn war oder elf, gab es diesen berühmten Cowboyfilmstar. Roy Rogers. Jedes Jahr kam er mit seiner Rodeo-Show nach Philadelphia. Vater und Onkel Meyer ... du erinnerst dich an Onkel Meyer ...?‹

Sie nickte. Meyer war zu Ashleys drittem Geburtstag nach Montevideo gekommen, einen gigantischen, aufblasbaren Moby Dick im Gepäck. Solch ein Geschenk vergißt kein Kind. (Die grausamen Blumenmädchen der Parque Rodó brannten später Zigarettenlöcher hinein.) Meyer saß den ganzen Tag im Café *Sorocabana* und spielte Schach mit den *grandes señores* und sprach Jiddisch. Neidelman hatte ihn fallengelassen; möglich, daß er auf der Flucht war.

›... also: dein Opa, Onkel Meyer und ich waren dabei, als eine der Showreiterinnen von ihrem Bronco fiel und starb. Sie hieß Francesca. Ein oder zwei Tage später zelebrierte Roy Rogers die Totenmesse als Highlight seiner Show. Er sang *Roundup In The Sky*. Es war sehr bewegend.‹

›Aber was hat das mit eurer Haushälterin zu tun?‹

›Nicht viel. Nur daß Vater ebendiese Haushälterin bereits erfunden hatte. Und als ihn wieder mal ein Besucher, dem die Tür nicht geöffnet wurde, fragte, wie diese Haushälterin denn heiße, da kam er auf Francesca.‹

Was ich Ashy verschwieg, war der Umstand, daß nämliche Francesca Vaters Betthupfer gewesen war, bis das bockende Wildpferd sie in hohem Bogen durch die Luft gewirbelt und ihren wunderschönen, langen, hellbraunhäutigen Rücken zertrampelt hatte.

›Ich habe *Deadly Messiah* gelesen‹, sagte Ashley.

›Ah, den Pfarrhausmörderroman.‹

›Die Bombe in der Kuckucksuhr fand ich gut. Und wie Heinrich den toten Pfarrer ins Bein beißt, lach.‹

›Nicht wahr?‹ sagte ich. Ich verspürte wenig Lust, Vaters Romane mit ihr zu analysieren. Ich litt sowieso schon unter diesem Zuviel an Francesca, Yehuda, Philadelphia. Ich wollte mehr über das Internat, Leti und Ringold erfahren. Und sie vielleicht mit einer wie nebenbei hingesagten spanischen Redewendung einstimmen auf die baldige, große Überraschung. Sie kam mir zuvor.

›Wenn du mir richtig Deutsch beibringst, kann ich Jonathans Bücher auch in deiner Übersetzung lesen‹, sagte sie.

›Langsam, langsam‹, sagte ich. ›Deutsch ist nun wirklich das letzte, womit du deinen Kopf belasten solltest.‹

›Du weißt doch, Sprachen lerne ich so …‹ Sie schnipste mit den Fingern.

›Nicht ohne Grund zählte Mark Twain Deutsch zu den toten Sprachen‹, sagte ich. ›Weil sie so kompliziert ist, daß nur die Toten Zeit haben, sie zu lernen.‹

Es klingelte.

›Nimm ein Bad‹, sagte ich. ›Und dann gehen wir ins *Palace d'Alsace*‹.

›Wenn es dir nichts ausmacht, will ich lieber hierbleiben. Du hast ja noch ein Baguette.‹

Das stimmte. Ich hatte noch ein Baguette. Ich seufzte. Trotz ihrer Maskerade als Jeanne d'Arc von Mousehole – mein Kind und ich dachten dieselben Gedanken, empfanden dasselbe Bedürfnis, uns aufeinander zu konzentrieren, all die vergeudete Zeit wettzumachen.

Es klingelte weiter.

›Willst du nicht aufmachen?‹ sagte Ashley.

›Überlassen wir das unserer tauben Haushälterin.‹

◆◆◆

Es war nun etwa zehn Uhr am selben Abend. Irgendwo im Norden der Stadt blitzte und rumpelte es noch, bei uns im 14ten fiel sanft ein Regen.

Ich saß im inneren Zirkel meines Büros und versuchte mich zu beruhigen. Es gelang mir nicht. Ashleys Lust auf Knishes und Kugel, die Francesca-Geschichte und die Erwähnung des Perrone-Romans *Deadly Messiah* hatten mich aufgeschreckt. Zu meinem Erstaunen war ich mit einemmal ebenso durcheinander wie meine meschuggene Tochter. Ich hatte ein rohes, wundes, wehes Gefühl in der Brust – als sei ich hoffnungslos, rettungslos unglücklich verliebt, oder als sei vor langer Zeit ein geliebter Mensch gestorben, und ich begriffe erst jetzt die Tragweite dieses Todes.

Ich stand auf, zwängte mich geübt an der ›Ostgrenze‹ (Servierwagen) meines Büros vorbei und schaute aus dem Fenster. *Regen, der wie tausend kleine Finger gegen die Fenster klopft,* formulierte Rachel Birnbaum. Mit ihren Erweckungsromanen, die im Milieu rebellierender junger Frauen in swingenden Kollegien, Theatergruppen und Treibhäusern spielten, hatte sie Paul Perrone letztens regelmäßig auf die Plätze verwiesen. Altshuld jr., ein Angsthase wie sein dahingeschiedener Vater, machte sich große, heimliche Sorgen, ob sein Zugpferd noch *hip* genug sei.

Tatsächlich schien Perrone unbeeinflußt, unbeeindruckt von der Gemengelage des Tages, den Moden und Marotten. Gewalt, Grausamkeit und Sex hatte es bei ihm schon gegeben, als die meisten anderen Krimiautoren noch brave Plotten häkelten. Und nach dem Selbstmord seines Hochverrätervaters war Perrone allmählich auch immer antifamiliärer, ›antiautoritärer‹ geworden, Vater rottete in seinen Romanen ganze Familien aus, verborgen schlummernde Sehnsüchte weckend, fast ein Prophet der Zeiten, in denen wir nun lebten: Aufbruch, Bildersturm, ›Befreiung‹, *hail, hail, rock 'n' roll, deliver me of the days of old*. Perrone selbst blieb natürlich eisern bei Händel-Oratorien, in seinem Musikgeschmack monoman wie Vater. Und genau darin lag der Reiz der Marke und ihre Beständigkeit: Die Welt ging, salopp gesprochen, den Bach runter, während sich auf dem Plattenteller der Messias im Kreis drehte und das ›Hallelujah‹ erscholl.

Ich öffnete das Fenster und starrte in den Regen. Nein, dieser Regen würde nicht zu klopfen wagen, dieser Regen fiel, wie es ihm gefiel, mit der ihm eigenen Pariser *désinvolture*. Ich schlängelte mich zurück an meinen Schreibtisch und nahm *Perrone Has No Clue* zur Hand. Die Versuchung, den Rest des Romans gegen meine Gewohnheit auf einen Sitz zu lesen, war groß. Es gab da einen gewissen Satz, und die Unterhaltung mit Ashley hatte mich an ihn erinnert.

Zum ersten Mal war der Satz in *Tödlicher Messias* aufgetaucht. Keine heimliche Botschaft meines Vaters nur für mich, leider, doch bemerkenswert und beunruhigend genug. Denn der Satz kehrte in *Der Kammerjäger* (englisch *The Exterminator*), *Die Schöne aus dem Süden* und dem vorletzten Roman *Telegramm für einen Toten* wieder.

Ich schlug die Seite fünfundvierzig auf, bei der ich in meiner Übersetzung angelangt war, und blätterte vorsichtig weiter. Perrone schien in Tokio zu verharren, *the ginza,* las ich, *domo arigato, little geisha, Perrone-san* usw. usf. *Did not my happiness lie there?* dachte der ewig lüsterne Detektiv im japanischen Badehaus. Er besuchte sogar ein Tokioter Kino, wo man die japanische Synchronfassung des Danny-Kaye-Films *The Court Jester* gab; er saß im dunklen Kinosaal und litt.

The Court Jester (Der Hofnarr) war Vaters Lieblingsfilm und fast eine Obsession. Er nannte eine Privatkopie sein eigen, die ihm die Paramount geschenkt hatte und die er sich wenigstens dreißigmal per annum in Meyers privatem *screening room* am Rittenhouse Square vorführen ließ. Eine Pabst-Blue-Ribbon-Bierbüchse in der einen und eine warme Pretzel in der anderen wartete er ungeduldig auf seine Lieblingsszene, die allerdings erst gegen Ende des Films kam. In dieser Szene memoriert Danny Kaye (*né* Daniel David Kaminski) als verängstigter Hofnarr Hubert Hawkins unter Zuhilfenahme kindischer Reime, in welches Trinkgefäß die Hexe Griselda eine Giftpille getan hat – denn sein Leben hängt davon ab. ›Der Wein mit der Pille ist im Becher mit dem Fächer. Der Pokal mit dem Portal hat den Wein gut und fein.‹ Dann passiert das Malheur, der Pokal mit dem Portal zerbricht, die Todespille wechselt in den ›Kelch mit dem Elch‹, die Parole muß neu gelernt werden. Vater lachte, bis ihm die Tränen kamen.

Ich blätterte weiter, viel weiter. Und richtig, da war er wieder, der Satz, den ich gesucht hatte. Inzwischen anscheinend nach Philadelphia zurückgekehrt, nein, in die Nähe, nach Bucks County und dort ausweglos gefangen in der Garage eines Landsitzes, gefoltert, gefesselt und geknebelt, und die Luft wurde knapp, Auspuffgase, dem Erstickungstod nahe, hatte Perrone noch Zeit für diesen vermeintlich letzten Gedanken:

I'm no longer really at home in the world, thought Perrone.

Es klingelte.

›Nicht aufmachen, Ashy!‹ rief ich. Wahrscheinlich war es nur Audrain. Es konnte aber auch ein Trinkkumpan aus dem Belfort sein. Oder Vaters französischer Übersetzer Lucien, der mich zwar aus tiefster Seele verabscheute, dennoch aber, oder gerade deshalb, gerne bei mir einkehrte, einen Johnny Walker auf Eis trank und Vermutungen über seine eigene, ewige Semiberühmtheit anstellte (er hatte ein schmales Bändchen Etuden über die Poesie herbstlicher Straßengeländer veröffentlicht) – und der im neuen Perrone bestimmt weiter war als Seite fünfundvierzig. Oder Hildegard von Shakespeare & Company, mit der ich ein überflüssiges Techtelmechtel gehabt hatte. Alle diese Leute und einige andere mehr wollte ich in den nächsten Monaten nicht sehen.

Das Klingeln hörte auf. Im Treppenhaus entfernten sich leise Schritte. Ich erinnerte mich an das Telegramm, zog es aus meiner Hosentasche, entkrumpelte es und las: TRANSLATION OVERDUE STOP GET OFF YOUR ASS STOP DAD. Ich war mit der Übersetzung tatsächlich etwas spät dran. Die innerliche und äußerliche Vorbereitung auf Ashleys Besuch hatte dazu geführt, daß ich meinem Schreibtisch ferngeblieben war. Doch wie sollte ich das einem Mann beibringen, der jede zaghaft vorgebrachte Entschuldigung mit einem barschen, in diesem Falle stets deutschen ›Ich entschuldige gar nichts!‹ beantwortete? Außerdem wollte ich nicht, daß er von Ashys Aufenthalt in Paris erfuhr, er hätte sie vielleicht angerufen und über mich ausgefragt und ihre junge Seele noch tiefer zerrissen und verwirrt. Wenigstens bis Weihnachten nicht. Dann sollte er meinetwegen wieder zu Wannamaker's pilgern und das Scheckbuch zücken und seiner Enkeltochter eines dieser exorbitanten Geschenke schicken lassen, für die Ashy ihn liebte und Leti und ich ihn insgeheim haßten. (Welches zehnjährige Mädchen besaß schon einen vergoldeten Montblanc-Füller mit Platinfeder?)

Ich vertiefte mich erneut in den Satz. Die nunmehr fünfte Wiederholung der Feststellung, daß Perrone sich in dieser Welt nicht mehr zu Hause fühlte, vielleicht gar kaum noch von dieser Welt war, gab mir zu denken. Was steckte dahinter? Wollte Vater sein Publikum behutsam auf das Ende der Reihe vorbereiten? Unvorstellbar. Stand irgendeine grandiose, schockierende Enthüllung bevor, war Perrone vielleicht gar nicht Perrone, sondern wie Hunderte der Bösewichter, die er im Lauf der Jahrzehnte überführt hatte, ein ganz anderer? Man schauderte bei der bloßen Vorstellung. Oder hatte der Kantianer Perrone bzw. Jonathan Still bzw. Yehuda Leiser heimlich Platon gelesen, und war uns das entgangen? Hielt er die Menschheit im allgemeinen und sich selbst im besonderen für eine Zwischenform, die überwunden werden mußte, damit sie sich zu ihrem reinen, spirituellen Selbst aufschwingen konnte? Obwohl Übersetzer von Berufs wegen gerne Haare spalten und der sprachlichen Einzelheit vielleicht ein Gran zuviel Aufmerksamkeit und Mühe opfern – ich war tatsächlich überzeugt, daß Vater den Satz nicht einfach mechanisch und gedankenlos vom einen in den nächsten Roman hinüberkopiert hatte. Ein Jonathan Still, der für den Terminus *murder* die hübsche Umschreibung *assisted departure* erfunden hatte, wählte und wägte seine Worte wohl. Was mich zu Audrains mittäglicher Ausgangsfrage zurückführte: Was war los mit meinem Vater?

Jetzt klopfte es an der Bürotür. Ich legte das Lotterielos, das ich am Flughafen gekauft hatte, zwischen die Seiten und drehte mich um. Ashy steckte den Kopf ins Zimmer.

›Unten steht eine kleine dicke Frau.‹

›Na und?‹

›Ich glaube, sie will zu dir.‹

›Was heißt: du glaubst?‹

›Sie meint, ihr hättet eine Verabredung.‹

Ich stand auf, stieg mit einem langen Schritt über die Kommode und schaute abermals aus dem Fenster. Es hatte aufgehört zu regnen. Unter einem tropfenden Baum stand Elizabeth. Sie erkannte mich und winkte traurig. Waren wir verabredet gewesen? Was für ein Tag war heute?

›Was für ein Tag ist heute?‹ fragte ich Ashley.

›Na, Sonntag ...‹

›Sonntage vergesse ich immer, Ashy. Merk dir das. Du mußt mir sagen, wenn Sonntag ist, sonst weiß ich es nicht.‹

Ich öffnete das Fenster und rief: ›Komm rauf.‹ Zu Ashley sagte ich: ›Nicht wichtig, nur eine Kollegin. Geh doch endlich baden, du verpaßt nichts.‹ Sie trollte sich. Hatte sie etwas bemerkt? Noch mußte ich Elizabeth, besser gesagt ihre Funktion, vor Ashy geheimhalten.

Ich öffnete die Wohnungstür einen Spalt. Elizabeth kam langsam und leise die Treppe herauf, ihre Aktenmappe unter dem Arm. Sie blieb stehen, streifte einen ihrer Mokassins ab und schüttelte Wasser heraus. Sie wirkte immer etwas geistesabwesend. Aber der Mokassin war von Gucci. Alle ihre Kommilitoninnen hüllten sich in Blue Jeans oder Säcke, sie hingegen liebte luftige Kleider und Bermuda-Shorts mit Schottenkaro. Ich kannte sie noch nicht lange genug, um zu wissen, was sie im Winter trug. Sie hatte kurze, schwarze, südlich ölig schimmernde Locken und ein rundes Gesicht und recht niedliche, leicht vorstehende Eichhörnchenzähne. Sie gehörte zu den sympathischen Menschen, die beim Reden die Augen schließen. Ihre Augen, dunkel und tief, hatten einen Hauch von Silberblick, *à la façon voilée,* sehr charmant und anrührend war das. Sie war meine Spanischlehrerin.

›Ich hab Ashley am Fenster gesehen.‹ Sie stand vor der Tür und schüttelte ihre nassen Haare. Natürlich wußte Elizabeth, für wen ich heimlich Spanisch lernte. Ich hatte nur vergessen, daß wir unseren Samstagsunterricht auf Sonntag verlegt hatten, weil ich wohl der irrigen Meinung gewesen war, Ashley würde am Montag ankommen. Die Einteilung der Woche in Tage sowie deren Abfolge waren nie mein Ding gewesen.

›Komm rein, Zab. Ich hole dir ein Handtuch. Nein, geht nicht, meine Tochter ist im Bad. Ein Küchenhandtuch tut's auch.‹

Ich zog sie den Flur entlang zur Küche. Ashy, trotz ihrer neuen Sachlichkeit die geborene Klatschtante, kam wie zufällig aus dem Bad und spielte die höfliche Überraschte.

›Ach, wir haben Besuch?‹

›Darf ich vorstellen: Elizabeth – Ashley. Ashley – Elizabeth‹, sagte ich. ›Ihr kennt euch ja schon vom Fenster‹, fügte ich hinzu.

Elizabeth starrte ungläubig auf Ashys T-Shirt. Sie war des Englischen mächtig, aber wohl noch nicht bereit für die Botschaft *My God Can Beat Up Thy God!* Ashy ihrerseits bemerkte das im Halbdunkel matt funkelnde, silberne Kreuz an Elizabeths Hals und wich zurück wie ein Vampir. Ich bugsierte Elizabeth in die Küche. Sie war in der Tat klein, aber nicht dick, eher bäuerisch kräftig und vollhüftig. Ich schloß die Tür hinter uns und seufzte.

›Tut mir leid‹, sagte ich, ›ich werde alt.‹

Sie setzte sich an den Küchentisch und legte ihre Aktenmappe darauf und kramte umständlich den Lehrstoff hervor und schaute mich an. Ich zwängte mich ihr gegenüber in Ashys Thronsessel. Elizabeth trug heute ein schlichtes, grünes Kleid mit gelben Punkten und Rundausschnitt und darüber ihre alte schwarze Strickjacke. Aus einem unerfindlichen Grund rührte mich diese schwarze Strickjacke. Es war die Jacke einer alten Frau, die irgendwo vor einem südlichen Haus saß und Wolle aufrollte. Doch Elizabeth war erst fünfundzwanzig. Vielleicht war es dieser Kontrast, der mich rührte. Sie schloß die Augen und sagte:

›Na, dann. Fangen wir an.‹

Mir wurde plötzlich schwindelig. Zu viel, zu viel, der Tag war zu viel für mich gewesen. Ich drehte den Ring an meinem kleinen Finger, ein Geschenk Meyers zum fünfzehnten Geburtstag, oft geweitet. Ich drehte und drehte.

›Ja‹, sagte ich. Und schloß auch meine Augen. So saßen wir eine Weile.

Elizabeth hatte ich kennengelernt, weil sie wie ich an Samstagabenden alleine essen ging, um halb acht, keine Zeit in Paris, eine weitere Wochenendeinsame. Sie hieß Elizabeth Sevenster und arbeitete an ihrer Magisterarbeit über die mittelalterliche Klagetumba. Ich wußte nicht genau, ob sie Kunstgeschichte oder Theologie oder Geschichte oder alles zusammen studierte. Jedenfalls saß sie oft, über alte Folianten gebeugt, in der Kirche Saint-Séverin, wo sie vermutlich auch betete, beichtete und flehte. (Sie sprach nicht darüber, sie hatte sich mir als Atheistin vorgestellt.) Ihre Eltern lebten in Oropesa, die Mutter Spanierin, der Vater Franzose, Schnürsenkelfabrikant. Sie hatte vier oder fünf kleine Geschwister, nach denen sie sich sehnte. Sie wohnte in einer schrecklichen, schrecklichen Wohngemeinschaft am Boulevard Sébastopol jenseits von Eden. Ihre Mitbewohner standen nachmittags auf, versammelten sich in der Küche, deren Zustand zu beschreiben ein völlig neues Vokabular erfordern würde, und verfaßten Flugblätter und doktrinäre WG-Regularien, um danach bis in die frühen Morgenstunden gottlose Orgien zu feiern, die Elizabeths geliebten Kater Rodrigo regelmäßig auf die Dächer trieben, wo er sich verirrte. Ich hatte ein paarmal mit Elizabeth geschlafen, natürlich in der Avenue Denfert-Rochereau, wo sie sich verständlicherweise gerne aufhielt. Nach meinem Entschluß, bei ihr Spanisch zu lernen, ließen wir den Sex sein. Zu hoch das Ziel, zu nah die Ankunft von Letitias Tochter, zu näherrückend die Erinnerungen.

›Also‹, sagte Elizabeth, ›*el ratón preguntón …*‹

›Was hast du gesagt?‹

›Die Maus, die fragt. Die Fragemaus. Das kennst du doch. Und jetzt übersetzen wir … *pinta el camino que puede usar el ratón para llegar al queso.*‹

›*Al queso …*‹ hörte ich mich sagen. ›*Al queso.*‹

›Sam, was hast du?‹

›Nichts. Fast gar nichts. Ich bring dich zur Metro.‹

Ich wollte aufstehen, aber meine Beine verfingen sich im Thronsessel, und ich knallte auf den Küchenboden. Zab half mir hoch. Ich betrachtete ihre zierlichen, schmalen Hände. Ich wünschte ihnen, daß sie nie alt werden und vor einem südlichen Haus Wolle aufrollen würden.

Der Flur schien leer zu sein, doch ich sah Ashleys Schatten in der ›Kapelle‹ vor ihrem Zimmer kauern. Wortlos zerrte ich Elizabeth zur Wohnungstür. Sie protestierte nicht. Wahrscheinlich hielt sie meine abrupte Sinnesänderung für eine jener melancholischen Anwandlungen, denen ich zuweilen frönte und die auch ihr nicht unbekannt waren.

Audrain hatte schon geschlossen, Gott sei Dank, ebenso das Belfort. Die Avenue lag naß und für sich alleine da, auch mein Schatten war nirgendwo zu sehen. Ich zog Elizabeth zu dem tropfenden Baum, unter dem sie vor Stunden, Tagen, Jahren gestanden hatte. Es fühlte sich falsch an, dort betropft zu werden. Ich zog sie weiter. Ich sah ein Taxi, das langsam den steinernen Löwen umkreiste, und winkte es herbei. Es umrundete ein weiteres, demonstratives Mal den Platz und steuerte dann auf uns zu. Wir sagten kein Wort. Ich ahnte, daß Elizabeth verstand. Ich kämpfte mit ihrer Aktentasche und steckte einen Geldschein hinein. Ich drehte meinen Ring vom kleinen Finger und nahm ihre rechte Hand, zögerte kurz, nahm ihre Linke und drehte den Ring auf ihren Zeigefinger.

›Dein neuer Glücksbringer‹, sagte ich.

›Hat er dir Glück gebracht?‹ sagte sie.

Das Taxi hielt neben uns. Ich öffnete die Tür und schubste sie hinein. Ich schlug die Tür zu und klopfte dreimal aufs Dach. Der Wagen mit Elizabeth entfernte sich. Ich wanderte langsam in die Richtung, die er eingeschlagen hatte, wanderte zum Boulevard Montparnasse, wußte nicht weiter, wanderte zurück zur Avenue Denfert-Rochereau, bog in die Rue Cassini ein und lehnte mich an einen parkenden Lieferwagen. Gleich gegenüber stand das Haus, wo Balzac sich unter dem Namen ›Witwe Durant‹ vor den Häschern seiner Gläubiger versteckt hatte. Erst vor kurzem hatte ich in der Rue Cassini einen anderen Sam gesichtet, Paris-Sam, Beckett-Sam, hager und raubvogelartig seiner Wege gehend. Er hätte gewiß kein Problem mit dem Namen auf seinem Klingelschild gehabt, besaß jedoch (wie mir sein Fan, der uruguayische Dichter, versicherte) überhaupt kein Klingelschild. Der Lieferwagen, an dem ich lehnte, jaulte leise. Dann begann er zu leuchten wie ein Christbaum. Erst jetzt bemerkte ich, daß ich an einem Rettungswagen des Hospitals Cochin lehnte, das düster am Ende der Straße aufragte. Der weißbekittelte Rettungsfahrer saß geduckt im Fahrerhaus und schrieb etwas in ein abgewetztes Notizbuch. Er schaltete die Sirene an und jagte los, irgendeinen Menschen in irgendeiner anderen Geschichte zu retten.

Die uruguayische Flagge war eingeholt worden, aus welchen Gründen auch immer. In Ashys Zimmer brannte ein kleines Licht, die Leselampe. ›Ashy‹, rief ich hinauf. Sie trat ans offene Fenster. Sie fragte, ob ich noch ausginge. Ich antwortete, nein, ich hätte sie nur am Fenster unserer alten Wohnung stehen sehen wollen.

Auf meinem Schreibtisch fand ich einen Teller mit einem Viertel Baguette, einem Stück Butter und einem Messer. Umsichtige, kameradschaftliche Ashy, das englische Internat begann zu wirken. Natürlich war an Essen nicht zu denken. Ich fischte die Wodkaflasche aus dem Wandschrank und ließ mich mit ihr im Schneidersitz auf meiner roten Gymnastikmatte nieder. Ich bin mir heute nicht mehr sicher, woran ich damals dachte; ich glaube, ich dachte an meine Mutter. Die Jahre vergehen, und man erinnert sich an manchen Kokolores, selten oder nie hingegen an das, was einem durch den Kopf ging, wenn ein Augenblick wirklich zählte.

Es klopfte.

›Wer das wohl sein mag?‹ zwang ich mich laut zu rätseln.

›Können wir eins gleich klarstellen?‹ sagte Ashley. Sie hatte sich ihrer horriblen Hosen entledigt, trug aber immer noch das T-Shirt. Wieder blieb sie in der Tür stehen. Hatte sie Schwellenangst vor ihrem alten Kinderzimmer, oder mißfiel ihr die Nutzung als Büro, die Einrichtung? ›Ich bin kein Kind mehr‹, fuhr sie fort, ›und ich möchte nicht wie ein Kind behandelt werden. Leti hat das geschnallt. Sogar Ringold hat das geschnallt.‹

›Okay‹, sagte ich. ›Geschnallt. Alles weitere morgen.‹

›Ich habe noch eine Frage‹, sagte sie.

›Schieß los.‹

›Stimmt es, daß die physische Welt eine Illusion ist? Ich meine, kann das sein? Die Natur, die Tiere, ich?‹

›Wer behauptet denn so was?‹

›Hab ich vergessen. Aber du bist doch der Professor *Sabelotodo*.‹

›Wer bin ich?‹

›Professor Allwissend, lach. Spanisch lernst du wohl nie.‹

›Hör mal, Ashy, es ist etwas spät für solche Fragen.‹ Sie starrte mich an. Ich sah, diese Antwort ließ sie nicht gelten. ›Was man vielleicht behaupten kann‹, sagte ich, ›worauf alles hinweist, ist, daß sich viel mehr in unserem Inneren abspielt als da draußen. Andererseits, was wissen wir schon? Philosophie ist wie ein abgedroschener Witz, der immer wieder seine ermüdende Runde macht. Belaste dich nicht damit.‹

›Ich will aber wissen‹, sagte sie.

›*God has given you one face, and you make yourself another,* sagt Shakespeare. Habt ihr schon Hamlet gelesen?‹

›Nein. Nur den Sommernachtstraum.‹

Obwohl ich noch nicht einmal am Wodka genippt hatte, schien mein Büro zu rotieren, das äußere um das innere, als sei ein uralter Mechanismus in Gang gesetzt worden, der mir bisher verborgen geblieben war.

›Ich hab den Puck gespielt‹, sagte Ashy.

›Wär ich gern dabei gewesen‹, sagte ich.

›Aber irgendwie bist du nie dabei.‹

›Vielleicht nicht in der physischen Welt. Dafür in meinen Gedanken. *Bonne nuit*.‹

Ich stand auf und nahm ihre Hand und führte sie den Flur hinunter zu ihrem Zimmer. Himmel, wie hochaufgeschossen sie war, wie stolz sie ging. Auf dem Rückweg schnappte ich mir das Telefon, schleppte es in mein Büro, verriegelte die Tür. Es dauerte eine

Weile, bis ich den winzigen Schlüssel für das Telefonschloß fand, den ich vor Ashy versteckt hatte. Ich wählte Elizabeths Nummer. Gott sei Dank nahm sie sofort ab. Im Hintergrund hörte ich Kater Rodrigos leises Maunzen.

›Ich bin's‹, sagte ich.

›Ich weiß‹, sagte sie.

›Eine kleine Frage‹, sagte ich.

›Bitte.‹

›Ich habe alles vergessen, Zab, früher wußte ich so was. Wenn ich jemandem auf Spanisch eine besonders gute Nacht wünschen will … Ashy zum Beispiel …‹

›Ashy zum Beispiel …‹, wiederholte Elizabeth.

›… was sage ich dann?‹

›Du sagst: *Que sueñes con los angelitos.*‹

›*Que sueñes con los angelitos*‹, sagte ich.

›*Igualmente*‹, sagte sie. Dann hörte ich ein behutsames, fast zögerndes, leise in der Leitung nachhallendes ›Klick‹.

Ich ließ mich auf meine Matte sinken und verharrte dort noch viele Stunden in kniender Haltung. Ich hatte mich, zu allem Überfluß, in meine Spanischlehrerin verliebt.

◆◆◆

Am nächsten Morgen wurde ich von Ashleys Cello geweckt. Sie spielte eine wehmütige, keltisch klingende Weise auf den tiefen Saiten ihres Instruments, so daß sich in Wohnung und Haus ein sonores, katzenhaftes Schnurren verbreitete, hin und wieder unterbrochen von den ersten wütenden Hahnenschreien der Karatejünger oben im *Golden Fist*.

Ich robbte zum Fenster, um nachzusehen, was die Pariser Wolken für uns geplant hatten, und wurde überrascht von einem strahlend blauen Himmel, fast zu blau, um wahr zu sein. Wieder ertappte ich mich dabei, daß ich seufzte. Ich verpaßte meinem Arm einen Karateschlag. Es durfte nicht sein, daß ich fortan seufzend durch mein Leben ging.

Natürlich hatte ich von Elizabeth geträumt, die auf einen Baum kletterte, höher und höher, bis ich erkannte, daß der Baum ein monströses Kreuz ohne Jesus war. Ich erspare dem Leser weitere Einzelheiten. (Eine von Vaters ehernen Regeln, die ich unterschreibe, besagte: Man langweile den Leser nicht mit Träumen. Sie sind etwa so erhellend wie eine Müllhalde um Mitternacht.)

Was nun? dachte ich. Wohin mit mir, wohin mit Elizabeth, wohin mit dieser tickenden Zeitbombe? Drüben spielte meine unschuldige Tochter Cello. Sie hatte es verdient, daß ich mich vierundzwanzig Stunden am Tag ausschließlich um sie kümmerte. Natürlich gab es keinen ›richtigen‹ Zeitpunkt, sich zu verlieben. Man erhob sich nichtsahnend von seinem Lager und trat vor die Hütte, um die Sonne zu begrüßen, und was erwartete einen dort? Liebe, der grausame, schielende, pickende Fabelvogel.

Einfach ignorieren und im Belfort mit Bier- und Ricardspülungen hinunterschlucken? Oder stumm schmachten und zucken und leiden und warten, ob der Wahn nachließ wie ein Zahnschmerz? Noch hatte ich mich Elizabeth nicht *expressis verbis* erklärt. Liebe war sowieso aus der Mode gekommen. Man ›bumste‹. Man wechselte bumsend den ›Partner‹. Man bumste wechselnde Partner und gefiel sich dabei. Hatte Elizabeth die Universität von Madrid mit der Sorbonne vertauscht, um herumzubumsen? Ich wußte so wenig über sie. Unsere zwei, drei Schäferstündchen zählten jetzt nicht mehr, die hatten sich während unserer ersten Gespräche über *Cous-Cous* und Klagetumben zwangsläufig ergeben. War Elizabeth nicht fast erleichtert gewesen, daß wir diese Präliminarien hurtig (aber nicht ohne wieder einmal etwas dazuzulernen im launigen Mysterienspiel von Yin und Yang) hinter uns gebracht hatten? Was, wenn sie meine Liebe verlachte? Nein, ich durfte mich nicht erklären. Noch nicht. Nie.

Ich hatte nur dreimal schwer geliebt. Melissa Green, Central High. Sheila Nadir, Oberlin College. Letitia Weintraub, Lenin Castle. Allen dreien hatte ich mich zu früh, zu stürmisch erklärt, vielleicht aus Angst, sie zu verlieren, bevor sie mich richtig gesehen, *erkannt* hatten. Und merkwürdig, während ich mir die Zähne putzte, fiel mir ein, stets war es ein Kleidungsstück gewesen, das den magischen Moment ausgelöst hatte, diesen Moment, wenn Fabelvogel dich erwischt und du weißt: jetzt *bist* du, der Rest ist unwichtig, ist Geschichte, torkelnde Menschheit, Müllhalde. *Choisir c'est renoncer à tout le reste.* (O Frankreich, deine teuren Bonmots.)

Melissa steckte winters in einem viel zu weiten, dunkelbraunen Fischgrätmantel, der ihrem Bruder gehört hatte und in dem sich ihre sehr großen Brüste verloren, als hätte sie überhaupt keine. Diese Verhüllung, dieser Mantel-Schleier erregte mich über alle Maßen. Außerdem wirkte sie in dem Mantel älter, wie eine Frau, eine Flüchtlingsfrau. Sheila wiederum trug rührende Socken, verrutschte weiße Socken, die wundervoll zu den Wiegenliedern paßten, die sie so gerne sang *(Mary Had A Little Lamb)*, jedoch in aufwühlendem Kontrast zu ihrer finster-orientalischen Seeräubererscheinung standen, die besonders während wilder Lacrosse-Partien zur Geltung kam. Bei Leti war es, wie bereits erwähnt, eine Schürze gewesen, die den Anschein erweckt hatte, als wäre sie aus der gelbgrünkarierten Joppe des weinenden Zeitungsjungen geschneidert worden, der meine erste Lebenserinnerung war. Und nun Elizabeths schwarze Strickjacke.

Ich kleidete mich mit Bedacht an, um Ashley festliche Stimmung zu signalisieren und ihr zu zeigen, wie wichtig es war, sich aufeinander zu konzentrieren und dem anderen das Beste zu bieten, das man hat. Meine wenigen, aber gediegenen Stücke hingen, lagen und standen im häßlichen Schrank des Mittelzimmers. Ich wählte einen freundlichen, beigefarbenen Sommeranzug, ein dunkelgrünes Hemd und ein keckes, gelbes Halstuch, das ich à la Gene Kelly band, *with a little twist.* Da Ashy und ich heute wahrscheinlich etliche Kilometer herumwandern würden, stieg ich in die burgunderfarbenen Pferdelederbotten, die Jonathan Still und Perrone bevorzugten; sie hatten ein kleines Vermögen gekostet, waren aber grundbequem und schimmerten, sofern kräftig gewienert, wie nur Pferdelederschuhe schimmern können.

›Der Plan für den Tag sieht so aus‹, sagte ich wenig später, als Ashy ihr Cellospiel beendet und sich in der Küche eingefunden hatte. ›Erstens: Willst du Kaffee? Oder Tee? Ich springe gleich rüber zu Potin und kaufe ganz groß für uns ein. Vielleicht brutzele ich uns abends sogar ein Philly Cheese Steak …‹

›Ich werde nie mehr frühstücken.‹ Sie öffnete den Kühlschrank und nahm die Milchflasche heraus, die ich extra für sie hineingestellt hatte. Ich für meinen Teil hatte Milch nie ausstehen können, ihr grauenvoller Geruch, ihr ekelerregender Geschmack waren nur auszuhalten, wenn man sie mit Hershey-Schokoladensyrup vermengte. ›Hast du eine Ahnung, was die im Internat jeden Morgen in uns reinzwängen? Porridge und gebratene Nieren. Bäh.‹

Sie stand wieder ganz in Schwarz da. Wenigstens hatte sie sich des T-Shirts entledigt, es lag im Wäschekorb. Sie trug ihre Cordjeans von gestern und eine nichtssagende, schwarze Bluse und eine Baskenmütze.

›Bestimmt hast du bemerkt‹, sagte ich, ›daß wir keine Waschmaschine besitzen. Ich … nein, wir, du und ich, bringen unsere Sachen zu Madame Duhamels kleiner Wäscherei an der Général-Leclerc, ich werde sie dir zeigen. Ohne Frühstück läuft nichts, Ashy. Ich hole uns Croissants. Und dann gehen wir zum Jardin Luxembourg und in die Eisdiele am Odéon und hinauf zum Fluß, und dann fahren wir Metro bis zum Abwinken.‹

Ashley schüttelte bedauernd den Kopf.

›Nimm's mir nicht krumm, aber ich will lieber ein bißchen für mich allein sein.‹ Sie stellte die leere Milchflasche zurück in den Kühlschrank. ›Mußt du nicht Jonathans neuen Roman übersetzen?‹ fügte sie in ihrer mir nun schon sattsam bekannten Art des verzögerten, kleinen Nachtretens hinzu. Sie schien noch ein wenig zu fremdeln, ich durfte nicht zu viel erwarten, wir hatten uns ewig nicht gesehen.

›Warum rufst du nicht Juliette an. Steht ihr noch in Kontakt?‹

Ashley schwieg.

›Oder, wie hieß sie doch gleich … Dingo? Dingo war doch deine beste Freundin.‹

›Dingo ist mir fremd geworden.‹

›So, so. Fremd geworden.‹ Sie hörte sich an wie Meyer Mushkin zu seinen besten Mobster-Zeiten in Point Breeze.

›Aber stimmt, Juliette könnte ich besuchen‹, sagte sie plötzlich.

›Rufen wir sie an.‹

›Will sie überraschen.‹

›Dann bring ich dich. Kleiner Morgenspaziergang.‹

›Nein, du arbeitest schön, lach.‹

Mein Fisch wollte mich los sein, sein altes Bassin alleine erkunden. Nun ja, noch hatte sie Ferien. Ich gab ihr fünfzig Francs und das zweite Schlüsselbund und befahl ihr, pünktlich um sechs zu

Hause zu sein, um mir bei der Zubereitung des Cheese Steak zur Hand zu gehen.

Sie war schneller aus der Tür, als ich bis drei zählen konnte. ›Und mach keinen Unsinn!‹ rief ich ihr nach.

Ich entfernte die leere Milchflasche aus dem Kühlschrank und warf sie in den Abfalleimer. Dabei beugte ich mich vor und schnupperte an dem Stuhl, auf dem Elizabeth gesessen hatte.

Ein Hauch ihres *L'air du temps* war geblieben, die ganze lange Nacht. Ich ging in Ashleys Zimmer und schaute aus dem Fenster. Sie rannte Richtung Metro-Station wie ein zu groß geratenes Wiesel, das soeben dem Zookäfig entkommen war. Aber sie hatte artig ihr Bett gemacht, ihre Sachen eingeräumt, die uruguayische Fahne zusammengerollt und einen Brief an Leti begonnen, ich war gerührt. *Querida Leti* verstand ich ja noch, der Rest blieb Zeichen, Rätsel, Menetekel. Wo sollte ich jetzt Spanisch lernen, in der Berlitz School? Dort würde man, fürchtete ich, für meine Sonderwünsche kein Verständnis aufbringen, würde *El Ratón Preguntón* (ich lernte mit Ashys Kinderfibel aus Montevideo) als Basislektüre nicht zulassen.

Das Telefon läutete. Ich spurtete in mein Büro. Aber es war nur der hustende Armand, der aus seinem Bett anrief und mich bat, bei der Übersetzung eines Messeprospekts für ihn einzuspringen. Ich versprach, das Manuskript nachher bei ihm abzuholen. Armand und ich arbeiteten hin und wieder zusammen. Außer meinen Vater übersetzte ich Werbeprospekte für Messegesellschaften, vorwiegend aus dem Französischen ins Englische, eine nicht allzu anspruchsvolle Arbeit, wenn man sich den im Messewesen gebräuchlichen Jargon erst einmal anverwandelt hatte. Jedes Produkt war Teil einer ›Palette‹, jede Palette war unbedingt ›reichhaltig‹ und ›neu‹ oder ›noch nie dagewesen‹ und von ›namhaften Wissenschaftlern‹ entwickelt oder getestet, und der Rest des Fließtextes läpperte aus im Selbstlob der Messegesellschaft und der Schilderung des Damenprogramms. Während Armand, freier französischer Essayist, wie ein Tier darunter litt, machten mir die Messeprospekte Spaß. Es war erheiternd, sich in der Phantasie, aus übersetzerischer Distanz auf diesen merkwürdigen Märkten der Plastikhersteller, Baustoffhändler, Textilfabrikanten und Spielwarenerfinder zu tummeln. Dort schienen eins und eins noch zwei zu ergeben. Entgegen aller Erwartungen Professor Fetterlys, Letis und sogar Meyer Mushkins hatte ich nie das Bedürfnis verspürt, einen Roman zu verfassen, meine bodenlose, auf Vaters Lügenarche schwankende Existenz durch eine weitere Fiktion noch komplizierter zu machen. Natürlich besaß ich die Voraussetzungen. Natürlich veröffentlichte ich die obligaten frühen Short Stories in der College-Zeitschrift. Natürlich durchlief ich während meiner Lehr- und Wanderjahre die ganze reichhaltige Palette von Jobs, die für Söhne berühmter Väter in Amerika, und nicht nur dort, ein *must* zu sein schienen: Laufbursche, Kinokartenabreißer, Hilfsbarmann, trinkender Hilfsbarmann, Kellner, koksender Kellner; in Montevideo war ich mir sogar nicht zu fein, an der Rambla des feinen Pocitos aus einem Bauchladen Eis zu verkaufen und wie ein Beo *Helado, Heeelado!* zu krächzen. Aber mein ›Werk‹, wenn es je über die neuneinhalb Seiten hinauskäme, sollte die unautorisierte Wahrheit über Yehuda Leisers Leben werden.

Ich wußte den schmalen Ordner in der untersten Schublade, ich konnte ihn darin glühen sehen, als hätte ich Röntgenaugen. Doch zuerst wollte *Perrone Has No Clue* übersetzt werden. Seufzend spannte ich ein Blatt in die Schreibmaschine und begann, die Seite sechsundvierzig zu studieren. Irgendwann bemerkte ich, daß sich in meinem Aschenbecher abgebrannte Streichhölzer zu stapeln begannen. Aber wo waren die Kippen? Offenbar hatte ich mir geistesabwesend imaginäre Zigaretten angezündet. Und gefrühstückt hatte ich auch noch nicht. Ich beschloß, den verhaßten Supermarktbesuch rasch hinter mich zu bringen und mir auf dem Rückweg im Belfort Croissant und Kaffee einzuverleiben.

Aus dem Haus eilend, kollidierte ich mit einem Straßenclown, der auf der Avenue sein Unwesen trieb. Er tänzelte zurück und lehnte sich an den Baum, unter dem gestern abend Elizabeth gestanden hatte. Das verlogene Lächeln dieses Straßenclowns. Ich sah ihn mir genauer an. War er vielleicht mein Schatten in Verkleidung, ein englischer Detektiv von der Sherlock-Holmes-Akademie mit ihren Perücken und Klebebärten? Nein, mein Schatten war älter.

Zu jung, dachte ich, viel zu jung. Und der Baum, zu alt, viel zu alt.

Ein paar Minuten später saß ich in der Metro, unterwegs zum Boulevard Sébastopol. Ashley war in der Stadt, und da hockte ich trübselig auf einem der Klappsitze und fuhr ohne sie. Es gab einiges zu reparieren zwischen meiner Tochter und mir.

Ich setzte meine Sonnenbrille auf und pochte an die Wohngemeinschaftstür, von der mir unter dem Modigliani-Poster *Nackte Frau, über ihre rechte Schulter schauend* Albert Einstein die Zunge herausstreckte. Totenstille. Ich klopfte einen Kreis um die Schulter der Nackten. Nichts. Ich schaute auf meine Uhr. Aha, es war erst kurz vor zwölf, man ruhte noch. Endlich hörte ich schlurfende Schritte, ein Gähnen, ein Stöhnen. Philippe oder Philibert oder wie immer er heißen mochte, öffnete mir blinzelnd und wie Gott ihn erschaffen hatte (zuzüglich einer beachtlichen Morgenlatte) die Tür. Mademoiselle Sevenster? Er drehte sich in Zeitlupe zu Elizabeths Zimmertür, die offen stand, drehte sich wieder zu mir. *Not here, Yankee, understand?* Ich rief in die Wohnung: ›Elizabeth? Bist du da?‹ Keine Antwort. Ich tat, was Nixon schon längst hätte tun sollen: ich trat den Rückzug an. Philippe piff mir hinterher, den Yankee-Doodle. Man mochte mich nicht am Boulevard Sébastopol.

Es würde wohl keinen Sinn haben, die Sorbonne nach ihr abzusuchen, zumal ich ja immer noch nicht genau wußte, was Elizabeth eigentlich studierte. Die Mensa? Nein, dort aßen auch Hildegard und ein paar andere grollende, junge Frauen, um die einen Bogen zu machen sich empfahl. Also lenkte ich meine treuen Pferdelederschuhe ins Quartier Latin zur Église Saint-Séverin. Kirchen, und diese besonders, zogen Elizabeth magnetisch an. Sie glaube ›nicht mehr‹ an Gott, hatte sie mir irgendwann gestanden, Gott sei eine Erfindung des internationalen Finanzkapitals und Popanz der repressiven, imperialistischen Gesellschaft, doch komme in alten Kirchengewölben eine Hingebung, eine Innigkeit, eine Sehnsucht zum Ausdruck, ohne die sie dann doch nicht sein wollte. Gesegnet sei dein Sein, Spanischlehrerin, dachte ich auf meinem Pilgergang nach Saint-Séverin, gepriesen seien deine friedliebenden Hände, deine arglosen, zuversichtlichen Augen, deine drolligen Zähne, deine beglückenden, braunsamtenen Lenden.

In einem Pulk mißvergnügter, schiebender, stoßender Pariser umrundete ich das Wunderwerk, die neue Großbaustelle. Die Kinder, die hier einst von Stand zu Stand getobt waren, ein Wurstende oder einen Anislutscher abzugreifen, hingen jetzt im Maschendraht des Zauns und schauten den Schaufelbaggern und Kränen und babylonischen Arbeiterscharen zu, die, unerfindlichen Ratschlüssen und Plänen folgend, das Fundament für ein noch nie dagewesenes, seligmachendes Einkaufsparadies legten. Auch an diesem Ort, sollte man meinen, ergaben eins und eins noch zwei, regierte der klare Verstand unter dem strahlend blauen, fast frühherbstlichen, alle Dinge der Welt in ihrer ursprünglichen Makellosigkeit zur Schau stellenden Himmel. Warum winkte mir dann diese Gestalt im schlotternden, blaugrünen Kittel zu, die unvermittelt, wie aus dem Nichts am Rande eines immensen, tief ins Erdreich hinabführenden Schachts aufgetaucht war? Ich schaute nach links, nach rechts, aber meine Mitpassanten drängelten unbeeindruckt und gesenkten Kopfes weiter, waren nicht gemeint, ich war gemeint. Die winkende Gestalt – es mochte ein Mann, konnte aber auch eine Frau sein – wirkte wie ein Bote aus einer anderen Zeit, einer anderen Dimension, denn sie war, wenn mich nicht alles täuschte, tot. So leichenblaß, so ausgemergelt, ausgeweidet, haarlos, zahnlos, so eindeutig *hohl*. Ich blieb stehen, wurde von meinen Mitmenschen gegen den Zaun gedrückt und krallte mich jetzt neben den Kindern in den Maschendraht. ›Siehst du den Typ da?‹ fragte ich den Knirps neben mir und deutete mit meinem Kopf zu der Gestalt. ›Das ist der Architekt‹, sagte der Knirps. Aber er zeigte auf ein anderes, sich noch am Leben erfreuendes, schweinepralles Scheusal. Und als ich meinen Blick (um mit Edgar Allan Poe zu sprechen) *slowly, slowly, ever so gradually* wieder zum Schacht lenkte, war der Spuk auch schon vorbei. Vermutlich die Nachwirkungen des Smirnoff, dem ich letzte Nacht, auf meiner Matte knieend und Elizabeth kontemplierend, kräftig zugesprochen hatte.

Ich setzte meinen Weg fort. Blieb stehen, schaute mich um. Kein Schatten, kein Toter. Mit meinen Nerven stand es nicht zum Besten. Allmählich beruhigte ich mich. Ich mußte stark sein für das Gespräch mit Elizabeth. Natürlich würde ich ihr meine Gefühle nicht offenbaren, das stand außer Frage. Warum, warum hast du es nicht kommen sehen, du Narr? sinnierte ich, die Seine überquerend und in mich hineinlächelnd, besoffen vor Verliebtheit. Es muß doch Vorzeichen gegeben haben, reizte ich die Götter weiter, warum hast du die Zeichen nicht erkannt, du hättest den Anfängen wehren und dich in der Berlitz School einschreiben können. Aber abgesehen von einem flüchtigen Augenblick im Bett, als Elizabeth mich flüsternd gefragt hatte, ob noch jemand anderes in der Wohnung sei, da sie im Flur das Geräusch einer Stimmgabel zu hören gemeint hatte, konnte ich mich an kein Vorzeichen erinnern. Elizabeth war einmalig, und meine Liebe wahrhaftig, ein Geschenk von ganz oben – doch Ashley war noch einmaliger. Ich wußte, ich hatte am eigenen Leib erfahren, welche tiefen Verletzungen ein distanzierter, doppelzüngiger Vater einem Kind zufügen konnte. Auch wenn die Wunden vernarbt waren, bis ans Lebensende würden sie ziehen und schmerzen; es brauchte nur den Anblick eines leeren Karussells, eines streunenden Hundes, einer ins Schloß fallenden Tür.

Noch in der Metro hatte ich entschieden, Verzicht zu üben, diese Liebe stumm und aus gebotener Entfernung mit mir allein abzumachen, nicht Elizabeth und nicht Ashley mit ihr zu belasten, demütig gebeugt zu leiden und in drei Teufels Namen die Berlitz School anzurufen. Elizabeth hatte gestern abend gespürt, erahnt, wie es um mich stand, und war ein verständnisvoller Mensch; sie würde auch jetzt verstehen. Natürlich brauchte sie das Geld, das sie mit ihren Spanischstunden verdiente. Von ihrem wohlhabenden Vater wollte sie nichts mehr nehmen und nichts mehr wissen; die Gründe entzogen sich meiner Kenntnis. Die Idee war, ihr bei meiner lachenden Bank ein Darlehen zu verschaffen. (Wenn ich meine Bankfiliale an der Opéra betrat, herrschte Heiterkeit; man glaubte dort, ich hätte jederzeit Zugriff auf Vaters Millionen und spielte den Centime-Umdreher nur.)

Auf dem Vorplatz von Saint-Séverin verwickelte mich der gebildete Bettler in ein Gespräch. Das Thema, welches ihn neuerdings nicht zur Ruhe kommen ließ, war Henri Bergsons Theorie der *durée pure*, der ›reinen Dauer‹ (letztes Jahr war es, wesentlich kurzweiliger, Montaigne gewesen). Ich gab ihm zwei Francs. Manchmal, sehr selten, empfand ich beinahe Zuneigung für diese Stadt, in der ich gestrandet war; wo sonst begegneten einem derart kultivierte Bettler?

Ich betrat das christliche Gotteshaus. Gleichzeitig erklang ein tiefer Orgelton. Ich nahm die Sonnenbrille ab und richtete meinen Blick in spätgotische Höhen. Der Organist wollte doch nicht etwa zu brausender, barocker Improvisation anheben? Kurze Stille. Dann ein weiterer, im höchsten Register knatzender Ton. Die Orgel wurde anscheinend gestimmt. Ich seufzte und schaute mich um. Ein paar alte Frauen knieend in den vorderen Bänken, die alten Einkaufstaschen an Haken vor ihnen hängend. Ein Reisegrüppchen, die Fenster des Triforiums photographierend. Flüsternde Schatten in den Seitenschiffen. Herr mit Nelke im Knopfloch und hypertrophiertem Penis in der Hose, sehr betagter, sehr verlebter Sünder, sich mit gichtigen, altersfleckigen Händen bekreuzigend. Kinder mit Nonne, ausdruckslos den Legenden lauschend. Und in der hintersten Kapelle, der Bühne für die stille Andacht, neben einem Tisch oder Altar voller brennender Kerzen, Elizabeth, über ein altes Buch gebeugt, meinen Ring tragend. Ich ließ mich auf den harten Stuhl neben ihr sinken. Sie lächelte leise über dem Buch. Auch sie hatte Toilette gemacht, war morgens mit amourösen Hintergedanken vor ihren Kleiderschrank getreten, hatte sich für ihre hinreißenden, schottisch karierten, die wohlgerundeten Schenkel und den prall vorgewölbten Monte de Venus betonenden Shorts, das weinrote, semitransparente Hemd und die Gucci-Mokassins entschieden, in denen ihre braunen Füße schmal und warm schlummerten. So saßen wir eine Weile schweigend. Mehrmals räusperte ich mich, meine Ansprache der Vernunft schon auf der Zunge, jedesmal wurde ich von einem langgezogenen Orgelton unterbrochen.

›Wußtest du‹, sagte ich schließlich, nur um irgend etwas zu sagen, das Schweigen nicht bedeutungsvoll werden zu lassen, ›wußtest du, daß es gar keine Zeit gibt? Daß sie als reine Dauer stillsteht und wir Menschen uns in ihr fortbewegen?‹

Sie ist eine Karawanserei, die Zeit, wir sind die Pilger drin, erinnerte ich mich an einen alten Satz. Wo hatte ich das in jungen Jahren gelesen? Bei Meister Eckhart? Deutsche Mystik, Professor Fetterlys Steckenpferd am Oberlin College.

Elizabeth antwortete nicht. Sie stand auf und trat zum Kerzenaltar. Sie warf eine Münze in den gierigen Schlund der Sammelbüchse, nahm eine frische Kerze und zündete sie an. Dann setzte sie sich wieder neben mich. Ich verstand die Regung und die Handlung wohl. Welche spanisch-französischen Dämonen Elizabeth auch immer im Nacken saßen, es konnte nicht schaden, ein Zeichen gegen sie zu setzen. Wir lebten alle in Angst und Schrecken, pilgerten seufzend und zähneklappernd durch die totenstille, unvorstellbare Karawanserei.

›Wenn du nicht an Gott glaubst‹, sagte ich, ›wie steht's mit der Unsterblichkeit der Seele, glaubst du daran?‹

Elizabeth legte ihre Hand auf meine. Dann lehnte sie ihren Kopf gegen meine Schulter, als sei es das Selbstverständlichste von der Welt. Ihre schwarzen Locken waren noch feucht von der Morgendusche, ihre Schultern dufteten nach *L'air du temps*.

›Die Kerze ist für Ashley. Und für dich.‹

›Elizabeth.‹

›Sam, sag nichts. Ich weiß. Wir werden uns nicht mehr sehen.‹

›Zab.‹

›Sam.‹

›Zabisticou. *Mon amour. Mi amor.*‹

›Ach, Sammy.‹

Das Stundenhotel, in das wir ineinander verklammert und den Tränen nahe taumelten, war auf unseren Ansturm nicht vorbereitet, der Sessel (ich liebte meine Frauen ausschließlich in Sesseln) krachte zusammen, und wir taten auf der Spiegelkommode weiter. Irgendwann bemerkten wir unser Spiegelbild und hielten inne und gestanden einander ergriffen, mit nahezu orthodoxer Inbrunst, wie bedingungslos, wie total, wie radikal wir uns liebten. Dann erweckte der goldgerahmte Anblick unserer nackten Körper neue Geilheit, und wir kamen auf Ideen und erfanden Spiele, bis wir wund und gezeichnet und erschöpft waren.

Wir wurden noch einmal geboren in diesem Stundenhotel. Jede Bewegung, jeder Blick, jedes Wort war Anfang. Das Klopfen des ungehobelten, ungewaschenen, minderjährigen Etagenkellners, Zabs hochgezogene, schwarze Augenbraue, die kläglich heiser piepsende Amsel im Baum des lichtlosen Hinterhofs, der lauwarme, süßliche, gepanschte Champagner, der Witz, den ich ihr erzählte, der Spagat, den sie machte, mein-ihr-unser kleiner silberner Siegelring, und wie wir staunten, wie wir starrten, wieder und wieder den Namen des anderen flüsterten wie ein Heiligtum, all das gehörte jetzt einzig Zab und mir, war unsere Schöpfung und würde einmal unsere Erinnerung werden. Neuerschaffung, Neubenennung, Neubevölkerung der ganzen Welt, auch dies schenkte der grausame, wundervolle Fabelvogel.

›Es sind deine Augen‹, sagte Zab. Wir lagen auf dem lächerlich ausladenden Doppelbett, einem Bett für Büffel, wie Zab sagte, und fütterten einander mit Blicken. Wieder mußte ich seufzen.

›Nicht, was du denkst‹, sagte sie. ›Nicht deine … wie heißt es?‹

›*Ptosis.*‹

›*Ptosis.* Als wir uns das erste Mal bei Audrain sahen, weißt du noch, ich war sofort verknallt in deine Augen.‹

›Genau das ist das Geheimnis der *Ptosis*. Bei mir war es, ob du es glaubst oder nicht, deine schwarze Strickjacke.‹

›Die gehört meiner Mutter.‹

›Will ich nicht wissen. Für mich wird es auf ewig deine Jacke sein.‹

›Hat sie mir als Schutzumhang mitgegeben. Sie macht sich ununterbrochen Sorgen um mich. Sie glaubt, Paris sei mein Untergang.‹

Ich küßte sie. Unsere Augen wanderten gleichzeitig zur Spiegelkommode, einem bei genauerem Hinsehen gräßlich häßlichen Stück, das aber bereits einen besonnten Ehrenplatz in unserem Privatparadies einnahm. Die Kommode erwartete uns. Ich hatte dem unverschämt grinsenden Etagenkellner nicht umsonst das Entgelt für zwei weitere Stunden in die klebrige Pfote gedrückt.

›Weißt du, Paris wäre um ein Haar auch mein Untergang gewesen‹, sagte ich später. Wir hatten die Erschaffung unserer Welt jetzt auf den Jardin Luxembourg ausgedehnt. Zab hatte mir einen flamingofarbenen Luftballon geschenkt. Wir saßen auf einer Bank an der Fontaine Médicis und schauten zu, wie romantische Winde ihn nach St. Germain entführten.

›Die Scheidung von deiner Frau?‹ fragte Zab.

›Ich war nie verheiratet‹, sagte ich streng. ›Merk dir das. Nie verheiratet.‹

›Ich schlottere vor Angst, mein Gebieter.‹

Sie leckte mein Gesicht wie ein junger Hund. Ich schob meine Hand tief in ihre Bermuda Shorts und ließ sie dort ruhen.

›Nein, die Trennung von Ashy‹, sagte ich und schaute auf meine Uhr. Es war gottlob erst kurz nach fünf.

›Daß du so ein liebevoller Vater bist, macht dich fast unwiderstehlich, *mi amor*. Wie war, ich meine: wie ist deine Frau, entschuldige, Verflossene, ich meine: Letitia?‹

›Letitia, geliebte, geistesabwesende Studentin der Klagetumba, ist ein Bulldozer, ein Schaufelbagger auf zwei Beinen. Aber sie war nicht immer so.‹

›Komisch, der erste Film, den ich sah, als ich nach Paris kam, war von ihr‹, sagte Zab und schloß ihre glücklichen, satten, schwarzen Augen. ›Da kannten wir uns noch nicht‹, fügte sie hinzu.

Die Vorstellung, daß Zab in einem dunklen Kinosaal Ellbogen an Ellbogen mit all den Durchgeknallten gesessen hatte, die in Letis Filme strömten, und sich *A State Of Mind Called Zores, Humo en los ojos* oder *Bartleby The Scrivener* zu Gemüte geführt hatte, ließ mich erschaudern. In ersteren beiden Streifen war ich gehörig verwurstet, demontiert und, wie Leti meinte, ›demaskiert‹ worden. Nicht aus Rache, wie sie jedem versicherte, der es hören wollte, sondern aus Liebe zur Wahrheit. Nebbich, die Wahrheit hatte immer zwei Gesichter; aber im Gegensatz zu ihrem war meines nicht populär genug und wurde nicht zu den Filmfestspielen von Cannes eingeladen.

›Ich glaube, er hieß *Humo en los ojos*‹, sagte Zab und schlug die Augen auf. ›Nicht mein Ding‹, sagte sie, ›zu surreal.‹ Sie hatte die finstere Miene ihres Gebieters richtig gedeutet, die Kluge, die Gute. Sie schlang ihre Arme um mich und ließ ihre Zunge spielen, als wollte sie Letis gesamte bisherige Filmographie hinfortküssen. Ich stand auf, hielt sie dicht an mich gedrückt und trug sie durch den Park und in die Rue de Médicis und hinunter zu einem kleinen Café kurz vor dem Odéon, wo ich sie auf einen Stuhl setzte. Wir teilten uns einen Ricard, dann einen zweiten, und besprachen die Zukunft. Lügen und Doppelleben waren tabu, wir wollten aber auch nicht mit der Tür ins Haus fallen. Sehr langsam, ganz behutsam sollte Ashley im Laufe der nächsten Monate mittels kleiner Zeichen, kleiner Winke, bei kleinen gemeinsamen Unternehmungen diese neue, unfaßbare Liebe ihres Vaters lesen lernen, ohne sich, wie offensichtlich bei Leti und Ringold in Mousehole geschehen, ausgeschlossen und vermindert geliebt zu fühlen. Im Gegenteil, ich hoffte, wir hofften, sie würde die Chance erkennen und beim Schopf ergreifen, ihr Leben mit einem schlichten, unexzentrischen, ›unkünstlerischen‹ Paar zu erden und in heiter-gelassene Bahnen zu lenken.

Da der Boulevard Sébastopol weder Zab noch mir Freude bereitete, würden wir die Spanischstunden künftig im Jardin, bei schlechtem Wetter im Pavillon des Jardins abhalten. Für die anderen Stunden mußte, bis die Schule ihren segensreichen Betrieb wieder aufnahm, das eben zu diesem Zweck erbaute Stundenhotel genügen.

›Ich komme mir ganz verdorben vor‹, sagte Zab. ›Mit Ernesto hätte ich so was nie gemacht.‹

Meine Alarmglocken, die alten, nie verstummenden männlichen Stammesglocken, läuteten Sturm. Daß die leichte Geistesabwesenheit, die Schüchternheit und stille Wassertiefe meines Liebchens nur die eine Seite ihrer Natur war, hatte ich soeben auf der Kommode am eigenen, noch immer lustbebenden Leib erfahren. In welchen studentischen Wohngemeinschaften also, überfüllten Plapperistencafés, stinkenden Diskotheken verbarg sich die vierzehn Jahre jüngere Konkurrenz, lauerten die Philippes und Philiberts mit ihren meterlangen Morgenlatten?

›Wer ist Ernesto?‹ sagte ich.

›Eine alte Geschichte‹, sagte sie.

›Wie alt?‹

›Älter als Paris‹, sagte sie. ›Madrid. Ich habe ihn verlassen.‹

›Der gute Ernesto‹, sagte ich erleichtert. ›Und jetzt erzähl mir, mein Liebchen: Was studierst du eigentlich?‹

Sie studierte Geschichte und Kunstgeschichte. Mit geschlossenen Augen, auf ihre wundervolle, stille Art erzählte sie mir von ihrer Kindheitslektüre des *Don Quijote*, der ihre Initiation gewesen war, ihre Tür zur Schatzkammer fernster Vergangenheiten, die aufschimmerten und sie lockten und mehr Sehnsucht in ihr hervorriefen als die allermeisten Verheißungen des Hier und Jetzt.

Ich schaute auf meine Uhr. Ashley wartete seit einer Stunde.

◆◆◆

Als ich aus dem Taxi aufs Trottoir stolperte, betrat mein Schatten soeben seelenruhig das gegenüberliegende Belfort. Ich sammelte die Münzen auf, die mir in der Eile aus der Tasche gefallen waren, und tat, als würde ich ihn nicht sehen. War er mir die *ganze* Zeit gefolgt? Ich hatte nichts bemerkt, nichts. Aber ich liebte, begehrte, erschuf, in meinen Augen tanzte das Mädchen aus Oropesa. Und der Unscheinbare, der da drüben am Zinktresen lehnte und seine Krawatte im Spiegel zurechtzupfte, war ein Könner, so viel stand fest. Was genau hatte er mitbekommen, was würde er Leti berichten? Sie wußte ja um meine gelegentlichen Affären, denen weiß Gott noch nie eine *durée pure* beschieden gewesen war. Und hatte unsere Tochter trotzdem freigegeben, in meine Arme fliegen lassen. Von Zab und mir sollte und durfte sie nicht erfahren, die Lage war ernst, mein Herz leicht, eine Zukunft in Spanien denkbar. Oropesa, Madrid, die Mancha, *did not my happiness lie there?*

Konnte ich meinen Schatten bestechen, ihn kaufen, auf meine Seite ziehen? Seit ihrem großen Ringold-Schneider-Coup wurde Leti mit Geld überschüttet, während ich Sonderschichten in Messeprosa schieben mußte, um meinen Anteil an Ashleys Internatsgebühren bezahlen zu können. Natürlich hatte ich Elizabeth nicht erzählt, daß ich beschattet und verfolgt wurde. Ich mußte mir etwas einfallen lassen. Aber zuerst mußte ich Steaks und Käse besorgen.

Audrain kam aus seinem leeren Restaurant und half mir beim Münzenaufsammeln. ›Ist Perrone immer noch in Tokio?‹ wollte er wissen.

›Keine Sorge, er kehrt nach Philadelphia zurück.‹

›Es ist schließlich seine Heimat‹, sagte Audrain.

Ich nickte. Wie lange war ich nicht mehr in Philly gewesen? Gleich dem Grafen von Monte Christo hatte ich irgendwann aufgehört, die Jahre zu zählen in meinem Limbusland Paris.

›Na, dann guten Appetit, Sam. Eine richtige kleine Hausfrau, unsere Ashy. Ich sage, nimm dir doch die ganze Büchse, kannst sie mir später wiedergeben. Aber nein, sie zählt haarklein acht Körnchen ab.‹

›Körnchen? Was für Körnchen?‹

›Na, Kardamom. Sie bereitet doch ein Festmahl zu.‹

Schon im Flur roch es wie in Lenin Castle, als Meyer noch die Gerichte der östlichen Steppe kochte. Ashley stand am Herd und rührte in Letis altem Riesentopf einen orangefarbenen Kleister an. Unseren kleinen zigarettenvernarbten Küchentisch zierte jetzt eine weiße Tischdecke mit blauen Davidssternen. Sie hatte zwei Teller blankpoliert und meine alten Woolworth-Gabeln geradegebogen. Ich nahm eine der Papierservietten zur Hand, die auf den Tellern lagen. *Joyeux Rosh Hashanah* las ich.

›Du kommst spät‹, sagte sie.

›Entschuldige, ich wurde … aufgehalten‹, sagte ich.

›Du siehst aus wie ein großes, altes Schaf, in das der Blitz eingeschlagen hat, lach …‹ Sie hatte Fortschritte gemacht, sprach jetzt schon zur Hälfte Französisch. ›Geht gleich los. Es gibt Tzimmes und Kugel.‹ Sie öffnete die seit Menschengedenken nicht mehr geöffnete Ofentür. Ein Brotauflauf knisterte vor sich hin. ›Ich weiß‹, sagte sie, ›Rosh Haschanah ist dieses Jahr erst im Oktober, aber ich wollte schon mal üben.‹

Ich setzte mich langsam auf Elizabeths Stuhl, der nicht mehr nach *L'air du temps* duftete. ›Ich dachte, du wolltest Juliette besuchen.‹

›Hab's mir anders überlegt. – Fertig! Gib mir deinen Teller, Vater.‹

›Seit wann nennst du mich *Vater*? Was ist los mit dir?‹ Sie sah so würdevoll aus, so alt, so müde. Ich begann, mir ernsthafte Sorgen um sie zu machen. Sie schaufelte den Kleister auf unsere Teller. Ich griff nach ihrem Arm und zog sie zu mir.

›Ashy, wo warst du?‹

›Spazieren im Marais. Und dann hab ich bei Jo Goldenberg für uns eingekauft. Eine sehr liebe alte Dame hat mir das Rezept aufgeschrieben. Iß, bevor es kalt wird.‹ Sie nahm eine Gabel, drückte sie mir wie einem Teddybären in die Hand, setzte sich auf ihren Thronsessel und kostete von dem Kleister. Sie wiegte ihren Kopf. ›Nicht übel fürs erste Mal. Iß doch.‹

Die liebe alte Dame hatte sie gut beraten. Der Eintopf war ein Gedicht, das Rindfleisch zart im Ananassaft zerkocht, die Pflaumen und Karotten hingegen noch *al dente*, sie hatte sogar Süßkartoffeln hineingegeben. Jetzt erst bemerkte ich, was für einen Riesenappetit ich hatte. Aber wo, und was, aß meine Elizabeth gerade? Knabberte sie in der Rue de la Huchette an einem Hot Dog oder war sie zum Boulevard Sébastopol zurückgekehrt, sich und ihren Kater Rodrigo zu füttern? Wenn schon die unschuldige Ashley mir ein gewisses Glühen ansehen konnte, was erst würden die priapischen Tunichtgute Philippe und Philibert erahnen, erschnuppern? Würden sie Witterung aufnehmen und meinem Liebling nachstellen? Ich mußte Zab aus dieser Wohngemeinschaft herausholen, sie bei Bekannten unterbringen. Aber wem konnte ich vertrauen?

Irrte ich mich, oder beobachtete Ashley jede meiner Regungen? Konnten Kinder Gedanken lesen, wie Letis Hexenmutter Beatrice behauptete?

›Danke, Ashy‹, sagte ich. Ich hatte zwei Teller Tzimmes verputzt.

Sie schwieg.

›Sehr lecker. Bravo. Aber nicht da capo.‹

Sie schwieg weiter.

›Hör mal‹, sagte ich, ›wir sind aufgeklärte, weltzugewandte, moderne Amerikaner und Uruguayer und Pariser. Wir kennen die Legenden und finden sie zuweilen lehrreich und amüsant, aber wir glauben nicht an sie. Wir tragen bunte Kleider und tanzen auf den Straßen und trinken *diabolo menthe*. Wollen wir nachher einen Diabolo trinken gehen?‹

Ashley betrachtete ihre Hand, als sei diese ein armes, vernachlässigtes, schutzbedürftiges Wesen, ihr eigener Kater Rodrigo. *La peau douce, la peau sensible,* dachte ich, ganz Mitleid und Verständnis und Vater. Aber wie auf einer unsichtbaren Kinoleinwand, die sich in die Küche hinabsenkte, sah ich Zabs nackten Spagat im Stundenhotel.

›Bill Evans kommt nach Paris‹, sagte ich, um mich und Ashley auf andere Gedanken zu bringen. ›Wollen wir hingehen?‹

Sie starrte weiter auf ihre Hand.

›Bill Evans ist der sensibelste, traurigste, beste Jazzpianist der Welt‹, sagte ich. ›Er und du, ihr seid die reinsten Seelenverwandten. Wir könnten meine Spanisch… wir könnten die Kollegin mitnehmen, die mich gestern besucht hat …‹

They do not love that do not show their love, dachte ich. Seit ich Ashley gestern Shakespeare zitiert hatte, drängten sich mir immer neue, grandiose Zeilen aus seinen Werken auf. Es war, als verböte Shakespeare sich den kleindelinquenten Klau, als sagte er: wenn schon, dann im großen Stil, Freundchen.

›Du bist gemein‹, sagte Ashley und stand auf und ließ mich mit dem Abwasch allein. Ich beschloß, andere Saiten aufzuziehen. Meine Tochter würde mich nicht noch einmal mit Speisen überraschen, *überfallen,* von denen Vater, Meyer und ich vor langer, langer Zeit Abschied genommen hatten.

Ach, diese uralten Fragen. Meyer. Yehuda. Wer waren wir gewesen, was war aus uns geworden, wer waren wir heute?

Vielleicht glaubte Meyer zuweilen wirklich an die Lehren der Quaker, obwohl ich das stark bezweifelte. Meyer glaubte an sich selbst und an das Überleben, und viele Identitäten und Vergangenheiten und Credos fanden Platz unter seinem breitkrempigen Gangsterhut. Vater war anders. Wie sein Geschöpf Paul Perrone hatte er mehrere Schubladen geöffnet und durchwühlt: die quakerianische, die katholische, die buddhistische und die der Mormonen. Und war dann selbstverständlich nicht Agnostiker, sondern feuriger Atheist geworden, darin wieder Yehuda Leiser, wie er leibte und lebte, denn ein Jude *ganz* ohne Gott … unvorstellbar.

Mir hingegen ging es wie Alan Altshuld bei der Entgegennahme von Vaters erstem Romanmanuskript: Ich wußte nicht so recht. Gott, wenn es ihn gab, war grausam und rachsüchtig, kein angenehmer Zeitgenosse. Gottes Romane begannen mit Eierkuchen und Sonaten von Mendelssohn-Bartholdy und den unerträglichen, keinem Menschenkind zumutbaren, das Innerste zermalmenden und die Kehle zuwürgenden Sinfonien Gustav Mahlers und endeten in Konzentrationslagern. Im College hatte ich mit den Göttern der Griechen und der Kabbala geflirtet. Jetzt flirtete ich überhaupt nicht mehr mit der Transzendenz, sondern befahl meine Seele wie der überwiegende Rest der Gemeinde dem Ricard, dem Haschisch und dem Valium. Was ich mir bewahrt hatte, was vielleicht nicht viel zählte im Getöse, war meine Liebe zu Kipling und seinen Dschungelbüchern, zu Mowgli und der Manguste Rikki-tikki-tavi, zu Toomai und seinem Freund, dem Elefanten Kala Nag. *Kala Nag! Kala Nag! Prends-moi avec toi, ô Kala Nag!*

Es klingelte. Monatelang hatte es nicht geklingelt, und nun, da Ashley und ich unsere Ruhe haben, uns aufeinander besinnen wollten, klingelte es in einem fort, klingelte es Sturm.

Ashley war in ihrem Zimmer verschwunden. Den Yankee Doodle summend (der mir heute ebenfalls nicht aus dem Kopf gehen wollte) öffnete ich die Tür. Draußen stand Armands Mutter. Ich hatte Armand und seinen Messeprospekt völlig vergessen. Die Mutter drückte mir einen Umschlag in die Hand. ›Sie haben eine Woche‹, hustete sie. Beide lägen mit Influenza darnieder, erklärte sie, der Streit gehe nun um die Frage, wer wen angesteckt habe. Ich wollte mir diese Hölle lieber nicht ausmalen. Armand und seine Mutter lebten in ihrer eigenen, komplizierten Wohngemeinschaft. Ich hielt Madame am Mantelzipfel fest und trat ins Treppenhaus, damit Ashley uns nicht hören konnte. Sie verfüge doch über ein leerstehendes *chambre de bonne,* beschwor ich sie und diente ihr Elizabeth als Untermieterin an. Die Mutter versprach, darüber nachzudenken.

›Ashley!‹ rief ich kommandierend Richtung Ping-Pong-Zimmer, ›wir gehen jetzt zusammen einen trinken!‹

Das Telefon schrillte. Es stand noch immer in meinem Büro.

›Kannst du sprechen?‹ flüsterte Zab.

›Nicht lange, *mon amour*. Wo bist du?‹

›Zu Hause.‹

›Du Arme.‹

›Ja, es ist schrecklich. Ich liebe dich so.‹

›Halt durch. Vielleicht hast du schon bald ein neues Zimmer …‹

›Sam … ehrlich?‹

›Ehrlich. Laß den alten Sam nur machen.‹

›Ich vermisse dich, ich vermisse dich. Was unternehmt ihr beide heute abend?‹

›Wir gehen irgendwo einen Diabolo trinken.‹

Ich hörte, wie Zab leise zu weinen anfing. Weinende Frauen an Telefonen waren für mich schlimmer als die Duschszene in Hitchcocks *Psycho* und der Teddybär im *Dritten Mann*, ich wußte auch, warum. Sie schluchzten und zeterten und drohten mit Selbstmord aus dem Hörer des Wandapparats in Lenin Castle, bis Vater sich endlich bequemte und sein tiefes, langgezogenes *Hellooo?* sagte, woraufhin es erst einmal still wurde am anderen Ende der Leitung. Dann erzählte er sein Märchen des Tages, und alles, alles war wieder gut. Nur mich verfolgte das körperlose Telefonschluchzen der Frauen bis in den Schlaf.

›Das ist so schön …‹, weinte Zab, ›so rührend. Ich wünschte, ich hätte einen Vater wie dich.‹

›Warte nur, bis ich dir die Wahrheit über mich erzählt habe‹, sagte ich. Keine Märchen für Elizabeth, auch das stand fest.

›Ich kenne die Wahrheit über dich.‹

›Ich fürchte nein. Bis morgen im Park, *sweet pea*.‹

Ich hatte kaum den Hörer aufgelegt, als das Telefon schon wieder klingelte. Zab und mich hatte es schlimm erwischt.

›Ich liebe dich auch‹, seufzte ich. Und wußte im selben Augenblick, daß es nicht Zab war. Ich kannte diesen Tango im Hintergrund, Roberto Goyeneches *Como dos extraños*, Letis alte Platte, vom alten Wirt des Belfort speziell für sie der Musicbox einverleibt. Ich trug das Telefon zum Fenster und schaute über die Straße. Mein Schatten telefonierte am Zinktresen, vom Anschluß des neuen Wirts. Er schaute in meine Richtung. Er sagte nichts. Ich sagte: ›Können wir uns treffen?‹ Er schwieg. Warum rief er an, gab seine Deckung auf, was bezweckte Leti? Wollte sie mir einen Gruß schicken, hallo, mein Auge ist überall? Dachte sie vielleicht, ich hätte den Schatten noch nicht bemerkt, hielt sie mich für bescheuert? Ich sagte: ›Dieses Lied, das war die Idee Ihrer Auftraggeberin, stimmt's?‹ Er schwieg. Ich sagte: ›Das Leben ist schön. Und Sie werden es mir nicht vermiesen.‹ Da lachte er bitter. Ich hörte Ashley im Flur. Ich sagte: *›Go fuck yourself!‹* und legte auf. Keine Sekunde zu früh.

Ashley lehnte, wie es binnen dreißig Stunden ihre unnachahmliche Art geworden war, in meiner Tür.

›Okay‹, sagte sie.

›Kennst du diese Schweizer Wetteruhren?‹ sagte ich und nahm sie bei der Hand, ›wo diese kleinen Figuren rauskommen, bei Regen mit Schirm, bei Sonnenschein ohne? So siehst du aus, Schatz, wenn du in meiner Tür stehst.‹

Sie wollte zum Boule Miche, in irgendeines der Cafés dort. Das Lutèce platzte aus allen Nähten, also gingen wir ins Cluny. Auf unserem Weg summte und sang sie das Lied, das sie vorhin in der Küche ihren Händen vorgesungen hatte. Ich bekam nur den Refrain mit, er lautete:

sisters holding hands, there's prayer in every land …

Wir setzten uns auf die Terrasse und bestellten *diabolo menthe*. Mein alter Freund, der Himmel, hatte für heute genug gesehen und blendete sich allmählich blauschwarz-blutorangen aus. Ein lauer Wind war aufgekommen und trieb Schäfchenwolken zum Greifen nah über unseren Köpfen Richtung Notre-Dame. Ich mußte an Zabs und meinen Luftballon denken. Wo er inzwischen wohl hingeflogen war? Schwer gefährdeter, kleiner Luftballon, Membran und ein bißchen Gas und eine Schnur unten dran, bis Oropesa schwebend oder von einer Krähe am Pigalle niedergehackt, gab es ein tiefer zu Herzen gehendes Symbol für die Liebe?

Meine Tochter und ich starrten uns wieder an wie gestern auf dem Flughafen, sprachlos und vorsichtig, jeder sein eigenes Päckchen tragend, *como dos extraños*. Waren wir einander fremd geworden?

›Wir leben‹, sagte ich, ›dem Himmel sei Dank, in freien Ländern. Wenn du an Gott glauben willst, bitteschön.‹

›Wer redet von Gott?‹ sagte sie. ›Du verstehst mal wieder *nichts*.‹

›Dann erklär es mir.‹

›Ist noch zu früh. Bin mir noch nicht sicher.‹

›Über was? Über Gott?‹

›Was willst du andauernd mit Gott?‹ sagte sie. ›Du bist regelrecht besessen von Gott.‹

Hier sprach Letis Tochter. Leti, von keinem Rabbi geschult, die alle Feriencamps des montevideanischen B'nai B'rith geschwänzt hatte, weil Vater Ludovico, wurde gemunkelt (bewiesen wurde es nie), mit der Kasse ›auf einen Sprung‹ ins Casino von Piriapolis durchgebrannt war, konnte jedem, der es darauf anlegte, das Schwarze unter dem Fingernagel wegargumentieren. Sie war nicht nur intelligenter als die meisten Menschen, sie war vor allem schneller. Auch der Erfolg ihrer atemlosen Filme beruhte darauf: Das Publikum kam aus dem Staunen nicht mehr heraus.

Ich überlegte mir meinen nächsten Satz gut.

›Mein Herz‹, sagte ich, ›gib deinem Vater eine Chance. Du wolltest zu Juliette. Und wo warst du? Im Marais. Okay, wir haben dich zur Selbständigkeit erzogen. Aber in Zukunft will ich wissen, wohin du gehst und wen du triffst. Und ich will wissen, was in dir vorgeht, hast du verstanden?‹

›Ich bin sauer‹, sagte sie. ›Du hast meine Kugel noch nicht mal angerührt. Du weißt gar nicht mehr, was Kugel ist.‹

›Oh doch, das weiß ich‹, sagte ich. ›Obwohl es schon eine Weile her ist. Meine letzte Kugel habe ich in Camp Kindervelt gegessen.‹

›Wo?‹

›Im Feriencamp in Orange County. Es gab damals zwei, Camp Kindervelt und Camp Little Menschen …‹

Und ich erzählte ihr, was ich noch keinem erzählt hatte, nicht einmal Leti. Wie Vater, nachdem er Jonathan Still geworden war, die Menorah und die Mesusah aus dem Haus verbannt und den Ukas erlassen hatte, daß wir jetzt nicht nur Bürger der Vereinigten Staaten waren, sondern auch keine Juden mehr. Daß wir uns in Zukunft aus der Weltgeschichte heraushalten würden, komme, was da wolle. Daß Judesein der Vergangenheit angehörte und die Vergangenheit tot und begraben war. Und wie mein Onkel Meyer sein ganzes Know-how in Sachen *undercover operation* aufbot, um mich offiziell in ein Bucks-County-Pfadfinderlager, heimlich jedoch mit Boss Neidelmans Tochter Victoria ins Camp Kindervelt zu fahren. Wie er mich dort jede Woche besuchte und aus der Ferne vom Gatter winkte, als wollte er uns Kinder nicht stören. Wie ich mit Vicky Neidelman und den anderen kleinen jüdischen

Menschen im Kreis herumtanzte und Lieder von Erez Israel sang und Knisches und Kugel aß und mir abends die Legenden erzählt wurden. Wie ich abhauen wollte und nachts in mein Kissen weinte, weil mir das Lachen und Singen, das Herzen und Bei-der-Hand-nehmen und Ringelreihen nach all den Jahren kühler Distanz zwischen Vater und mir viel zu viel war. Und weil ich spürte, daß die anderen Kinder eine weit zurückreichende Vergangenheit und Tradition besaßen, während ich mich an nichts erinnern konnte, an gar nichts.

Ich verschwieg Ashley meine Angst vor dem ›wahren Sam‹, dem kleinen Jungen, der an meiner Stelle im alten Europa in einem Kerker litt.

Ich verschwieg ihr noch manches andere.

›Camp Kindervelt‹, sagte Ashley. Sie lächelte. Ich hatte sie, verflucht noch mal, mit dem alten Schmonzes zum Lächeln gebracht. Sie schaute wieder auf ihre Hände. *Que lindas manitos que tengo yo.* Letis Lied an Ashys Wiege.

›Wie war meine Oma, deine Mutter?‹ fragte sie jetzt.

Hätte ich bloß den Mund gehalten. War es ›normal‹, daß Zwölf- bzw. fast Dreizehnjährige ein derart morbides Interesse für die Vergangenheit entwickelten, oder hatten ihre Mütter die Nasen einfach in eine psychologische Zeitschrift zuviel gesteckt? Nichts Gutes kam von dieser Irrlehre, nur vermehrte Verwirrung. Der Mensch blieb unbegreiflich, seine Widersprüche ungelöst. Darin lag ja gerade der Charme dieses armseligen, auf den Krücken der Technik umherwandelnden Raubtiers, in seinen alten, stinkenden Geheimnissen. Aber wir lebten in uncharmanten Zeiten. Aus Freuds und Marxens unschuldigem, bilderstürmerischem Geheimnisverrat war eine Industrie geworden.

›Du weißt doch, wir wissen es nicht‹, sagte ich und winkte dem

Kellner, noch eine Runde Diabolo zu bringen. *If you have tears, prepare to shed them now,* dachte ich. Shakespeare hatte sich in meinem Kopf eingenistet. ›Sie lebt nicht mehr‹, sagte ich lahm. Oder lebte sie? Bruno Fetterly, für den das Oberlin College eine literarische Forschungsreise in die Deutsche Demokratische Republik organisiert hatte, würde vielleicht bald neue Informationen von dort mitbringen.

Ashley nahm ihre schwarze Baskenmütze ab und drehte sie in ihren Händen hin und her.

›Hat dir Opa nie von ihr erzählt?‹

›Opa spricht nicht über solche Sachen. Grundsätzlich nicht.‹

›Hat er sie geliebt?‹

›Ich weiß es nicht. Aber von meinem Großvater kann ich dir erzählen. Er hieß Jockel Leiser und starb jung.‹

›Und …?‹

›Und was? Mit dem Tod ist das Leben nun mal zu Ende.‹

›Wer war Mali Mushkin?‹ fragte sie auf einmal.

Der Kellner brachte die Diabolos, ich pries ihn dafür. Ich verwickelte ihn in ein Gespräch über Bergsons *durée pure*, während ich mich innerlich sortierte. Mali Mushkin. Wo hatte Ashley diesen alten Namen ausgegraben? Selbst Meyer erwähnte ihn höchst selten, ganz zu schweigen von Vater. Einzelkinder ohne historisch belegte Mütter, Vater und ich, die Vergangenheit tot, die Landstraße vergessen, der – wie hatte Vater gesagt? – ›europäische Kulturzusammenhang‹ höchstens noch in Paul Perrones Marotten durchscheinend und zum Jokus herabgemindert. Worüber wir uns zu Hause monatelang unterhielten, war die Mondlandung. Der Kellner verabschiedete sich – um ein paar Feierabendgedanken reicher. Ich prostete Ashley zu. Aber sie ließ ihr Glas stehen. Ich seufzte und sagte:

›Mali Mushkin war, soweit sich das rekonstruieren läßt, Onkel Meyers hundert Jahre ältere Schwester. Und Opas Mutter. Wie kommst du gerade jetzt auf sie, wer hat dir von ihr erzählt?‹

›Der Wind‹, sagte sie.

Noch wußte ich nicht, worum es in Letis neuem Film *Bury Me In Candyland* ging, aber mir begann Unheil zu schwanen. Was hatte Vater ihr zugeflüstert, damals unter dem Dogwood Tree? Hatte er über seine Vergangenheit gesprochen?

›Hast du eine Ahnung, worum es in Letis neuem Film geht?‹ fragte ich.

›Du denkst, es geht um deine Mutter‹, sagte mein kluges, viel zu kluges Kind.

›Weißt du es nun, oder weißt du es nicht?‹

Sie zuckte die Schultern. ›Irgendwas mit Bomben und Panzern und Alice im Wunderland. Das Drehbuch liegt im Safe. Ist mir auch so was von egal.‹

›Wollen wir sie nachher nicht anrufen?‹ sagte ich. Mir war eine Idee gekommen. Ich würde Leti andeutungshalber zu verstehen geben, wie gefährlich ihr Privatdetektiv für das seelische Gleichgewicht unserer Tochter werden konnte, der unscheinbare Mann, der Eckensteher, Spielplatz-Aficionado, vor dem wir sie immer gewarnt hatten. Dann würde ich fernmündlich Zab etablieren, als meine Kollegin, das Fräulein Sevenster, meine pädagogisch unbedenkliche Messeprospekt-Mitübersetzerin.

›Ich hab ihr ja einen Brief geschrieben.‹

›Und reden willst du nicht mit ihr?‹

Ashy schüttelte den Kopf.

›Was hast du ihr geschrieben? Muß ich dir jedes Wort aus der Nase ziehen?‹

›Daß ich nicht mir ihr reden will.‹

Ich ließ es gut sein für heute. Uns blieben noch viele Monate. Es war dunkel geworden, der Boulevard füllte sich mit meinen Landsleuten, die einen immer noch auf der Suche nach Hemingways ›sauberem, gut beleuchtetem Café‹, die anderen nach Sex und Exzess und ein bißchen Weltumsturz. Leti und ich hatten uns in Paris nie sonderlich legendär oder literarisch gefühlt, wir lebten einfach dort, verdienten unser Geld, meine von Anbeterscharen verfolgte Holde erklomm einen cineastischen Parnaß, den es in Montevideo nicht gab. Sie wurde von jungen Filmregisseuren eingeladen, einer ›Gruppe‹ beizutreten und in die Bundesrepublik Deutschland umzusiedeln, aber wir verspürten wenig Lust dazu. Die Hitparade in diesem Land führte Titel wie ›Wenn ich Generaldirektor wär‹, ›Sag, was machst du Sonntag?‹ und ›Ich trau mich nicht‹. Da noch nicht einmal Hargensee dort zu liegen schien, galt für mich Gertrude Steins Satz *There was no there there*.

Als könnte sie tatsächlich Gedanken lesen, trug Ashy das ihrige zur ›deutschen Frage‹ bei.

›Der Steinbock hat angerufen‹, sagte sie. ›Hab ich ganz vergessen, sorry.‹ Randolf Steinböck war Vaters deutscher Verleger.

›Kann mir schon denken, was er wollte‹, sagte ich.

›Du bist wie ich‹, sagte sie und lächelte endlich wieder. ›Ich fange meine Aufsätze auch immer erst in letzter Sekunde an.‹ Dankbar drückte ich ihre Hand. ›Du fährst nie da hin, oder?‹ fügte sie hinzu.

›Der Steinbock hat mich mal nach Hamburg eingeladen.‹

›Und? Hat es dir gefallen?‹

›Weiß nicht. Ich war die ganze Zeit sternhagelvoll.‹

Wir zahlten und machten uns auf den Heimweg. Die Böcke des Quartiers, von zehn bis achtzig, starrten Ashy hinterher. Meine Beduinenprinzessin wandelte, ohne auch nur den Saum eines Passanten zu streifen, würdevoll, kerzengerade den Boulevard entlang,

Schaufenster und anderen Glitzerkram links liegenlassend, sie war ein Anblick für die Götter.

›Ich wohnte in einem Hotel, wo auch mal die Beatles gewohnt haben‹, sagte ich. Randolf hatte mir ein Zimmer im ›Pacific‹ am Neuen Pferdemarkt gebucht, aus dem ich bis zu meiner Rückreise nicht mehr herauskam, achtundvierzig schnapsselige Stunden lang. Im Hallenbad am Ende der Straße, erzählte mir der Portier, hätten die Beatles auf dem Einmeterbrett *Hey Jude* komponiert. Das war mein Deutschlandbesuch gewesen. Doch hörte ich gelegentlich die Deutsche Welle und las die ›Quick‹, um meinen Jargon für die Perrone-Übersetzungen aufzufrischen.

›Die Beatles!‹ schnaubte Ashley verächtlich.

Zu Hause erledigten wir den von Armands Mutter unterbrochenen Abwasch und wickelten die Kugel in Zeitungspapier und stellten sie in den Kühlschrank. Wir sprachen nicht mehr über das merkwürdige Essen. Ashy erzählte vom Internat und seinen Insassen. Sie gab mir einen Kuß, dann verschwand sie in ihrem Zimmer. Im Mülleimer fand ich die Quittung von Jo Goldenbergs Delikatessengeschäft. Sie belief sich auf stolze zweiunddreißig Francs. *Rosen*, das deutsche Wort *Rosen* stand zittrig auf der Rückseite geschrieben. Hatte Ashley mir Blumen kaufen wollen, und war sie im Marais einem deutschen Blumenhändler begegnet? Rätsel über Rätsel. Ich strich das Menetekel glatt (denn es war ein Menetekel, wie sich bald herausstellen sollte), trug es in mein Büro und legte es in eine Schublade meines Schreibtischs.

Ich zog meine neuneinhalb Seiten von *Telling Them: The Lives Of Yehuda Leiser* aus der Tiefe und las den ersten Satz: ›Hargensee, irgendwo zwischen Lemberg und Wolin, möglicherweise aber auch zwischen Kattowitz und Breslau gelegen, vielleicht auch sehr viel weiter östlich, dort, wo die Städtchen keine Namen mehr führen, erfreute sich eines Altweibersommers wie aus dem Bilderbuch, als Yehuda Leiser am dreißigsten Oktober neunzehnhundertfünf geboren wurde.‹

Ich legte die Seiten behutsam zurück. So weit, so mies, oder, wie Ringold Schneider gesagt haben würde: *No way, José.* (Ringold sagte ständig solche Sachen, er sagte auch *hey presto, chum* und *whatever floats your boat, buddy*).

Ich versuchte, den nächsten Abschnitt auf Perrone-Seite sechsundvierzig anzupacken. *I'm angry, I'm upset, and I'm appalled, said Perrone and shot Yamashita-san dead.* Interessant. So schlicht. Nicht die übliche Durchsiebung mittels zweier Magazine Blei, auch nicht die in den Schlund gestopfte Krawatte, bis die Augen blutig aus den Höhlen ploppten. Aber kaum interessant genug für mich an diesem Abend.

Ich rief Elizabeth an. *She asleep, Yankee.* Ich schloß meine Augen und träumte mich eine kurze Weile in Zabs Schlaf. Meine Finger wählten die Nummer in Mousehole. Einer von Ringolds Besorgern war dran. Miss Weintraub sei aushäusig, Mr. Schneider selbstverständlich auch. Ich durchforstete mein Telefonverzeichnis und fand Hutbinders Nummer unter I, weil die H's in meinem Leben offenkundig überhand genommen hatten. In Santa Monica war es noch früh am Morgen. Eine Kaugummi kauende Krankenschwester informierte mich, Franz Hutbinder sei vergangene Nacht gestorben.

◆◆◆

Die nächsten zwei Wochen verliefen beinahe so, wie ich es geplant und erhofft hatte. Ashley *et moi* wurden rasch wieder, was wir schon immer gewesen waren, ein Herz und eine Seele. Nach wenigen weiteren Tagen des Umkreisens und Beschnupperns stellten wir neue Gemeinsamkeiten fest. Wie die meisten komplizierten, in der Phantasie lebenden Menschen lehnten wir jedes *Chi-Chi* ab, brauchten Raum und Ruhe und verläßliche, von uns selbst geschaffene Routinen: Mein Vollbad um vier, ihre Celloétuden um zehn, das gegenseitige Vorlesen in die Nacht hinein. Machten einen großen Bogen um hektische, redselige, anbändelnde Mitmenschen. Mißbilligten das Fernsehen und besaßen einen solchen Kasten auch gar nicht (das Karateprogramm ein Stockwerk höher reichte uns). Zogen das bodenständige Peanutbutter-Sandwich (mit dick Jell-O Wiggle drauf) den überteuerten, überschätzten, elaborierten französischen Artefakten vor. Ashy regte eine Plus-Minus-Liste an, und wir saßen in Socken auf dem Fußboden ihres Zimmers und legten schriftlich nieder, was wir liebten und was wir haßten. Ich hatte nicht die leiseste Ahnung gehabt, wie tief ein Teenager hassen konnte, die Palette war mehr als reichhaltig. Ganz zuoberst stand natürlich alles, was Leti mochte: Perlenbestickte Blusen, Jeansröcke, Lama-Röcke, Jadeohrringe, Totenkopfringe, Folksinger, Tangosänger, Ché, Fidel, Lorca, Castaneda, Karamelpudding, Schokolade, Rotwein und Maispapierzigaretten der Marke Boyard. Dicht gefolgt von ›immer recht haben wollen‹, ›nichts verstehen‹ und ›ewig auf dem Klo hocken‹. Die Plus-Liste war wesentlich kürzer. Mein Kind liebte die Farbe schwarz, den Film *Bonjour Tristesse*, alte Wörterbücher, ›alte Namen‹ (sie wollte keine Beispiele nennen), Melvilles ›Moby Dick‹ und den Geschminkten, der Alice Cooper hieß. *Boys*, oder *mecs*, wie man in Paris sagte, schienen ihre ruhelosen Schatten Gott sei Dank noch nicht auf Ashleys junges Leben geworfen zu haben.

Eine nicht unerhebliche Rolle bei unserer Annäherung spielte die leidige Übersetzung des neuen Perrone-Romans, genauer: deren wachsende Verspätung. Die Vorstellung, daß ich, der Vater, meine ›Hausaufgaben‹ noch später erledigte als sie, machte ihr diebische Freude. Mehrmals am Tag erkundigte sie sich nach meinen Fortschritten, zwinkerte mir zu, lächelte mitwisserisch. Der steckengebliebene, so manchen Morgen vergeblich wartende Perrone schuf Vertrauen zwischen uns, Komplizentum. Und ich spielte mit, gab den Lebenskünstler, den Hans-Guck-in-die-Luft der Übersetzergilde; es fiel mir, zugegeben, nicht besonders schwer.

Hutbinder war schuld. Sein Tod blockierte mich. Es war nicht allein seine angeblich abgeschlossene, autorisierte Jonathan-Still-Biographie. (Wo befand sich das Manuskript? Bei Vater? Altshuld junior? Oder hatte die Krankenschwester ihren Kaugummi darin eingewickelt?). Es war auch die Rückschau auf Hutbinders ganze Existenz. Unangenehme, mit Hutbinder verknüpfte Erinnerungen stiegen hoch.

Er hatte in großem Stil begonnen. Frühexpressionist und Frühkommunist in Berlin. Bekannt mit Krethi und Plethi. Reich an ersten Zeilen, Worten, Silben für geplante Zyklen, Trilogien, Tetralogien. Durfte im ›Romanischen Café‹ anschreiben lassen. Welt lag ihm zu Füßen. Himmel hing voller Hämmer und Sicheln. Menschheit kurz vor ihrer Errettung. Zukunft wie noch nie. Aber dann, aber dann. Haßte New York, stritt sich in Washington Heights, damals ›das Vierte Reich‹ genannt, mit besten und letzten Freunden. Hatte Glück im Unglück und kam nach Hollywood. Sang und tanzte dort bei MGM dem großen Louis B. den Inhalt von Filmexposés vor, da dieser zu faul zum Lesen oder des Lesens nicht kundig. Nach dem Krieg kam ihm die Wende. Meyer Mushkin verwendete sich für ihn bei Jonathan Still und dessen deutschem Verleger Steinböck. Woher Meyer Hutbinder kannte, blieb ein Geheimnis. Jedenfalls: Hutbinder der Übersetzer florierte. Kaum ein deutscher Verlag, in dem sein schwurbeliges Übersetzerdeutsch nicht bald die

Lektoren zum Wahnsinn trieb. Aber auf seinen blaßblauen Visitenkarten prangte, und prangte vermutlich bis zu seinem Ende: *Franz Hutbinder – Translator of Paul Perrone*. Mehr als ein Jahrzehnt übersetzte er Jonathan Still ins Deutsche. Dann geschah ein Unglück in Philadelphia, und ich wurde überraschend Hutbinders Nachfolger.

Es gab keine Witwe, der ich hätte kondolieren können. Hutbinders Liebesleben, ein Buch mit sieben Siegeln. Sein Herr und Meister setzte ihm ein kleines Denkmal in Roman Numero zwanzig, *Dead Ringer*, in Gestalt des hochverdächtigen, am Ende natürlich unschuldigen Bordelldauergastes und Raketentechnikers ›Dr. Giselher von Schwarz‹, Hutbinders *shining hour*. Das kleine, kasperlegesichtige, wie aus Holz geschnitzte, dennoch rasch errötende Männlein war zeitlebens allein geblieben und wohl auch allein gestorben. Nach langer, schwerer Krankheit, wie ›Der Aufbau‹ formelhaft vermeldete. Guter, alter, einsamer Santa-Monica-Rambla-Hund, wo immer du herumgestreunt bist, Friede deinen Gebeinen, deinen Dämonen, Friede auch deinem Deutsch. Ich schrieb einen Brief des Bedauerns an Steinböck, erwähnte die autorisierte Biographie mit keinem Wort, bat aber um Fristverlängerung für meine Übersetzung und verriet als kleines Bonbon schon einmal den geradezu Hutbinderschen Titel, der mir für *Perrone Has No Clue* vorschwebte: ›Perrone weiß nicht weiter‹.

Der Schulanfang verschaffte mir keine Luft zum Übersetzen, denn nun holten Elizabeth und ich heftigst nach, was wir in den vergangenen Tagen versäumt hatten. Kaum war das Tohuwabohu und Schlangestehen bei Gibert Jeune überstanden, das aufregende Befühlen und Erwählen heiliger Gegenstände wie Schulhefte, Notizblöcke, Zeichenblöcke, Bleistifte, Kugelschreiber (ich schenkte Ashy, nicht ganz ohne Hintergedanken, ein dickes, in rotes Kunstleder gebundenes Tagebuch), kaum hatte ich meine Tochter, die natürlich in ihrem grauenvollen T-Shirt steckte, am Lycée St. Louis abgeliefert, jagte ich auch schon zum Boulevard Sébastopol, um meinen Schatz abzuholen. Kein Detektiv schien mir zu folgen. In der Pause zwischen englischem Ohrensessel und roten Polstersesseln schaute ich aus dem Fenster hinüber zum Belfort: Mein Schatten war weit und breit nicht zu sehen. Natürlich wunderte sich Zab, warum ich alle halbe Stunde zu den Fenstern tigerte und so tat, als überprüfte ich deren Riegel oder fortschreitende Erblindung. ›Du entwickelst doch keinen Tick, Sam?‹ sagte sie.

›Weiter im Text‹, sagte ich, zur Ottomane zurückkehrend, auf die wir uns inzwischen geschleppt hatten. Ich zerdrückte eine Weintraube in ihrem Bauchnabel. Sie atmete tief aus und zog langsam, sehr langsam die Kinderfibel *El Ratón Preguntón* von ihren Brüsten.

›Bueno, mi gringuito‹, sagte sie, *›Cuántas niñas y niños faltaron hoy?‹*

›Wie viele Mädchen und Jungen fehlen heute‹, übersetzte ich willig. ›Himmel, ich muß Ashy von der Schule abholen!‹

›Ich dachte, sie will nicht abgeholt werden …‹

›Sie braucht eine Brille. Hab ich völlig vergessen. Wir müssen zum Augenarzt und zum Optiker.‹

›Nimm doch das Auto.‹

War die verspätete Perrone-Übersetzung Ashleys Song, so war *das Auto* Elizabeths. Wie Sinfonien brauchen weibliche Wesen Themen und Leitmotive, um die sie kreisen können, sie kommen sonst nicht durch den Tag. Darf ich mal das Auto fahren? Wollen wir nicht das Auto besuchen? Wozu hast du überhaupt ein Auto, wenn es bloß dumm herumsteht? Mein Wägelchen, ein hellgrüner R 4, schlief in einer Garage an der Général Leclerc. Ich hatte es aus dritter Hand gekauft, um Hildegard zu imponieren, wir waren damit nach Versailles gefahren, weiter waren wir nicht gekommen.

›Wir nehmen das Auto‹, sagte ich, ›wenn wir Ashley für uns gewonnen haben. Und mit ihr eine Reise in die Bretagne machen.‹

›Die Bretagne, da erfrieren wir ja. Die Dordogne. Nach Bayonne vielleicht …‹

›Bessere Kathedralen in der Bretagne‹, versuchte ich mein Glück, denn natürlich hatte ich keinen blassen Schimmer. Südfrankreich war Leti-Land, zu viele Erinnerungen.

›Stimmt‹, sagte Zab. Aber es paßte ihr nicht. Ihr Visier ging herunter, dann meines, und wir konnten einander nicht in die Augen sehen. Es war der erste Mißton unserer Stimmgabel, der erste kleine kalte Hauch, der uns streifte. Das Ego, ständig vorauseilend und präzise Szenarien durchspielend, wie fürchterlich, unter welcher Pein, mit welchem Blutbad alles enden würde, die alte Maschinerie zum Schutz der Seele hatte sich zurückgemeldet.

Zab begleitete mich bis zur Rue Vaugirard. Wir hatten die ganze Zeit nur die nötigsten Worte gewechselt. Unglaublich, daß man diese Dramen des Anfangs, dieses Hin und Her zwischen Verschmelzung und Entfremdung überlebt. Wir blieben stehen.

›Irgendwann müssen wir uns von deiner Fibel verabschieden und ein wenig erwachsener Spanisch lernen‹, sagte sie. *›Die Maus fragt‹*, lachte sie, ›also wirklich, Sam …‹

Ich nahm sie in meine Arme und wiegte sie und summte *As Time Goes By* in ihr Ohr. ›Lach nicht‹, sagte ich. ›Ich bin mit Fragen aufgewachsen. Sie sind, wie es in den Messeprospekten heißt, integraler Bestandteil meiner Grundausstattung.‹

Mein Liebchen lächelte. Wir waren uns wieder gut. Sie erkundigte sich nach meiner Kindheit. Ich gab ihr die Kurzversion. Sie hatte tatsächlich noch nie einen Perrone-Roman gelesen. Daß es einen berühmten Kriminalschriftsteller namens Jonathan Still gab, erfuhr dieses wundervolle Geschöpf erst von mir. Ich lebte auf.

›Mein Vater war immer der große Frager‹, sagte ich. ›Vergiß die Antworten, lehrte er mich, die Antworten ändern sich. Die Fragen bleiben.‹

In Philly gab es zwei Theorien über Vaters lästige Fragerei. Ganz klar, sagten die einen, er fragt, weil er Stoff für seine Bücher braucht. Nein, sagten die anderen (ich sympathisierte mit ihnen), er fragt, weil er asozial ist, weil ihn weder die Menschen noch die Antworten interessieren, es ist seine Art des *small talk*. Seit wann fährt Bob Fraenkel einen Convertible? Ist so ein Convertible nicht gefährlich? Was machst du, wenn es regnet, Bob? Ist so ein automatisch zuklappendes Verdeck nicht gefährlich? Ich hatte noch eine dritte Theorie. Er fragte, weil er nicht mehr wußte, wer er war, und sich irgendwie zurechtfinden wollte.

›Kluger Mann‹, sagte Zab. ›Was hat er studiert?‹

Noch so eine Frage. Konnte ich sagen: die Landstraße? Konnte ich sagen, daß er Quiz-Shows im Radio liebte, deren Regeln aber nicht verstand? Sie haben schon wieder die Regeln geändert, Sam! rief er aus seiner Millionärsmansarde in Lenin Castle, komm hoch und erklär sie mir! Nie erklären sie einem die Regeln, beschwerte er sich, in seinem zerschlissenen, graublauen Wollbademantel am Radio klebend, den Kaffee aus der rosafarbenen, goldumrandeten Goetheuntertasse verschüttend. Er lächelte hilflos, beinahe ein wenig blöde, wenn er seine Quiz-Shows hörte – das Lächeln eines hochintelligenten, vom Hargenseer Rabbi vermutlich mit allen Legenden, allen Büchern (zuzüglich der Kabbala) gefütterten Einzelkindes, das die Welt verwirrend fand und sie sich deshalb mit den Mitteln der Phantasie erklären mußte.

›Er hat nicht studiert‹, sagte ich. ›Und ich liebe dich.‹

›Eigentlich darf ich dir ja nicht trauen‹, lächelte sie. ›Weil du über dreißig bist.‹

Ich schaute ihr nach, wie sie Richtung Jardin ging. Einmal noch drehte sie sich um und ohrfeigte sich gestisch und lächelte verschämt. Ich ohrfeigte mich ebenfalls, wir bliesen uns Küsse zu. Dann war sie verschwunden. Ich hatte das Glück lange gemieden, hatte es mir nicht zugetraut, nicht gegönnt, hatte es gekränkt. Jetzt war es, ganz freiwillig, zurückgekehrt. Ich würde eine Kerze in Saint-Séverin anzünden, warum nicht? Mein Gesicht in der Schaufensterscheibe der Fleischerei erschreckte mich fast: Es sah aus wie eine heidnische Maske, eine Grimasse des Glücks.

Ich wartete mit den anderen, gleichaltrigen Eltern vor dem Lycée. Natürlich bändelten sie an, zeigten Ferienphotos herum und wollten über Pädagogik plaudern, ließen jedoch rasch von mir ab, als ich dem Yankee-Akzent Zucker gab. Leti und ich hatten unser Kind nie mit anderen Eltern ›diskutiert‹, es wäre uns wie Verrat an einem Wunder vorgekommen. Dann sah ich Ashley auf der Schwelle des Lycées stehen, ganz selbstverständlich und kameradschaftlich im Kreis der neuen Mitschülerinnen. Man kicherte bereits gemeinsam, tauschte Telefonnummern aus, peilte die Lage. Und Ashy völlig *relaxed*, unbemüht, freundlich, aber eine gewisse notwendige Distanz wahrend. Ich war erleichtert. Das englische Internat wirkte fort. Trotz Ashleys berechtigter Kritik an Porridge und Nierchen und kalten Waschungen im Morgengrauen sprachen wichtige Pluspunkte für das englische, möglicherweise für jedes Internat. Der Anspruch dort, die Strenge, die Isolation von Eltern und Nest, das Leben in erzwungener Gemeinschaft schienen, wie ich bei Ashley bemerkt zu haben glaubte, eine steppenwolfartige Solidarisierung des Zöglings mit sich selbst zu fördern – für die ich als Dreizehnjähriger viel gegeben hätte. Ferner las man dort unbeirrt die Griechen, die Lateiner und die großen Romanciers des neunzehnten Jahrhunderts. Wer das Glück gehabt hat, als sehr junger Mensch Homer, Kipling, Dickens und Dostojewski kennenzulernen, nicht zu vergessen Hardys *The Mayor of Casterbridge*, dessen Seele wird sich, einem Tischlein-deck-dich gleich, bis zum Sankt Nimmerleinstag immer wieder erneuern und erfrischen.

Aber was stand, wie mir Ashy auf dem Weg zum Augenarzt berichtete, im Lycée Saint-Louis bereits am ersten Schultag auf dem Stundenplan? Die französische Revolution.

Während ich darauf wartete, daß Ashleys Augen zu Ende untersucht und geprüft wurden, blätterte ich ein paar alte Zeitungen durch. In Montevideo hatten sie Raúl Sendic verhaftet, in München israelische Ringer ermordet. Ich war nicht mehr auf dem laufenden. Man verlor die Lust an Horror und Terror, wenn man liebte. Nur die Verlassenen und Zukurzgekommenen saßen in den Kinos und vor den Fernsehgeräten und ließen die Bilder der Wochenschau von ihren traurigen Herzen Besitz ergreifen, froh, daß es Menschen gab, die noch mehr litten als sie.

Ashy entschied sich für eine ärmliche, runde Nickelbrille, wie sie vielleicht die Pastorentochter Emily Brontë getragen haben mochte, deren Roman sie gerade las, nicht aber meine Prinzessin. Ich kaufte ihr ein weltzugewandteres Modell, das sie am nächsten Tag gleich wieder gegen die Brontë-Brille umtauschte. Ich fügte mich. Wenn sie partout aussehen wollte wie eine ältliche Jungfer. Vielleicht würde das Nickelding die pickligen Romeos abschrekken, die vor dem Lycée schon mit Stielaugen an ihr vorbeistolziert waren.

Die Brille schien ihr etwas zu bedeuten. Sie hatte nie viel Zeit vor dem Spiegel verbracht, doch jetzt stand sie lange Momente im Badezimmer, vertieft in den Anblick ihres Gesichts. Einmal hörte ich sie murmeln: ›Wer bist du? Was suchst du hier?‹, vermutlich eine Szene aus *Bonjour Tristesse*. Sie bürstete ihre kurzen Haare und zählte laut die Striche der Bürste, jeweils bei zehn pausierend, bevor sie von neuem begann. Ich seufzte. Ich kannte diesen Zählzwang aus meiner eigenen Jugend. Zeichen sammeln und setzen gegen das Unheil. An jenem Morgen war ich noch der Meinung, es wären die Geschehnisse in Mousehole, die sie belasteten. Sie ließ Wasser über ihre neue Brille laufen, setzte sie sich tropfend auf die Nase, starrte ihr Spiegelbild an, nahm sie wieder ab, trocknete und putzte sie. Sie sehe mit dieser Brille, sagte sie, klarer. Ich befahl: weiter so. Die Jugend wollte, daß man ihr befahl, damit sie die Möglichkeit hatte, nicht zu gehorchen. Meinte jedenfalls Sartre. Natürlich begleitete sie Elizabeth und mich nicht zu Bill Evans. Zab sollte an diesem Abend ›zufällig‹ vorbeikommen, und ich wollte sie in Ashys Beisein ›spontan‹ einladen. Aber Ashy verabschiedete sich schon am späten Nachmittag in ihr Zimmer und ward nicht mehr gesehen. Der Meister der weißen und schwarzen Tasten war auf Turkey und sah gar nicht gut aus, vollbrachte aber, von fernen Göttern befehligt, die heiterste Version seines Paradestücks *How My Heart Sings*, die ich ihn je hatte spielen hören. Er spielt für uns, wisperte Zab in mein Ohr. Am Shakespeare & Company-Tisch demonstrierten junge Poeten lautstark ihre Rührung, unter ihnen die einmal mehr sturzbesoffene, haßerfüllte Blickesblitze schleudernde Hildegard. Ich verfluchte mich. Wie hatte ich mit dieser Furie je eine Affäre anfangen können, während Elizabeth schon im Jardin Luxembourg spazierenging, den Ballons nachschaute, auf mich wartete? Wir verneigten uns vor Bill und gingen. Zab sollte morgen ein Referat halten, das trotz ihres Absturzes in unsere Liebe selbstverständlich bereits seit Tagen fertig war. Ich brachte sie zum Boulevard Sébastopol und wartete, bis ihre Gestalt oben am Fenster zum Hof erschien. Sie hatte die schwarze Strickjacke übergezogen, ganz regungslos und eingerahmt stand sie, und ich nahm dieses

Bild als Beute mit in die Nacht. Zu Hause lag Ashy auf der Matte in meinem Büro und telefonierte. Sie sprach jetzt fast nur noch Französisch. Als sie mich sah, brach sie das Telefonat sofort ab. ›Er wird sich darum kümmern …‹, konnte ich gerade noch verstehen. Wer würde sich worum kümmern, wollte ich wissen. Ach, Schulkram, sagte sie und verschwand. Ich rief Leti in Mousehole an, bestimmt hatte sie schon von Raúl Sendics Verhaftung gehört, doch wollte ich ihr ein kleines Zeichen meiner kleinen Solidarität geben und ihr nebenbei den Detektiv ausreden und zum Abschluß noch Elizabeths Namen einflechten, nur um diesen schlichten, schönsten Namen einmal vor ihr gesagt zu haben. Aber wieder war Leti nicht zu erreichen, es reichte mir langsam. Wie um mich zu verhöhnen, meldete eine uruguayische Telefonistin wenige Minuten später ein Ferngespräch ihres Vaters aus Montevideo an. Ludovico, König der Überraschung und der Überrumpelung. Er habe gewiß gehört, daß Ashley in Paris weilte, sagte ich und rief das Enkelkind herbei. Dein Opa ist dran, sagte ich. Sie wurde bleich und wich einen Schritt zurück, sie schüttelte stumm den Kopf. Wußte der Himmel, in welchem Akt ihres Dauerdramas die Weintraubmishpoche gerade steckte. Sie ist nicht da, Ludo, log ich. Ashy entriß mir den Hörer. Ach, du bist es, Opa Karneval! freute sie sich. Es folgte ein spanischer Wortschwall, bis Opa Karneval wieder nach mir verlangte. Was immer er wollte, ich brachte es nicht aus ihm heraus. Er habe an uns denken müssen, sagte er. So fing es immer an, wenn Ludovico Weintraub eines seiner luftigen Riesengeschäfte vorbereitete; die Familie hatte zuerst einzuzahlen. *All bets on the table*, wie man in Ludos Blackjackkreisen sagte. Ich fragte ihn, ob er zufällig eine Ahnung habe, worum es im neuen Film seiner Tochter gehe? Irgend etwas mit Panzern, Bomben und Alice im Wunderland, sagte er. Außer mir wußte offenbar die ganze Welt Bescheid. Später fragte ich Ashley, was sie neuerdings gegen ihren anderen Opa hätte, den Krösus in Philadelphia? Sie tat, als verstehe sie nicht, was ich meinte. Aber sie verstand sehr wohl. Ich verbrachte den Rest der Nacht hinter dem Vorhang des Bürofensters. Ich spähte hinaus und wartete auf meinen Schatten. Aber er zeigte sich nicht. Irgend etwas braute sich zusammen.

◆◆◆

Wir verlebten noch drei friedliche Tage, ein Weekend, wie man in Paris sagte, nur Ashley und ich. Am Freitag morgen hatte Elizabeth angerufen. Sie fühle sich unwohl und wolle bis Montag im Bett bleiben. Vater und Tochter lasen und spielten Gedankenerraten und aßen *Cous-Cous* bei Audrain und tranken Diabolo in der Closerie des Lilas. Wir sprachen über Montevideo. Den Knopfladen an der Calle Rivera, wo man Knöpfe aus verschwundenen Ländern und untergegangenen Epochen finden konnte, und das blaue Licht des letzten Strahls der Sonne in den grünen Platanen von Pocitos und den Duft des Asados im Mercado del Puerto und die Rauchschwaden, die von den Fleischstücken emporstiegen und die römischen Ziffern der Oxford-Normaluhr einnebelten, jener vielbesungenen Uhr, unter welcher Opa Karnevals Vater Opa Karnevals Mutter zum ersten Mal geküßt hatte. Wir drückten die Ohren an unsere eigene Montevideo-Uhr im Flur und lauschten ihrem Innenleben. Wir übersetzten einen Abschnitt Perrone und zerbrachen uns den Kopf über Robbespierres wahre Absichten. Wir spielten Cello und hörten Alice Cooper und sangen zusammen unsere alte Lieblingsschnulze *Moon River*. Am Sonntag nachmittag wollte Ashley für sich sein, und wir gingen spazieren, jeder woandershin. Mein Weg führte mich schnurstracks zum Boulevard Sébastopol.

Aber Zab war nicht da. Die Wohngemeinschaft feierte irgendeinen weiteren Höhepunkt in ihrem nichtsnutzigen Dasein, die Joints kreisten, der billige Wein floß in Strömen, und auf der Toilette wurde gebumst, daß sich die Balken bogen. Ich rauchte eine Tüte und fragte Philibert, wo Elizabeth sein könnte, sie habe sich am Freitag nicht wohl gefühlt. Der geht's gut, sagte er, die ist immerzu auf dem Kriegspfad, paß bloß auf dich auf, Yankee. Sie hatte also gelogen. Ich rannte hinunter auf die Straße und hielt ein Taxi an, indem ich direkt vor die Kühlerhaube sprang. Ich ließ mich zur Kirche Saint-Séverin bringen, stieß den gebildeten Bettler beiseite und platzte schnaubend in irgendeinen Segen hinein, der gerade verabreicht wurde. Ich überflog die Gesichter, die sich empört zu mir umdrehten, Elizabeths war nicht darunter. Die verwehten Klänge eines Kirchenlieds folgten mir ins Freie, die Frauenstimmen stiegen hoch und höher, bis sie die kalten Sphären erreichten, wo unsere Geschichten nicht mehr erhört werden. Im Jardin wollte man mir einen Luftballon verkaufen, aber ich lachte nur bitter. Es wurde spät und später, und es ging mir immer schlechter vor meinem kleinen Turm aus Tequila-Gläsern, den ich im Lutèce errichtet hatte. Die Maschine arbeitete auf Hochtouren. Ernesto war in der Stadt, in diesem Moment trieben sie es im Stundenhotel, *unserem* Stundenhotel, und lachten aus dem Spiegel und bogen sich vor Lachen und wanden und wälzten sich. Oder mit dem Professor, sie hatte seinen Namen nie genannt, sehr verdächtig, mit dem Professor auf den Bänken an der Fontaine Médicis, die Seiten ihres Referats als Unterlage. Und was, wenn sie gar nicht studierte, es keinen Professor gab? Was, wenn mein Schatten gar nicht von Leti kam, sondern Zabs *Liebhaber und Komplize* war, ihr Zuhälter aus Oropesa, mit dem sie durch Europa zog und Idioten wie mich übers Ohr haute? Ich zermarterte meinen Kopf, ob ich ihr das Darlehen bereits angedient hatte; gleich morgen früh mußte ich bei der Bank anrufen und alles stoppen, alles rückgängig machen.

Gegen zwei Uhr morgens endlich stieg ich in der Avenue Denfert-Rochereau die Treppen zur Wohnung hoch. Das verfluchte Licht flackerte und geisterte wieder, ich kam mir vor wie in einer von Letis psychedelischen Filmsequenzen. Ein schlackernder Schatten, den ich selber zu werfen schien, folgte mir oder floh vor mir, und ich blieb stehen und dachte oder sagte: Dich krieg ich noch. Dann hörte ich ein leises, kaum wahrnehmbares, gleichzeitig aber peinvoll durchdringendes Wimmern, den Ruf eines sehr traurigen, sehr zornigen Gespenstes, als befände ich mich jetzt nicht mehr in der Leti-, sondern in der Edgar-Allen-Poe-Sequenz, kurz davor, von der eingemauerten schwarzen Katze angefallen und zerfleischt zu werden. Ich ballte die Fäuste und stieg vorsichtig weiter. Am Fuß der letzten Stufen blieb ich erschrocken stehen. Auf unserem Treppenabsatz war ein dunkler, unförmiger Sack abgestellt worden, in dem der oder die Täter offenbar ein menschliches Wesen verpackt hatten, ich mochte mir nicht vorstellen, in welchem Zustand. Und das Opfer gab, vermutlich unter einem Knebel, dieses schauerliche Winseln von sich. Ashy, dachte ich, und mein Herz zog sich zusammen. Ich nahm den Rest der Treppe mit drei langen Schritten und griff in den Sack.

Es war nicht Ashley, es war Elizabeth.

❖❖❖

In jedem Perrone-Thriller steigerte Vater an solch einer Stelle die Spannung, indem er den Schauplatz abrupt verließ und eine Nebenfigur ›bediente‹, die gerade zu Hause ein Steak in der Pfanne wendete oder den Rasensprenger anstellte. Diese nur scheinbar harmlose Figur entpuppte sich gegen Ende des Romans nicht selten als die gefährlichste. Obwohl der geübte Leser den Trick bald durchschaut hatte, ließ Vater nicht davon ab. Er bereitete seiner Gemeinde gerne etwas Vorfreude.

Aber wir befanden uns nicht in einem Perrone, sondern in der Wirklichkeit.

Ich setzte mich neben Elizabeth auf den Treppenabsatz. Es waren sie selber, ihr schwarzer Poncho und eine von ihr umklammerte, bauchige, schwarzblaue Reisetasche gewesen, die ich im funzeligen Geflacker *in summa* für einen Sack gehalten hatte. Sie weinte leise, aber es kamen keine Tränen aus ihren Augen. Sie war aschfahl. Ich berührte sie sanft. Sie zuckte zurück. Ihr Fleisch fühlte sich bretthart an und bebte, als hätte sie Elektroschocks erhalten. Ich sagte: ›Zab, Zab … was hast du?‹ Sie sagte nichts. Dann, nach einer kleinen Ewigkeit, drehte sie langsam den Kopf zu mir. ›Es ist alles eine große Lüge‹, sagte sie.

In diesem Moment ging das Licht ganz aus.

Ich hörte einen schauerlichen, markerschütternden Schrei und spürte, wie jemand mit einem Dolch in meine Hand stach.

◆◆◆

Wir saßen in der Küche. Elizabeth mit angezogenen Knien auf der Fensterbank, ich gegen die Wand gelehnt auf dem Fußboden. Die Lichtverhältnisse waren weiterhin instabil. Wir sprachen leise, um Ashy nicht zu wecken. Elizabeths Augen hatten schließlich doch noch irgendwo Tränen gefunden und hervorgebracht und waren jetzt gewaschen und glänzten, als sei ihre Inhaberin erleuchtet.

›Die ewigen Feten, die Trinkgelage, die sogenannte freie Liebe‹, sagte sie.

›Das ist alles? Das ist die Lüge?‹ sagte ich.

Zab nickte. Sie wedelte den Zigarettenrauch fort, der aus meiner Richtung kam.

›*I don't believe in doomed love, Sam*‹, sagte sie. Wir sprachen sonst nie Englisch. Daß sie sich meiner Vatersprache bediente, sollte die Ernsthaftigkeit ihrer Aussage unterstreichen. Ich trommelte mit meiner linken Hand (die rechte zierte ein Verband) auf den Fußboden.

›Miez, Miez …‹ sagte ich.

›Nicht Miez. Señor. Señor Rodrigo‹, sagte Zab.

Das getigerte Höllenvieh kauerte schielend unter dem Küchentisch und knurrte leise. Es wollte die Milch, die ich ihm hingestellt hatte, nicht anrühren. Wahrscheinlich wartete es auf einen günstigen Moment, seine Fänge auch noch in meine andere Hand zu schlagen.

›Ich weiß‹, sagte sie, ›deine Frau dreht diese Filme, wo jeder immerzu mit jedem vögelt, das ist halt eure Welt …‹

›Zum letzten Mal, Zab. Ich bin nicht verheiratet.‹

Sie schaute mich traurig an. Sie nickte wieder. ›Eben‹, sagte sie.

›Heiraten ist passé. Gott sei Dank. Endlich mal eine Mode, die ich vorbehaltlos mitmache. Bei der ich, wie ich nicht ohne Stolz sagen darf, sogar Vorreiter war.‹

›Das sind Illusionen, Sam. Ideen. Man kann sie nicht anfassen. Man kommt sich frei und toll vor, aber in Wirklichkeit ist man allein mit sich und leer und hohl. Es ist eine Lüge. Fühlst du das nicht? Wir müssen wieder lernen zu … schwören.‹ Sie starrte ihren Zeigefinger an und steckte ihn in den Mund und biß hinein. ›Schwören …‹, wiederholte sie.

Ich schüttelte den Kopf. ›Die Ehe ist die Lüge‹, sagte ich. ›Überantwortung tiefster, geheimnisvollster, individuellster menschlicher Regungen an eine Institution. Kontrolle durch den Staat, die Kirche, die verdammten Schwiegereltern. Heuchelei und Käfighaltung.‹ Zabs Kater fixierte mich, als würde er jeden Augenblick zum Sprung ansetzen. ›Am Ende hockst du unter einem Küchentisch und knurrst.‹

›Ich wußte, daß du so denkst‹, sagte sie.

›Liebe ist Anarchie‹, sagte ich. ›Ehe ist Angst. Jede funktionierende Ehe basiert auf Angst.‹

Wir schwiegen eine Weile. Ich war todmüde und gleichzeitig hellwach. Wenn ich die Szene, die sie mir machte, richtig verstand, ging es hier um die Klärung der Machtverhältnisse, also um alles. Jede beginnende Liebe zwischen Menschen, die zuvor als Fremde auf den Straßen aneinander vorbeigegangen waren, mußte sich diesem alten Affenritus wohl oder übel unterziehen. Ich seufzte.

›Bedenke‹, sagte ich, ›wir haben schon als Kinder keine Wahl. Wir werden in den Käfig der Eltern hineingeworfen und müssen uns diesen Horror Tag für Tag anschauen. Als Erwachsene können wir entscheiden: Wiederholung der ganzen Chose? Oder Ausbruch, Besinnungslosigkeit, Schönheit, Bill Evans, *How My Heart Sings*.‹

Sie lächelte schmal. Ich war auf einem guten Weg.

›Und damit wir uns richtig verstehen, Elizabeth‹, sagte ich streng, ›ich lehne die Exzesse deiner Genossen Mitbewohner entschieden ab. Und distanziere mich ausdrücklich von den Filmen Letitia Weintraubs.‹

Ich setzte eine volle Breitseite *Ptosis* ein, versuchte sie zu bannen. Aber sie brach den Bann. Ihr Blick wurde weich, sinnlich, der Blick einer Liebenden.

›In der Sébastopol bleibe ich keinen Tag länger‹, sagte sie.

›Hat Philibert dich belästigt? Ist das der Grund für deinen Blues?‹ Fast wünschte ich, es wäre so gewesen. Sie schüttelte nur den Kopf.

›Ich ziehe erst mal in irgendein Hotel.‹

›Du bleibst hier‹, hörte ich mich sagen. ›Wir klären das. Wir gehören zusammen, *aus freien Stücken* zusammen, und wir klären das.‹

›*Hola, chica*‹, sagte Zab. ›*Qué te pasa?*‹

Ich drehte meinen Kopf zur Tür. Ashley lehnte am Pfosten. Sie trug ihren weißen Frotteepyjama mit den tanzenden und Flöte spielenden Schweinchen, der das erste große Revirement ihres jungen Lebens auf wundersame Weise überlebt hatte. Das Licht gab erneut seinen Geist auf.

›Hast du keine Kerzen?‹ fragte mich Zab.

›Was? Kerzen? Nein.‹

Elizabeth ließ sich von der Fensterbank gleiten und öffnete Schubladen. Der Kater hob zu einem dieser unwirklichen, körperlosen, langgezogenen Jauler an, für die er im Mittelalter zu Recht gesteinigt, von den rätselhaften Ägyptern hingegen als Gottheit verehrt worden war. Ashy geisterte schemenhaft an mir vorbei und prallte auf die sich umdrehende Zab. ›*Un poquito de leche, por favor*‹, sagte Ashy. Zab beugte sich samt ihren Brüsten über mich und fischte das Zippo aus meiner Hemdttasche und zündete einen Kerzenstummel an, den sie irgendwo ausgegraben hatte.

Mein Kind stand ratlos vor dem lichtlosen Kühlschrank. Das Jaulen des Katers endete in einem herzhaften Gähnen, er streckte sich und streifte buckelnd um ihre Beine.

›Unfair‹, sagte ich. ›Mich hat er gebissen.‹

Ashy bückte sich wortlos, hob die kleine Milchschale auf, die ich meinem Peiniger hingestellt hatte, und trank sie in einem Zug leer. Erst jetzt bemerkte ich, daß sie geweint hatte und noch fahler und verwirrter aussah als Elizabeth vorhin. Ich rappelte mich hoch und nahm sie in meine Arme. ›Kann ich ein bißchen bei euch bleiben?‹ sagte sie. Ich schob sie auf ihren Thron und ging neben ihr in die Hocke. ›Was bedrückt dich, Ashley?‹

›Wer ist das?‹ stellte sie die Gegenfrage.

›Elizabeth. Die kennst du doch‹, sagte ich. ›Meine Kollegin‹, fügte ich hinzu. ›Sie kommt aus Spanien‹, hängte ich an. Es war eine Zeit des Hinzufügens und Anhängens in der Avenue Denfert-Rochereau, der zweiten und dritten Gedanken. So tief unterirdisch köchelten die Empfindungen, daß sie nur spotzend und stotternd aus unseren Mündern kamen.

›Ich meine die Katze.‹ Ashy kraulte das verschlagene Tier hinter den Ohren. ›Wem gehört die Katze?‹

›Wiederum lautet die Antwort: Elizabeth. Meiner Kollegin.‹

Ich warf Zab, die am Küchenschrank lehnte, einen aufmunternden Blick zu. Aber Zab schwieg weiter. Sie starrte Ashy sehnsüchtig, nahezu verliebt an. Mir fielen Zabs vier jüngere Geschwister ein, denen sie regelmäßig Briefe und Karten schrieb und Pariser Unsinn schickte, kleine Eiffeltürme, Triumphbögen, Notre-Dames als Bleistiftanspitzer.

›Elizabeth wird heute bei uns übernachten. Weil die Metro nicht mehr fährt.‹

›Deine Katze folgt dir durch die ganze Stadt?‹ sagte Ashy zu Zab. ›Toll.‹

›Nein. Ich habe sie mitgenommen, weil ich umziehe‹, sagte Zab. ›Ich studiere Geschichte‹, fügte sie hinzu, als erklärte das ihren Wunsch umzuziehen.

›Weißt du was über Robbespierre?‹ sagte Ashy. ›Sam weiß nichts‹, fügte sie hinzu.

›Was brauchst du denn?‹ sagte Zab. ›Die Daten oder die Hintergründe?‹

›Geschichtsdaten haben sich als unwirklich erwiesen in der *durée pure*‹, sagte ich. ›Ebenso wie Namen – und Eheurkunden‹, fügte ich hinzu.

Mit einem Knacken, gefolgt von einem Knistern ging das Licht wieder an und blendete uns. Ich sah, wie Ashley zusammenfuhr. Ihre Augen füllten sich mit Tränen. Ich nahm ihre Hand, aber sie entzog sie mir. Sie warf mir einen wilden, verwundeten Blick zu, als sei ich persönlich verantwortlich für alles Elend dieser Welt. Sie sagte etwas zu Zab, auf Spanisch. Zab antwortete ihr in dieser verfluchten Sprache, von der ich bislang gerade so viel verstand wie eine Maus, die sich nach einem Stück Käse erkundigt. Ashy stand auf und verließ mit Elizabeth die Küche. Der Kater überlegte kurz, dann folgte er ihnen. Ich hörte sie leise redend in Ashys Zimmer verschwinden, die Tür fiel hinter ihnen ins Schloß.

Ich nahm meinen Platz auf dem Fußboden wieder ein. Es war ein guter Platz. Der Anblick der Stuhlbeine, Tischbeine, der Brotkrumen und Fusseln machte gelassen. Das Leben bestand nicht nur aus dramatischen Gesichtern, erröteten, erregten, tränenüberströmten, geliebten oder gehaßten Gesichtern, es existierten auch diese Fusseln. Wie schade, daß ich den Platz nicht früher entdeckt hatte, vor dem großen Finale mit Leti in ebendieser Küche.

Ich zog und zerrte an dem Kabel des Kofferradios, bis das alte Ding vom Tisch in meinen Schoß fiel. Ich schaltete es ein. Eine Frauenstimme sang:

The windows of the world are covered with rain,
When will those black skies turn to blue?

›Sammy …‹ Zabs Mund erschien neben dem Stuhlbein. Ich mußte eingeschlafen sein. Ich hielt das Kofferradio im Arm, aber es ertönte nur das gallische Zeitzeichen, das Programm war beendet. Draußen wurde es langsam Tag. ›Sammy, ich küsse dich jetzt.‹ Sie machte ihre Ankündigung wahr. Dann legte sie den Kopf in meinen Schoß. Ich schaute hinab in ihre glühenden Augen. Mir fiel wieder ein, daß sie mit Ashley gesprochen hatte, eine Mädchensache vermutlich. Doch Zab berichtete anderes.

›Deine Tochter hat einen Alptraum‹, sagte sie. ›Immer denselben. Und der macht ihr sehr viel Angst.‹

Mir paßte nicht, wie sie ›deine Tochter‹ sagte. Es klang, als sei Ashleys Alptraum auch meiner, als seien Alpträume vererbbar. Lenin Castle tauchte neben den Fußbodenfusseln auf, eine Puppenhaus-Fata-Morgana im Morgengrauen, das kleine Fenster zum kleinen Garten, die Kerze in diesem Fenster, die ich jede Nacht brennen ließ für den ›wahren Sam‹, damit er mich schneller fände, um sein Leben zurückzufordern, das ich ihm gestohlen hatte.

Ich dachte: Du gingst allein zu Bett, Sammy, keine Mutter sagte dir gute Nacht, gab dir keinen Kuß. Dann dachte ich stillschweigend, so stillschweigend, daß ich die Worte fast vor mir selbst verheimlichte: Wenn du noch lebst, Mama, hilf mir. Laut sagte ich:

›Ihre Mutter macht sie meschugge. Die Weintraubs reden immerzu über ihre Träume und analysieren sie. Die Leisers nicht.‹

›Vielleicht sollten die Leisers das mal tun‹, sagte Zab. ›Deine Tochter hat schlimme Gewaltphantasien …‹

›Gewaltphantasien? Unsinn. Ausgerechnet Ashy, die jeden flügellahmen Vogel nach Hause schleppt und gesundpflegt und … wo ist eigentlich das Untier?‹

›Rodrigo schläft auf ihrem Bett. Er beschützt sie.‹

›Wie rührend. Da bin ich ja beruhigt.‹

›Ashley träumt, daß sie einen Menschen zu Tode foltert, eine alte Frau.‹

›So wie das Leben ist, träumt man von Rache, sagt Gauguin. – Eine alte Frau? Welche alte Frau?‹

›Hat sie mir nicht verraten. Aber sie leidet darunter.‹

›Warum kommt sie damit nicht zu mir, ihrem Vater?‹

›Das weiß ich nicht, Sam.‹

Elizabeth bestand darauf, im Mittelzimmer zu nächtigen, alleine. Meine Erschöpfung war so tief, daß ich gar nicht erst protestierte. Ich versorgte sie mit Bettwäsche und einer Decke aus der Kapelle und erzählte ihr von Armands unbewohnter Mansarde. Sie wußte nicht recht. Wir verabschiedeten uns ohne Plan, ohne Ziel im Flur. Ich schaute nach Ashy. Meine mysteriöse Tochter schlief langgestreckt, kerzengerade, mit stramm angelegten Armen, wie ein Soldat. Neben ihren Füßen lag das zusammengerollte Tier.

In meinem Büro brannte noch Licht. Ich löschte es und zog, da es nun fast Tag war, die Vorhänge auf. Beim Hinausgehen stolperte ich über Elizabeths Reisetasche, mit der sie sich samt Kater gestern früh auf den Weg gemacht hatte. Ich kramte in der Tasche und fischte irgendein Kleidungsstück heraus, um daran zu riechen. Es war ihre schwarze Strickjacke.

Im nächsten Augenblick hatte ich leise den Wandschrank geöffnet und behutsam ein paar Flaschen beiseite geräumt und starrte durch das Loch ins benachbarte Zimmer. Zab lag mit dem Rücken zu mir, den Kopf auf die Lehne der Ottomane gebettet, aber sie schlief nicht. Sie bewegte die Lippen. Sie schien zu beten. Für wen betete sie? Für ihr Seelenheil, ihre kleinen Geschwister in Oropesa, für mich? Dann sah ich, daß sich ihre Hände unter der Decke bewegten, schneller und schneller. Ich war gerührt und erregt. Wir kamen gleichzeitig, heimlich, lautlos, wie zwei lesende Kinder in Lenin Castle.

❖❖❖

›Ich fühle mich so schuldig‹, sagte Elizabeth.

›Es ist kein Kapitalverbrechen‹, sagte ich.

›Es wird sich rächen, glaub mir‹, sagte sie.

›Du hast ja nichts getan‹, sagte ich. ›Nur zugeschaut.‹

›Eben drum.‹

Wir näherten uns Jo Goldenbergs Delikatessengeschäft im Marais, ein Viertel, das ich für gewöhnlich weiträumig umging. Aber ich hatte eine Mission zu erfüllen, ich mußte die alte Frau finden, die von Ashley in Alpträumen zu Tode gefoltert wurde.

Zab wohnte jetzt seit einer Woche bei uns. Nachts schlief sie im Mittelzimmer, beim ersten Läuten der Schulglocke gesellte ich mich zu ihr. Wir frühstückten auf der Ottomane, was Küche und Keller zu bieten hatten, also meistens herzlich wenig, ein Viertel Baguette, Kaffee, ein paar Miniaturmarmeladengläser der Pan American, die sie in der hintersten Ecke des Küchenschranks unter zerbröselnden, montevideanischen Eukalyptusblättern gefunden hatte, welche Leti vor langen Jahren dort abgelegt und vergessen haben mußte. Wir besaßen auch einen Apfel, Zabs Apfel, den sie in der nun oft belachten Nacht der flackernden Lichter in ihrer Reisetasche mitgebracht hatte. Wir lebten tagelang von diesem Apfel, wie es nur Liebende fertigbringen; die Stücke, mit denen wir einander fütterten, wurden immer kleiner und schmeckten immer süßer. Nachmittags besuchte Zab ihre Kirchen oder die Universität, während ich auf meiner Denkmatte lag und unter dem übelwollenden Blick des Katers mein Liebchen kontemplierte (an die Perrone-Übersetzung war weiterhin nicht zu denken). Dann setzte ich mich auf die Fensterbank und wartete, bis Ashley am Horizont auftauchte, und ging hinunter, um mit ihr im Belfort einen Hot Dog zu essen. Leti schien ihren Detektiv endgültig zurückgepfiffen zu haben. Ohne ihn war die Straße beinahe langweilig.

Abends dinierten wir bei Kerzenschein im *Roi du Cous Cous*. Nur allmählich begriff Audrain, daß Zab meine Geliebte war. Ashley zog ihn damit auf. *Pouf*, hast du aber eine lange Leitung, sagte sie. Die Sorgen und Heimlichkeiten und die ausgetüftelten Pläne waren ganz unnötig gewesen. Bereits am Nachmittag des auf die Flackernacht folgenden Tages hatte Ashy gefeixt: Das habe ich kommen sehen. Und hinzugefügt: Nun knutscht euch doch endlich. Ashley und Elizabeth kamen prima miteinander aus. Sie liebten es, sich nebeneinander im Bad die Zähne zu putzen. Zab putzte ihre Zähne öfter als gewöhnliche Menschen. Sie habe schon das ganze Jahr einen schlechten Geschmack im Mund, meinte sie. Unsinn, mit deinem Aroma ist alles in Ordnung, beruhigte ich sie. Doch ihre Zunge schmeckte wirklich ein wenig merkwürdig, sie schmeckte wie Melissa Greens Zunge, ein wenig nach bitteren Birnen, selbst nach unserer Apfel-Orgie. War jede neue Liebe nur Ersatz für eine frühere?

Zab und Ashy sprachen beharrlich Spanisch. Ich schien wieder am Ausgangspunkt angelangt zu sein, sprachlos in Montevideo. Die alte Standuhr im Flur ließ tickend grüßen. Der Spanischunterricht ruhte. Es paßte mir nicht mehr, von meiner Geliebten wie ein Erstklässler unterwiesen zu werden. Ich kaufte mir ein Lehrbuch für Erwachsene und faßte den Vorsatz, jeden Morgen, bevor Ashy und Zab aufstanden, eine Lektion durchzuarbeiten. Doch *pouf*, es wurde nichts daraus. Obwohl Tag und Nacht glücklich und bis zum Rand gefüllt mit Zab, war ich seltsam unruhig, rastlos, launisch.

Selbst meine geliebte Wolkenshow brachte keinen Frieden, im Gegenteil: Windige, herbstliche Tage waren in Paris angebrochen, krause, zerrissene Wolken jagten übers Firmament, und ich jagte hinterher, in krausen, zerrissenen Gedanken.

›Schau mal die Schläfenlocken, wie nennt man die bei euch?‹ sagte Elizabeth. Wir standen jetzt vor Goldenbergs Deli. Amerikanische Landsleute mit Kippas photographierten schwarzbehutete, französische Orthodoxe. Gegenüber in einem alten Torbogen ließ sich ein grimmiger, grauer, orthodox wirkender Hund von einem glatzköpfigen, Meyer-artigen Gnom streicheln. Ein schlaksiger Bubi in schwarzweißkarierter Jacke betrachtete Simone Weils gesammelte Schriften im Schaufenster eines kleinen Buchladens und kratzte sich am Ohr; er trug ein Goldkettchen und sah aus wie Jerry Lewis.

›Bei uns‹, sagte ich zu Zab, ›nennt man sie *peijes*. Aber merke: Wir sind nicht immer wir. Nur manche von uns sind wir. Andere, wie ich, sind ich.‹ Ich schaute hinüber zu dem Gnom, der mich an Meyer erinnert hatte. Identität bedeutet Schuld, fielen mir Meyers Worte wieder ein. Das muß uns keiner erklären, Sam.

›Laß uns nach Hause gehen‹, sagte Zab zärtlich. Sie streichelte meinen Hinterkopf.

›Nein, ich will das jetzt wissen‹, sagte ich. Und zog sie in Goldenbergs Knisches-, Tzimmes-, Bagels- und Kugel-Paradies.

Das Tagebuch, das ich Ashley nicht ohne Hintergedanken bei Gibert Jeune gekauft hatte, war so freundlich gewesen, ihren Vater aufzuklären über gewisse Vorgänge, die sich in der Psyche seiner Tochter abspielten. Zab hatte dabeigestanden und mir das kunstlederne Ding mehrmals aus der Hand gewunden. Größtmöglicher Vertrauensbruch, irreparabler Schaden, ihr eigener Vater habe denselben Frevel begangen, bis heute habe sie ihm nicht verziehen, es werde sich bitter rächen et cetera, et cetera. Mein Gegenargument: Da Ashley mich weder in ihre Gewaltphantasien einweihen noch über die wahren Gründe der zwanzig zerkloppten Fensterscheiben aufklären wolle, sei es meine Pflicht als Erzieher, mir diese Informationen auf anderem Wege zu verschaffen. Und en passant herauszufinden, was sie ihrem Tagebuch über Elizabeth und mich anvertraut hatte.

Nämlich nichts. Ein paar Seiten ging es in Kugelschreiberschrift und auf Spanisch um Leti. Zab verweigerte die Übersetzung. Sodann folgte ein Briefentwurf (immer noch mit Kugelschreiber) an Robespierre, in welchem dieser dazu aufgefordert wurde, endlich seine wahren Absichten darzulegen. Auf der folgenden Seite schließlich in englischer Sprache und mit dünnem Bleistift, von Kritzelgirlanden umrankt (erst bei genauerem Hinschauen erkannte ich: Es waren lauter kleine Messer), der wiederkehrende Alptraum. Er war in der Tat unappetitlich. Sie saß in ihrem Heimatland (sie benannte das Land nicht), wo sie sich bisher immer wohl und sicher gefühlt hatte, im Gefängnis, verraten von ihren eigenen Eltern. Die Häftlinge hausten in Zweierzellen. Jeden Freitag veranstaltete die Gefängnisleitung einen Wettbewerb: Wem es gelang, seinem Zellennachbarn bei lebendigem Leibe das Herz herauszureißen und es zu zertrampeln, winkte die Freiheit. Ashleys Zellengenossin war eine alte Frau, Dina mit Namen. Dina flehte: Töte mich, du bist jung, dein Leben liegt vor dir, ich bin schon so lange hier und ich bin schwach, töte mich. Tränenüberströmt zückte Ashley das Messer und stach es Dina ins Herz. Und stach wieder zu, und wieder, so lange, bis es begann, ihr Spaß zu machen, es ging so leicht.

›Es ging so leicht‹ hatte sie dreimal unterstrichen.

Ich zerbrach mir noch den Kopf über die verräterischen Eltern, die mich hier am meisten beunruhigten, als ich auf der nächsten Seite folgenden Eintrag auf Französisch fand: *Dina Rosen, c/o Jo Goldenbergs Delikatessen, nicht vergessen: Spricht kein Englisch, kein Deutsch, nur Französisch. Blumen mitbringen und teures Konfekt.* Darunter ein weiterer Briefentwurf, geschrieben mit Opa Jonathans Geschenk, dem goldenen Montblanc-Platinfüller. *Chère Madame Rosen, es macht mich alles krank, krank, krank. Bitte haben Sie Geduld. Wenn er was verspricht, hält er es immer. Das Ganze* – Hier hatte sie abgebrochen und ›Das Ganze‹ gestrichen und durch ›Die ganze Geschichte‹ ersetzt.

Eine Madame Dina Rosen gab es nicht im Telefonbuch. Ich rief bei Goldenbergs Deli an und erkundigte mich nach ihr. Fehlanzeige. War ›die ganze Geschichte‹ eine verlängerte Phantasie meiner Tochter, ein Spiel? Wir hatten in ihrer Kindheit eine Menge verrückter Leute zusammen erfunden, ihnen lange Briefe geschrieben, sie von der Metro abgeholt, bei Audrain an einen Tisch gesetzt, ihre imaginären *Cous-Cous* mit uruguayischen Pesos bezahlt. Versuchte sie, den Alptraum auf diese Weise, wie man in Psychologenkreisen sagte, zu ›verarbeiten‹? Zab hielt es für die wahrscheinlichste Erklärung. ›Habt ihr eine Dina in eurer Familie, eine Oma vielleicht?‹ fragte sie. ›Nicht daß ich wüßte‹, antwortete ich wahrheitsgetreu.

›Können Sie mir vielleicht weiterhelfen?‹, sagte ich jetzt zu der Matrone hinter der Ladentheke. ›Ich suche eine Madame Dina Rosen?‹

›*Américain?*‹ sagte sie. ›Wir haben heute *wonderful* Lox im Angebot.‹

›Komm, gehen wir‹, sagte Zab.

›Wohnt Madame Rosen vielleicht hier im Haus?‹

›*Delicious* Lox. Wie wär's mit ein paar Blintzes?‹

›Ich habe eine wichtige Nachricht für Madame.‹

›Und ich habe eine wichtige Nachricht für dich, Buddy‹, sagte der hinter mir in der Schlange wartende Landsmann. ›Ich sterbe vor Hunger.‹

Zab zog mich aus dem Laden wie den alten bockigen Mann, der ich eines nicht allzu fernen Tages sein würde, schon etwas gaga, aber vielleicht – hoffentlich – ganz bestimmt immer noch verliebt in sie wie am ersten Tag. Ach, Zeit, du grausamer alter Zahn.

In der Denfert-Rochereau stand Audrain händeringend auf der Straße und versuchte, eine wild an ihrem Fenster gestikulierende Ashley zu beruhigen.

›Mein Cello ist geklaut worden!‹ rief sie.

›Ich kann nichts tun, ich habe Gäste.‹ Audrain eilte zurück in sein Restaurant. Ein einzelner finsterer Geselle saß am Fenstertisch und kaute auf einem Grashalm oder sehr langen Zahnstocher.

›Du hast es bestimmt in die Schule mitgenommen und vergessen‹, sagte ich, während wir die Wohnung durchsuchten.

›So? Und was ist *das* hier?‹ Sie zerrte mich in mein Büro und zeigte anklagend auf das Telefon. Der Kater in seinem dunklen Drang hatte es vom Servierwagen gerissen und die Telefonschnur vandalisiert. ›Wenn ich es dir doch sage, bei uns ist eingebrochen worden.‹

Ich ging zur Wohnungstür und untersuchte sie von beiden Seiten. Sie war ihr altes, häßlich-hölzernes Selbst.

›Und wie soll dein Einbrecher hereingekommen sein?‹ sagte ich.

›Jedenfalls hat sie es nicht in die Schule mitgenommen‹, sagte Elizabeth. Ashley warf ihr einen dankbaren Blick zu.

›Wir stehen vor einem Rätsel, meine Damen‹, sagte ich. ›Aber wir werden es lösen.‹

Sie schauten mich fragend an.

Ich sah plötzlich ganz klar. Meine Tochter, die Erfinderin von

Madame Rosen, hatte das Cello irgendwo versteckt, vermutlich bei einer Freundin. Sie wollte Aufmerksamkeit, Drama, Explosion. Ihre Krise war schlimmer als angenommen. Und der Schlüssel zu dieser Krise lag nicht bei Jo Goldenberg unter den Blintzes, sondern in Mousehole bei Leti und in Paris bei mir. *Ich weiß, es sind meine Eltern, die mich verraten haben.* Ihr Alptraumtagebuch sprach eine deutliche Sprache. Ein Verrat war, wie Mord, nicht rückgängig zu machen. Davon wußten Leti und ich selber ein Lied zu singen. Der neue Look, die Abgrenzung von allem, was Leti war, ihr plötzliches Interesse für die Gespenster, für Mali Mushkin und meine Mutter und Vaters Haushälterin, die Tzimmes und Kugels, das Herumlungern im Marais – alles Zeichen für Ashleys Suche nach einer neuen Familie, einer neuen Identität. Als Ersatz für unsere verlorene Dreisamkeit. Daß sie sich hierfür ausgerechnet die Leisers ausgesucht hatte, entbehrte nicht einer gewissen Komik, einer gewissen Tragik. Lange vor ihr war ich gegen dieselben Wände gerannt, hatte dieselben Windmühlen bekämpft. Wie Sam The Kid würde sie nicht den Hauch einer Chance haben.

Das waren schmerzliche Gedanken. Aber jetzt wußte ich wenigstens, womit ich es zu tun und was ich zu unternehmen hatte. Ich mußte ihr diese sinnlose Sehnsucht, diese Sucht nach der Vergangenheit, die tot und begraben war, ausreden. Ihren Blick auf die Zukunft lenken. Ihr meine neuneinhalb Seiten zeigen und sagen: Das und kein bißchen mehr kommt dabei heraus.

Zab und Ashy schauten mich immer noch fragend an.

›Nun sag schon: Wie werden wir das Rätsel lösen? Wo ist mein Cello?‹

›Ich würde für heute abend gerne eine Familienkonferenz einberufen‹, sagte ich.

›Davon kommt mein Cello nicht zurück.‹

Aber Elizabeth verstand. ›Ich wollte sowieso noch ein paar Sachen aus der Sébastopol holen‹, sagte sie. Ich sah ihr ins Gesicht und schloß kurz meine Augen. Sie tat es mir nach. Es war unser Liebeszeichen geworden. Zwei ganz besondere Augenpaare hatten sich gefunden. Konnten Elizabeth und ich Ashley heilen, war unsere Liebe stark genug?

Es klingelte.

Draußen lehnte Hildegard an der Wand, eine Flasche Pernod im Arm. Sie deutete auf die Flasche, als wollte sie mir ihr neugeborenes Kind zeigen.

›Hallo, Sam. Ich dachte mir …‹

Ashley rannte den Flur hinunter und verschwand in ihrem Zimmer.

Ich schlug Hildegard die Tür ins Gesicht. Sie klopfte und bummerte und verwünschte mich. Ich hielt Zab die Ohren zu und zog sie in die Küche. Kaum hatten wir Kaffeewasser aufgesetzt, klingelte es schon wieder. Hildegard mußte, wenn nötig mit Gewalt, entfernt werden.

Doch es war Madame, Armands Mutter. Sie schaute mich fragend an. Ich schaute fragend zurück. Dann fiel der Groschen. Ich versprach, die Übersetzung des Messeprospekts übermorgen fertig zu haben. Sie drückte mir einen Brief in die Hand, den ihr unser fauler Briefträger für mich mitgegeben hatte. Ich überlegte, ob ich Zab rufen und die beiden miteinander bekannt machen sollte, der Mansarde wegen. Dann dachte ich, fast feindselig: Zab und ich dürfen jetzt nicht getrennt werden. Als verfolgte Madame diesen abgefeimten Plan. Gleichwohl erwähnte ich die Mansarde, weil man nun wirklich nie wissen konnte. Madame versprach, darüber nachzudenken.

In der Küche brühte Elizabeth den Kaffee. Ich erinnerte sie daran, mich zu erinnern, daß wir dringend einkaufen müßten, da uns sogar die Pan-American-Marmelade ausgegangen war, und ließ mich erschöpft in Ashys Thronsessel sinken. Es dauerte eine Zeit, bis mir der Luftpostbrief auffiel, den ich zerknautscht in meiner Hand hielt. Er kam von einer New Yorker Anwaltskanzlei. New Yorker Anwaltskanzleien waren selten Überbringer guter Neuigkeiten und halfen auch nicht bei der Suche nach versteckten Celli. Ich riß ihn auf und fand zwei Briefe, das knappe Anschreiben eines Nachlaßverwalters und eine nicht unterzeichnete, handschriftliche Epistel Hutbinders. Dem Datum zufolge hatte er sie einen Tag vor seinem Tod verfaßt. Ich hielt sie mit spitzen Fingern und begann vorsichtig zu lesen:

> Mein lieber Samuel –
> gestern nahm ich Deine Übersetzung von *Deadly Messiah* wieder einmal zur Hand. Ich greife diese aus dem bunten Strauß, den uns Dein Vater geflochten, heraus, weil sie mir für einige Schwächen, Schnitzer, ja sogar, wie man in meiner Jugend sagte, ›Heuler‹, exemplarisch zu sein scheint, die sich leider immer wieder, aus welch privaten, intimen Beweggründen auch immer – wir haben es ja alle nicht leicht, *peccatur intra et extra* – bei Dir einzuschleichen bequemen.

Ich holte tief Luft. ›Bringst du mir bitte einen Wodka? Nein, besser einen Steinhäger.‹ ›Den Teufel werde ich tun‹, sagte Zab. Ich zog sie zu mir und küßte sie. Ich dachte: Wäre ich doch mit dir geboren worden, meine Liebe, wäre ich doch *von* dir geboren worden, in Oropesa, in einer anderen Welt, fünfzehn Jahre später. Hutbinder fuhr fort:

Was Dein ebenso sprachmächtiger wie abwägend subtiler Vater im englischen Original als Frage, Aufgabe, Erscheinung, Stoff, Gegenstand, Vorwurf beschreibt, wird bei Dir alles großtuerisch zum ›Problem‹.

Perrone erkannte das Problem, das Gott für den Pfarrer darstellte; Nun war nur noch das Problem Kuckucksuhr zu lösen; Philadelphia kämpfte mit dem Müllproblem.

Sodann die leidige Inversion mit ›und‹, ebenfalls ein Manierismus, auf welchen im Original, das nun wirklich so gar nichts Gesalbtes hat, auch nicht die leiseste Spur verweisen könnte. *Drei Uhr vorüber, dachte Perrone, und war kein Mr. Fiasko gekommen.*

Der Beruf des Übersetzers erfordert die Begabung, im Schatten zu stehen, sich zurückzunehmen, zu dienen, unser Beruf, mein lieber Samuel, erfordert Demut –

Hier brach sein Schwall ab. Ei der Dotter. Ich hielt Hutbinders unvollendetes, poetologisches Testament in Händen. Und womit wartete es auf? Spitzfindigkeiten. Ich drehte das Blatt um und entdeckte ganz unten ein hingekritzeltes Wort, einsam und allein stand es da, das Wort ›Warum?‹ Ich ahnte, worauf es sich bezog. Bis zu seinem Lebensende war ihm die Katastrophe seines Lebens, seine Entlassung, Verstoßung, Verbannung durch Vater, ein Rätsel geblieben.

Es klingelte. Ich warf den Brief in den Mülleimer und trat den langen Weg zur Tür an. Inversion mit ›und‹, *kiss my ass,* Hutbinder. Es war einer der Karatekämpfer. Die Pranke, auf die sein gestählter, tätowierter Arm unten zulief, öffnete und schloß sich wie die mechanische Hand eines Roboters. Gehörte das zum Training, oder litt er an einem motorischen Defekt? Überhaupt, was genau trieben diese Kerle da oben?

›Das Problem ist‹, sagte er, ›daß uns der Zucker ausgegangen ist. Ausgerechnet heute, wo wir Gäste haben.‹

›Zucker ist auch hier momentan Mangelware‹, sagte ich.

›Ich heiße Lobo‹, sagte er.

Ich schloß die Tür, behutsam, um ihn nicht zu reizen. Kaum hatte ich mir im Büro einen doppelten Ricard eingeschenkt, als die verfluchte Klingel schon wieder schrillte. Ich ließ es schrillen. Dann hörte ich draußen im Treppenhaus eine wohlbekannte, normalerweise sehr zarte, jetzt jedoch erhobene Stimme. ›Sam, ich bin's …‹

Ich öffnete die Tür.

›Bruno! Wolltest du nicht erst Mitte Oktober kommen?‹

›Es ist Mitte Oktober.‹

Wir hatten uns ewig nicht gesehen. Aber Bruno Fetterly, mein alter Professor am Oberlin College, war einer jener Menschen, die stets wie aus dem Ei gepellt durchs Leben gingen und für dieses Ei ein geheimes, dem Rest der Menschheit unbekanntes Konservierungsmittel entdeckt haben mußten. Kurzum, er sah aus, wie er schon immer ausgesehen hatte.

›Was ist los mit dir, Sam? Du wirkst irgendwie … wild.‹

›Komm rein. Mit was vergiftest du dich dieser Tage? Ricard? Smirnoff?‹

Er griff hinter sich und schob einen verschrumpelten, dunkelbraunen, nach Leid und Verfolgung aussehenden Koffer in meinen Flur. Dieser Koffer ließ unselige Erinnerungen hochsteigen. Östliche Landstraßen. Tote Pferde. Tote Frauen unter toten Pferden. Zab kam aus der Küche. Ich beruhigte mich. Ich besaß solche Erinnerungen ja gar nicht. Mit meinen Nerven stand es wahrlich nicht zum besten.

Den Verfolgtenkoffer, verriet Bruno bei Steinböcks Steinhäger in der Küche, habe er in einem Second-Hand-Laden in Cleveland extra für seine bevorstehende Reise in die Deutsche Demokratische Republik billig erstanden. Dort in der Deutschen Demokratischen Republik reihe man sich mit diesem Koffer besser ein, falle weniger auf. Ich nickte geistesabwesend. Dann erinnerte ich mich daran, daß Bruno Fetterly auch für mich nach Bad Old Germany reiste, in geheimer Weimar-Mission. Weswegen ich, obwohl Zab hinter seinem Rücken fuchtelte und die Augen verdrehte, das Ersuchen um zweitägiges Asyl wohl kaum abschlagen konnte. Alle seinem schmalen Geldbeutel entsprechenden Pariser Hotels waren ausgebucht, irgendeiner Messe wegen. Ich hoffte, es handelte sich nicht um die Messe, für die Armand, nein: ich, den Prospekt übersetzen mußten, sonst waren wir in der Tat arg spät dran. Ich fragte ihn, ob ihm mein Schlafzimmer recht sei. Ich freute mich schon darauf, mit Zab die roten Polstersessel und unsere brokatene Ottomane zu einem Lustlager vom Feinsten zusammenzuschieben. Machte er eigens meinetwegen Zwischenstation in Paris? Nein, er wollte auch die Stätten seines unvergeßlichen Pariser Jahres besuchen, als er, Führer der Oberlin-Delegation, im Rahmen eines internationalen Work Camps die von deutschen und den ihnen nachfolgenden amerikanischen Truppen vandalisierten Büsche und Sträucher in Versailles wiederhergerichtet hatte. Natürlich war Bruno Fetterly Quaker. Als vermögender oder hochbegabter Quakerjunge wurde man auf das College von Oberlin in Ohio geschickt. Ich durfte nicht vergessen, die vierhundert Dollar abzuheben, die Bruno seinem Informanten in Weimar versprochen hatte. Danach würde ich nahezu pleite sein. Steinböck? Ein weiterer Vorschuß? Meine Gedanken rasten. Völlig unvermittelt begann ich laut zu lachen. Bruno fragte mich ein zweites Mal besorgt, was ich denn hätte. Zab kam zu mir wie ein großes, weiches, braunes Huhn und nestelte an meinen Haaren.

Es klingelte, mal wieder.

Ich hörte, wie Ashy aus ihrem Zimmer schoß und den Flur entlang zur Tür rannte. Gewiß war es ihre Freundin Juliette, bei der sie das Cello versteckt hatte. Ich stand auf und hielt mich an Zab fest, weil sich alles um mich drehte. Ich schleppte meine Füße Richtung Wohnungstür, die bereits weit offen stand. Irgend etwas stimmte nicht. Salutierte meine Tochter? Nein, sie hatte die Hand an ihre Stirn gelegt, und sie weinte.

Draußen an der Wand neben unserer Tür lehnte der glatzköpfige Gnom, der vorhin im Marais den grimmigen Hund gestreichelt hatte, eine *Paris Match* unter den Arm geklemmt. Wenn mich nicht alles täuschte, prangte Vaters Bild auf dem Cover. Ashley flog schluchzend an die Brust des Gnoms.

Er sah nicht nur aus wie Meyer, er *war* Meyer.

Zweiter Teil

Die kleine Spaziergängerin

Eigentlich wollte Elizabeth Frauen mit langen Gesichtern durchblättern. *Paris Match* brachte eine Serie von Modigliani-Gemälden zum Ausschneiden und Sammeln. Dann ertrug sie mein Gezergel nicht länger und überließ die Zeitschrift endlich mir. Immerhin war ich der erste Mensch, den sie kannte, dessen Vater von einem Titelbild dräute.

Wie am Ende des ersten Teils dieser Erinnerungen bereits ansatzweise geschildert, schien der seit Letis und meiner Trennung rabenschwärzeste Pariser Tag mit Meyer Mushkins Ankunft, fast bin ich versucht zu sagen: Meyers Advent, seinen vorläufigen Höhepunkt bzw. Tiefpunkt erreicht zu haben. Aber es sollte noch bunter kommen.

Es war später am Abend. Zab und ich hatten uns in mein Büro zurückgezogen und saßen wie zwei brave Schulkinder mit angezogenen Knien nebeneinander auf der Gymnastikmatte. Obwohl meine Begrüßung Meyers, zu der sich auch Zab und Fetterly gesellt hatten, eher förmlich verlaufen war (aber das Herz schlug hoch) – die Bedeutung des kleinen Mannes aus Amerika, seine Macht über mich und seine potentielle Gefährlichkeit für unsere junge Liebe waren Elizabeth sofort klar gewesen. Als habe irgendein böser, zwergenhafter Erzengel oder Zauberer unsere Spielwiese betreten, schien es mit dem nackten Herumtollen, der Selbstvergessenheit, der Unschuld vorbei zu sein. Denn Meyer war ja nicht mit leeren Händen gekommen, er hatte *Paris Match* aus dem Ärmel gezaubert, und mit *Paris Match* Jonathan Still alias Yehuda Leiser alias Vater.

Laut Meyer war man ›vor einigen Tagen‹ angekommen, breitete Jonathan Still sich standesgemäß in einer Suite im Ritz aus und hatte Meyer in einem privaten Quartier bequeme Unterkunft gefunden. Über die wahren Hintergründe dieser absurden Reise aus heiterem Himmel bewahrte er, ganz der alte Ganove, Stillschweigen. Der Erwählte, der Mr. Still zwei Seiten lang in Harry's Bar bei Whisky Sour und Perrierwasser befragen durfte, war kein Geringerer als sein wieseliger, französischer Übersetzer Lucien.

›Laß hören, was dein kluger Vater so vom Stapel läßt‹, sagte Elizabeth.

›Psst.‹

Ich lauschte in die Wohnung. Meyer und Ashy unterhielten sich leise im Flur. Dann wurde die Wohnungstür geöffnet. Wollte Meyer gehen? Weitere leise Worte wurden gewechselt. Mit wem sprach er da an der Tür? Sanft wurde sie wieder geschlossen. Meyer und Ashy entfernten sich flüsternd Richtung Küche.

›Bitte‹, sagte Zab.

›Also gut. *Nach einem opulenten Abendessen im ›Crillon‹, bei dem der Meister seine Wertschätzung für das ihm bisher unbekannte ›L'eau qui fait pshitt‹ zum Ausdruck brachte* … ich glaube, mir wird schlecht …‹

›Ach was‹, sagte Zab. ›Das ist normal. Wenn mein Vater plötzlich vor der Tür stünde, wäre ich auch aufgeregt.‹

›Vor der Tür?!‹ Ich schnellte hoch. Ich war kurz davor, draußen nachzusehen. Zab zog mich am Gürtel zurück auf die Matte.

›Ganz ruhig. Er will dich ein bißchen zappeln lassen, Sammy. Sonst wäre er doch längst hier. Lies weiter …‹

Sie hatte recht. Wäre er längst hier. Säße in diesem Büro. Sähe sich die Lebensausstattung des Juniors an. Ließe seinen Blick über Elizabeth wandern. Ließe seinen Blick auch zu dem Buch schweifen, das er im Schweiße seines Angesichts geschrieben hatte und das jetzt auf Juniors Schreibtisch vor sich hin staubte und weiterer Übersetzung harrte.

›*... führte sein französischer Übersetzer Lucien Ronsard das folgende Interview in Harry's Bar. Mr. Still rührte seinen Whisky Sour, Standarddrink Paul Perrones, kaum an, sondern sprach weiter kräftig dem Perrier zu* ... großer Gott, dieses Photo!‹

Zab beugte sich über das Photo. Hatten sie für den Aufmacher das schon etwas ältere Verlagsportrait verwendet, so war bei Harry's in der Rue Daunou ein Photograph am Werk gewesen. Drohend zeigte Jonathan Still mit dem ausgestreckten Finger auf den Betrachter. Ging diese ›Uncle Sam Wants You‹-Pose auf das Konto des Photographen? Man hoffte es. Vater in der Rue Daunou, hager, raubvogelartig, kaum gealtert. Blauer Maßanzug, schwarze Strickkrawatte, braune Pferdelederschuhe. Die Brille war neu, ein dicker, schildpattener, irgendwie herz- oder tränenförmig geschwungener Apparat. Langsam begriff ich das Ungeheuerliche. Wie Perrone hatte Vater die Stadtgrenze Philadelphias und andere, innere Grenzen überschritten und weilte nun, leider nicht in Tokio, sondern in Paris. Zab drückte ihren Kopf an meinen Bauch und bepustete ihn warm. Ihren Nacken kraulend las ich weiter:

›Frage: *Mr. Still, in Ihrem letzten Roman, der rechtzeitig vor Weihnachten auch auf Französisch erscheint* ... Weihnachten! Gütiger Himmel! Lucien, dieser Streber ...‹

›Komm runter, Sam‹, sagte Zab.

›*... wechseln Sie ja – zum ersten Mal, glaube ich – den Schauplatz. Perrone reist ins Ausland, mehr sei hier nicht verraten. Warum?* Antwort: *Das ergibt sich aus der Handlung.* Eins zu null für Vater. Frage: *Nach Jahrzehnten verläßt Perrone zum ersten Mal Philadelphia, und es steckt nicht die Spur einer Bedeutung, vielleicht sogar eine Botschaft dahinter?* Antwort: *Wenn ich eine Botschaft übermitteln will, schicke ich ein Tele-*

gramm. Zwei zu null. Ah, jetzt kommt die Sache mit dem Warten. Frage: *Wie konzipieren Sie einen Perrone-Thriller? Immer nach demselben Rezept?* Antwort: *Ich warte.* Frage: *Sie warten?* Antwort: *Mein Schreiben, mein ganzes ›Œuvre‹, wie man bei Ihnen sagt, ist ein einziges Warten.* Das behauptet er seit Menschengedenken. Frage: *Können Sie ein konkretes Beispiel für diesen Prozeß nennen?* Ja, kann er, das Gartenfeuer. Antwort: *Stellen Sie sich ein Gartenfeuer vor. Anfangs will es sich partout nicht füttern lassen. Also warten Sie. Und wenn es dann lodert, können Sie alles hineinwerfen, was gerade zur Hand ist, Socken, alte Sofas, Autoreifen. Das ist die Stunde, wenn Paul Perrone kommt und sagt: Ich bin bereit, Mr. Still.* Frage, hör dir das an, Lucien ist wirklich unerträglich: *Ein kontemplatives Warten demnach, im Sinne Heideggers, der den Prozeß des Philosophierens als ein Vor-sich-hin-Starren bezeichnet hat?* Antwort: *Nicht alles, was Heidegger bezeichnet hat, ist oder verhält sich so, wie er es bezeichnet hat ...*‹

›Also, ich mag deinen Vater‹, sagte Elizabeth.

›Tja‹, sagte ich. ›*But who may abide the day of His coming, and who shall stand when He appeareth? For He is like a refiner's fire.*‹

›Das steht jetzt aber nicht im Interview, oder?‹

›Nein, das ist aus Händels Messias, seiner Lieblingsmusik.‹

›Sagtest du nicht, dein Vater sei Atheist?‹

›Auch Atheisten hören hin und wieder Händel. Frage: *Was halten Sie von diesen Kursen für Kreatives Schreiben, die neuerdings an amerikanischen Universitäten angeboten werden?* Antwort: *Kreatives Schreiben? Ich habe keine Ahnung, was das ist. Aber es hört sich banal an. Kurse für kreatives Lesen, das könnte ich noch verstehen.* Er meint kreatives Klauen, bei Leo Perutz, Jakob Wassermann und Wilhelm Hauff. Frage: *Zurück zu Ihrem neuen Roman ›Perrone Has No Clue‹. Mein französischer Titel lautet übrigens: ›Perrone Undercover‹, ich hoffe, Sie sind zufrieden.* Diese Franzosen. Antwort: *Ich will Ihnen nicht rein-*

reden, junger Mann. Nicht reinreden, das ist ja das Allerneueste. Frage: *In diesem neuen Roman gibt es nun – ebenfalls ein Novum bei Perrone – eine zarte Liebesgeschichte, deren Ausgang wir natürlich nicht verraten wollen …* Eine Liebesgeschichte!? Wo? Wann? Auf welcher Seite?‹

Ich stürzte zum Schreibtisch, griff mir das Buch und blätterte wild darin herum. Da ich im Blättern sehr geübt war, stieß ich auch bald auf eine ›Stelle‹. Perrone saß mit einer gewissen ›Makiko‹ in einer Bar an der Ginza. *The everlasting Easter of the heart, thought Perrone.* Wie bitte? Ich kroch zurück zu Zab und betrachtete wieder das Photo. Vielleicht lag die Botschaft, nach der Lucien verlangte, in der neuen herzförmigen, tränenförmigen Schildpattbrille des Meisters. Die wiederkehrende Feststellung, daß Perrone sich in der Welt nicht mehr zu Hause fühlte, die Flucht aus Philadelphia, und jetzt Makiko und das ewige Ostern des Herzens. Es gab keinen Zweifel mehr: Jonathan Still befand sich im Umbruch, vielleicht in einer tiefgreifenden Krise.

Sollten wir uns freuen? Oder lieber in Deckung gehen?

›*… zarte Liebesgeschichte, deren Ausgang wir natürlich nicht verraten wollen. Zollen Sie damit dem neuen Gefühlstrend Tribut?* Antwort: *Welcher neue Gefühlstrend?* Frage, nein Antwort, er hat den Spieß umgedreht: *Nun, ›Love Story‹ war der größte Erfolg der Filmgeschichte.* Antwort, entschuldige, Frage: *Sie vergleichen ein klavierklimperndes Mädel und einen Eishockeyspieler mit Paul Perrone?* Antwort: *Natürlich nicht. Aber ich könnte mir denken, daß es Sie wurmt, wenn eine Schriftstellerin wie Rachel Birnbaum …* Vorsicht, Lucien! *… also eine Vertreterin des neuen Gefühlstrends, Ihnen regelmäßig den ersten Platz auf der Bestsellerliste streitig macht …*‹

›Rachel Birnbaum ist klasse‹, sagte Zab. ›Die habe ich vor meiner Zwischenprüfung immer in der Badewanne gelesen.‹

›Vater haßt Rachel Birnbaum. Sie ist ein rotes Tuch für ihn. *Sol-*

che Erwägungen haben mich nie interessiert ... Das stimmt, haben ihn nie interessiert. Er mag einfach keinen Kitsch, besonders nicht den Birnbaum'schen. *Nein, mein Sohn, ich fand, es war an der Zeit, Paul eine Romanze, ein bißchen Glück zu gönnen.* Ich kann das nicht länger ertragen, Zab ... die Welt ist aus den Fugen ...‹

Elizabeth nahm mir behutsam die Zeitschrift aus der Hand.

›Es ist nur ein Spiel, Sam‹, sagte sie.

›Um mit Ashley zu antworten: Lach!‹

›Dein Vater erfindet Geschichten, du übersetzt sie‹, sagte Zab. ›Ihr könnt das jederzeit unterbrechen. Warum unterbrichst du es nicht?‹

›Das ist nicht menschenmöglich‹, sagte ich. ›Verschone mich mit Theorien. Du kannst es nicht verstehen. Lies mir den Rest vor.‹ Sie schaute mich fragend an. Sie machte sich Sorgen um mich. Ich machte mir *große* Sorgen um mich. Ich nickte ihr tapfer zu.

›Wenn du willst ... Frage: *Dennoch wird wieder kräftig gemordet und gestorben. Perrone vertritt ja die Theorie, daß es Menschen gibt, denen die ›Rolle‹ des Mordopfers vorbestimmt ist. Sind Sie auch persönlich dieser Meinung?* Und dein Vater antwortet: *Oh ja. Ja, ja.* Frage: *Sie gelten als publikumsscheu und reden nie über Ihr Privatleben. Umso überraschender Ihr Auftritt in der ›Tonight Show‹ letztes Jahr. Hat die Tatsache, daß Sie ursprünglich aus Deutschland stammen, also gewiß ein Verfolgter des Nazi-Regimes waren, vielleicht etwas mit dieser Opfer-Theorie zu tun?* Er ist wirklich nicht sehr subtil, dieser Lucien. Soll ich weiterlesen, Sammy? Du bist ganz bleich.‹

›Ja. Lies weiter.‹

›Antwort: *Oh nein. Nein, nein. Das ist eine allgemeingültige Wahrheit.* Frage: *Wollen Sie uns etwas über Ihre Kindheit in Deutschland verraten?* Antwort: *Ich wurde an einem warmen Oktobermorgen in Hargensee geboren. Kluge, weise Männer haben mich erzogen. Ich bin ihnen dankbar und zehre heute noch davon.* Frage: *Wie sind Sie dem Terror entkommen?* Antwort: *Ich war viel unterwegs.* Frage: *Das ist alles?* Antwort: *Das ist viel.* Ich weiß nicht, Sam, auch wenn du mich vierteilst: Ich finde deinen Vater wundervoll, einfach wundervoll. Er ist so … zurückgenommen, so trocken, und dabei so rührend. Ihr habt eine Menge gemeinsam.‹

›Danke.‹

›Hier, das betrifft dich und mich. Frage: *Was werden Sie in Paris unternehmen?* Antwort: *Ich bin nur auf der Durchreise.* Siehst du, alles halb so schlimm. Bald sind wir wieder unter uns. Frage: *Wenn Sie einen Wunsch frei hätten, was würden Sie sich wünschen?* Aha, das beantwortet er in englischer Sprache: *Let me look into a human eye. This is the magic glass, man.*‹

›Melville‹, sagte ich tonlos. ›Er hat mal wieder Moby Dick gelesen.‹

Hier war sie endlich, die Botschaft nur für mich, auf die ich so lange gewartet hatte. Den Rest von Vaters Antworten konnte ich, bei zurückgenommener, trockener Betrachtung, unter ›bekannt‹ abheften. Neu und beunruhigend war die Liebesgeschichte. Obwohl er auf dem Photo in Harry's Bar wie das blühende Leben aussah und stets den Virilen gab: Vater hatte seine Krankheiten gehabt, seinen Herzinfarkt, die schwere Magenoperation, die Leberprobleme infolge jahrzehntelangen Barbituratmißbrauchs. Beabsichtigte Jonathan Still, seinem Detektiv die große Liebe zuteil werden zu lassen und ihn auf einem ehelichen Abstellgleis für immer aus dem Verkehr zu ziehen, weil er selber todkrank war? Wieviel wußte Meyer, und warum war Meyer überhaupt hier? Sollte er den Mittler spielen, den Übersetzer, unseren Hofnarren?

Kapitän Ahabs Bemerkung zu Starbuck, ›Laß mich in ein Menschenauge schauen‹ und das hinzugedichtete ›Dies ist die Zauberkugel, Mann‹ waren typisch für Vaters Art, sich mit mir zu verständigen. Wenn wir uns denn je verständigt hatten. Wie seinen Lesern, seinen Nutten, dem Milchmann und seinen neunundzwanzig anderen Übersetzern gab er mir gerne Rätsel dieser Art auf, kleine Sprachspiele, Zitate, durch die Blume Gesagtes. Ich löste sie alle, die meisten allerdings mit jahrelanger Verspätung. (›It is your parents' child, it is not your brother, it is not your sister, who is it?‹ – ›Yourself.‹) Aber konnten wir einander überhaupt noch in die Augen schauen, nach allem, was geschehen war? Ashley war bei mir, ich würde es nicht zulassen, daß er Besitz von seiner Enkeltochter ergriff. Eher würde ich sie nach England zurückschicken.

Es war einer dieser Tage, an denen das seltsame Gewebe aus Zufall, Bestimmung, Parzen, C.G. Jung und *durée pure*, kurzum das unergründliche Phänomen ›Zeit‹ oder ›Synchronizität‹ oder ›Schicksal‹ noch hinter Alltäglichstem, Profanstem aufschimmerte. Einer dieser Tage, an denen Zusammenhänge zwischen verschiedenen Menschen, Orten, inneren Uhren sichtbar werden und das Hineingeworfensein in diese Welt auf einmal einen, wenn auch fürchterlichen, Sinn zu ergeben scheint. Das Gewebe hatte sich heute abend die Avenue Denfert-Rochereau zum Schimmern und Verwirren ausgesucht und sponn uns alle ein, sponn uns alle zusammen. Denn was sagte Elizabeth just in dem Augenblick, als ich in Gedanken bereits Ashys Rückreise nach England plante?

›Komisch. Ich dachte, deine Frau dreht mit dem gerade einen Film‹, sagte sie.

›Mit wem?‹

›Na, mit dem da …‹ Sie gab mir die Zeitschrift. Ich starrte auf das Photo eines tanzenden Ringold Schneider, dessen blondes Haupt eine Dornenkrone zierte. Ich zuckte zurück. Dann faßte ich mir ein Herz und betrachtete das Photo genauer. Es zeigte Letis

Star ringelreihend mit den anderen Schönen und Reichen bei ihrem jüngsten Schwoof im Club Sept in der Rue Ste. Anne. Und nein, es waren keine Dornen, es waren Feldblümchen, die ihn schmückten. Und es war kein kurzer Trip über den Kanal, nur um geschwind mit seinem Nachbartänzer Yves Saint-Laurent die neue Garderobe zu besprechen, nein, Mr. Schneider weilte in der Stadt, um an ›Verhandlungen‹ teilzunehmen, las ich baß erstaunt.

›Heißt das, sie ist auch in Paris?‹ fragte Elizabeth.

›Ich weiß zwar nicht, was hier vorgeht‹, sagte ich, ›aber so kurz vor Drehbeginn wird sie ihn kaum aus den Augen lassen.‹

›Vielleicht ist der Film abgesagt worden‹, sagte Zab.

Sie lag zusammengerollt, den Kopf auf ihren gefalteten Händen. Ein kleiner Kakaofleck verschönerte ihre in einen beigen Cashmerepullover gehüllte Schulter. Ein gezacktes Löchlein prangte wie ein winziger Stern in ihren dunkelgrünen Strumpfhosen.

›Weißt du eigentlich, wie sehr ich dich liebe, meine wunderbare, kostbare Historikerin?‹ sagte ich. ›Was auch passiert: vergiß das nie.‹

›Was soll denn passieren? Seit dieser Mushnik gekommen ist, bist du …‹

›Mushkin. Bitte nenne ihn *nie* Muschnik. Er könnte drastisch reagieren.‹

›*Pouf*‹, sagte sie, ›lach.‹

Es klopfte.

Meyer schob sich leise, mit besorgter Miene herein wie eine Sprechstundenhilfe, die den Arzt von einem überfüllten Wartezimmer in Kenntnis setzen wollte. Er hatte abgenommen und sah sehr fit und elegant aus, bestens gerüstet für ein paar Tage *high life* in Paris. Mir fiel Fred Astaires große Tanz- und Gesangsnummer auf dem Eiffelturm ein: ›*The living is easy, the living is high, all good Americans should come here to die*‹. Merkwürdig, ich bekam die Melodie nicht aus dem Kopf. Vielleicht war es Vaters Krankheit. Aber warum nur hatte Meyer seinen roten Balz- und Drohschopf abschneiden und sich eine Glatze rasieren lassen, war das der letzte Schrei in seinen Kreisen? Ich hatte den Kontakt zu Meyer verloren. Bei einem Besuch in Paris hatte Altshuld junior berichtet, es werde gemunkelt, Meyer habe sich zur Ruhe gesetzt und lebte abwechselnd am Rittenhouse Square und in einer kanadischen Blockhütte. War er pleite? Sorgte Vater für ihn? Meyer hatte Banken zeitlebens mißtraut, bewahrte sein Geld lieber in Koffern auf, die er überallhin mitschleppte, ins Kino, in die Autowaschanlage, sogar zu den schweigenden Meetings seiner Quaker.

›Mein Junge‹, sagte er. ›Mein guter Junge.‹

›Meyer. Bist du eigentlich immer noch Quaker?‹

›Selbstverständlich. Einmal Quaker, immer Quaker. Mein Junge, wir müssen klären …‹ Er bedeutete Elizabeth mit einer knappen Kopfbewegung, daß sie entlassen sei, in der Küche mit den anderen Shiksen Kaffee kochen und sich die Nägel lackieren durfte. Meyers Affären waren, wie konnte es anders sein, Legende, aber ich lernte keine seiner Bräute je von Angesicht zu Angesicht kennen. Ich hörte, wie er kryptisch mit ihnen telefonierte (›Wir treffen uns in Tijuana, aber laß den Lippenstift weg‹). Geheiratet hatte dieser Überlebenskünstler natürlich nie.

›*Listen, Meyer*‹, sagte ich, ›*in this day and age we keep the ladies close by our side.*‹

›Okay, okay. Es sind ja deine Nerven, *you little potz*‹, sagte er und bohrte seinen Zeigefinger in meine Brust.

›Tut gut, dich wiederzusehen, Meyer.‹

›Ich möchte die Herren Machos nicht stören‹, sagte Elizabeth auf Englisch und ging zur Tür. ›*Hola, negrita*‹, sagte sie. Ashy stand mit Bruno Fetterly im Flur. Sie hatte sich in eine theatralische Pose geworfen und rezitierte irgend etwas auf Deutsch: ›Ist diß der Danck der Welt, ist diß der Wahrheit Lohn, O edler Morgenstern, O höchster der Propheten, und läßt Herodes dich für deine Lehre dödten?‹ Mir schwirrte der Schädel. ›Professor Fetterly hat mir ein altes deutsches Buch gegeben‹, strahlte sie. ›Gryphius, Sam, erinnerst du dich an meine alte Reclamausgabe?‹ sagte Fetterly. ›Ich erinnere mich an gar nichts‹, sagte ich und fügte Vaters deutschen Standardsatz hinzu: ›Und entschuldigen tue ich auch nichts.‹

›Onkel Meyer hat mein Cello gefunden‹, sagte Ashy plötzlich.

›Und wo war es?‹ wollte ich wissen.

›Die Sache ist delikat, Samuel‹, sagte Meyer.

›In der Tat‹, sagte ich.

›Meine Leute haben sich ein bißchen umgehört, und ... ‹

›Was für Leute?‹ unterbrach ich ihn.

›Freunde. Und die haben herausgefunden ...‹

›Freunde?‹ unterbrach ich ihn wieder. ›Deine *Freunde* sind hier? Hier in Paris?‹

Meyer öffnete verschämt lächelnd die Wohnungstür. Er schien nicht wissen zu wollen, ob das Treppenlicht ausnahmsweise einmal funktionierte. Er stand im dunklen Türrahmen und räusperte sich. Wie dunkle Hunde aus der Nacht erschienen zwei Männer, die mir bekannt vorkamen. Es waren der karierte Jerry Lewis mit der Vorliebe für Simone Weil aus dem Marais und der finstere Grashalmkauer, der bei Audrain am Fenster gesessen hatte. Meyer besprach sich flüsternd mit ihnen. Dann traten die Hunde komparsenhaft zurück in die Dunkelheit. Meyer nahm sanft meinen Arm und zog mich zur Tür. Jetzt machte er Licht.

›Paß gut auf, Vater‹, sagte Ashley. ›Hier kannst du was lernen.‹

Schon wieder nannte sie mich ›Vater‹. Mir kam ein schrecklicher Verdacht.

›Jetzt mal ehrlich, Meyer: Wie lange seid ihr schon in Paris?‹

›Später, Junge, wir sprechen morgen. Erst müssen wir klären. Schau hier, Kratzspuren. Der Hurensohn hat die Tür mit einem Dietrich geöffnet ...‹

›Erinnerst du dich an Montevideo?‹ sagte ich. ›Und wie du immer ausgerastet bist, wenn Ashy mich oder Leti beim Vornamen nannte? Gib's zu, du bist es doch, der ihr diese neue Sprechweise beigebracht hat, oder?‹

Meyer zündete sich eine neue Zigarette an der alten an. Er rauchte schweigend. Ich nahm Ashleys Gesicht in meine Hände und bannte sie.

›Hast du Opa Jonathan getroffen?‹

›Nein‹, sagte sie. ›Niemand darf ihn treffen.‹

›Was heißt, niemand *darf* ihn treffen?‹ sagte ich perplex. ›Ist er krank? Oder ist er Gott geworden?‹

Meyer nahm wieder meinen Arm, schon weniger behutsam.

›Sam, es ist alles ganz einfach. Morgen trinken wir. Heute klären wir. Ich will, daß dieses arme Kind sein Cello zurückbekommt.‹

›Meyer, bei allem Respekt, du hast hier gar nichts zu wollen‹, sagte ich und versuchte, mich ihm zu entwinden. Er drückte jetzt sehr fest zu. Aber man sah es nicht. Nach außen wirkte es, als wäre er eine alte Dame, die mich zum Nähkränzchen bat. Das war große Kunst, Meyer war noch immer ein Künstler seines ›Fachs‹.

›Samuel, beruhige dich. Ja, es stimmt, ich habe mit Ashley telefoniert. Und habe ihr empfohlen, ihren Eltern den nötigen Respekt zu erweisen. Nur empfohlen.‹

Ich hatte von Meyers ›Empfehlungen‹ gehört. Wer ihnen nicht nachkam, fand sich in einem Eisblock in Krugshenk's Fleischerei oder in der Teigmaschine von Rindelaub's Bäckerei wieder.

›Wann habt ihr telefoniert?‹ fragte ich Ashley.

›Och, noch in England‹, sagte sie. ›Onkel Meyer hat mich im Internat besucht.‹

›Das wird ja immer besser. Weiß Leti davon?‹

Meyer gab meinen Arm frei. Er und Ashley tauschten einen Blick und schwiegen betreten.

›Ich denke, ich werde noch eine *fine à l'eau* trinken gehen‹, sagte Fetterly.

›Gibt's nicht mehr, Bruno‹, sagte ich, ›das heißt heute Brandy on the rocks.‹ Ich sah wieder den tanzenden Ringold vor mir. Wußte Ashley, daß er zu ›Verhandlungen‹ in Paris weilte, ziemlich gewiß mit Leti, die sie auf Empfehlung Meyers jetzt Mama zu nennen hatte? Nein, sie konnte es nicht wissen, meine Tochter hätte sich mir anvertraut. Aber warum meldete Leti sich nicht?

›Was ist jetzt mit dem Cello?‹ sagte ich.

›Delikate Sache‹, wiederholte sich Meyer. ›Aber meine Leute haben alles im Griff. Wir klären das morgen, Junge. Unter vier Augen.‹

›Sag Vater, daß es geklaut wurde, Onkel Meyer. Mir glaubt er ja nicht‹, sagte Ashy.

›Geklaut‹, sagte Meyer. ›Hundertprozentig.‹ Er zog mich wieder beiseite. ›Warum trägt deine Shikse meinen Ring?‹ flüsterte er, auf Zab deutend. Ich überhörte diese Frage.

›Du mußt Ashley kein Theater vorspielen‹, sagte ich. ›Ab ins Bett, Ashy. Wir sprechen morgen über deine Sorgen.‹

Fetterly und Meyer verabschiedeten sich gemeinsam. Ich schloß die Tür hinter ihnen und verriegelte sie, was ich für gewöhnlich nie tat. Ashy triumphierte weiter in ihrer von Meyer nun auch noch befeuerten Phantasiewelt der gewaltsam geöffneten Schlösser und gestohlenen Celli. Meine arme Heuschrecke war völlig überdreht. Ich verfluchte Meyer und seine Spielchen. Dann erinnerte ich mich an die nicht enden wollenden Nachmittage in Point Breeze, an die Geborgenheit im Kreis der Gangster, Meyers Kreuz-As im Hutband, das mir als das Erstrebenswerteste auf der Welt gegolten hatte, als Reisepaß in ein Elysium simpler, verständlicher Zeichen, Bedeutungen, Treueschwüre, fernab von Lenin Castle, wo Vater wie eine Riesenspinne in der Mansarde saß und seine Beute, die ich kleiner Mensch so gerne, so willig gewesen wäre, einfach ignorierte.

Nur verständlich, daß meine Tochter in ihrem eigenen Gram, ihrer Suche nach Zusammenhängen und Liebe, dem alten Meyer-Charme erlag.

Elizabeth schleppte ihre Bettwäsche aus dem Mittelzimmer ins Büro, und wir bereiteten unser Lager auf der Gymnastikmatte. Während Ashy zwischenzeitlich wohl mit Meyer und seinen Leuten bei Audrain gegessen hatte, waren Zab und ich jetzt seit vierundzwanzig Stunden ohne Nahrung. Wir fielen in einen Taumel und fielen übereinander her und gaben einander alles, Papaya und Pampelmuse und Honig, und zum Nachtisch Traubenküsse. Es war eine letzte Nacht der Unschuld, das spürten wir beide, doch sprachen wir es nicht aus. Zab stemmte sich gegen die Schwerkraft der Vergangenheit, von der ich erfaßt worden war. Sie sagte:

›Warum gehst du nicht gleich morgen und besuchst deinen Vater? Erklärst ihm, daß du mehr Zeit für deine Übersetzung brauchst. Und danach nehmen wir das Auto und fahren mit Ashley übers Wochenende nach Bayonne oder Biarritz …‹

Mir fiel dazu nichts ein. Ich war leergedacht.

›Meinetwegen auch in die Bretagne‹, sagte sie. ›Wird uns gut tun.‹

Aber ich schwieg. Die Sucht jener Zeit waren nicht die Drogen, der Alkohol, die hirnerweichende Musik, sondern daß wir nie aufhören konnten, nie enden wollten. Vielleicht ist es die Sucht jeder

Zeit, jeder Epoche, doch wir glaubten fest daran, die neuen, nie endenden, frei schwebenden Menschen zu sein. Ich trat ans Fenster und schmulte hinüber zum Belfort, ziemlich sicher, daß auch mein Schatten sich eingefunden, sich diesen Tag nicht hatte entgehen lassen. Indes, er fehlte. Eine einsame Frau mittleren Alters erhob sich gerade von seinem Lieblingstisch, ein Taxi wartete draußen auf der menschenleeren, herbstlich verwehten Avenue, es war ein trauriges Bild, eine Kitschpostkarte.

Mein Blick wanderte zu einem an die Wand gepinnten Photo. Es zeigte Ashy und Leti und war vor vielen Jahren in Pocitos in Montevideo aufgenommen worden, an der Plaza Gomensoro, unserer palmenumsäumten Placita.

›Du hast Angst, Ashy zu verlieren‹, sagte Zab.

Ich wünschte mich in das Photo hinein.

›Man kann nicht verlieren, was man schon verloren hat‹, sagte ich.

❖❖❖

Ich werde nun in aller gebotenen Kürze Letitias und meine Geschichte erzählen. Ich sage ›gebotene Kürze‹, weil ich einerseits rasch zurückkehren will nach Paris, in diese merkwürdige, denkwürdige, dunkle Wohnung an der Avenue Denfert-Rochereau, um Elizabeth wieder zu begegnen, noch einmal ihre warmen, spanischen Hände zu fühlen, sie vielleicht am Ärmel ihrer schwarzen Strickjacke festzuhalten – und weil andererseits jedes Nachsinnen über Letitia, jedes mit ihr verbundene längere Nachhängen mich heute noch verstört und mir alle Hoffnung nimmt und mich zu Stein erstarren läßt.

Sie war mein Mensch.

Am Anfang wie am Ende stand Franz Hutbinder. Es begab sich zu der Zeit vor oder nach Weihnachten. Jonathan Still hatte Perrone Numero-ich-weiß-nicht-mehr beendet und die internationale, damals wohl erst neunzehn oder zwanzig arme Seelen zählende Übersetzerschar wie gewöhnlich ins Rittenhouse Hotel befohlen. Hutbinder gab sich als *primus inter pares*, kam sich ungeheuer wichtig vor, tuschelte mit Meyer im Fairmont Park, durfte als einziger bei Mr. Still in Lenin Castle ein von der ewig unsichtbaren, tauben Haushälterin Francesca gebackenes Küchlein aus dem alten Westinghouse-Ofen klauben und dem Meister zum Kaffee reichen. Schwang beim Übersetzerfolterkongress im Ballsaal des Rittenhouse tiefschürfende Reden in diesem germanisch-malkontenten, pseudofreudo-nihilistischen, zerquälten Ton und Stil des Höchstanspruchs, den man sonst nirgendwo auf der Welt findet, mit dem ausschließlich verhinderte deutsche Dichter sich an Leben und Sprache rächen. Und stellte mich, der ich schon *senior* war und an nichts anderes dachte, als schnellstmöglich zu meiner leckeren Sheila nach Oberlin zurückzukehren, einer hochnäsigen Huppdohle und Emigrantentochter vor, wohl in der Absicht, uns zu verbandeln. Hutbinder und die Huppdohle regten sich fürchterlich auf über eine Serviererin aus Südamerika, die ihnen nach irgendeinem Senfmalheur schnippische Antwort gegeben hatte. Ich drehte mich zu dem Mädchen aus Südamerika um – und der Blitz schlug ein.

Südamerika war ein großer Mythos, sehr groß. Draufgänger und Schwerenöter, Frauenhelden und Zuckerbarone, Rinderbarone und Ölbarone, Rennfahrer und singende Freiheitshelden lebten dort. In krassem Gegensatz zu ihren Geschlechtsgenossinnen in America del Norte, die unter elektrischen Trockenhauben schmorten oder ihren Lieben die ersten TV-Dinner in Stanniolfolie servierten, liefen die Südamerikanerinnen alle mit Lederpeitschen am

Gürtel herum und hatten lange, blutrote Fingernägel, mit denen sie ihren Männern die Gesichter zerkratzten. Jedenfalls im Kino.

Letitia Weintraub war all dies und nichts davon und viel mehr. Tochter des zwielichtigen Entrepreneurs und mabuseartigen Spielers Dr. Ludovico Weintraub und der dunklen Landhexe Beatrice Trenado, kam sie aus der Stadt am Rio de la Plata, von der Carlos Gardel schmachtend auf der Leinwand sang und die den verheißungsvollen, jeder Phantasie Flügel verleihenden Namen Montevideo trug. Da ihr Vater für seine enormen Spekulationen einmal zu oft in fremde Kassen gegriffen hatte, sich in Brasilien versteckt hielt und Letitias Schulgeld am Instituto Crandon nicht mehr bezahlen konnte, war ihre Mutter den Meyer-Weg gegangen und hatte die sprachbegabte, hyperintelligente Tochter mit Hilfe eines Stipendiums der mildtätigen Quaker kurzerhand nach Philadelphia entsandt. Wo sie mehr oder weniger gerade angekommen war, als wir einander begegneten und besagter Blitz einschlug. Binnen drei oder vier Tagen und Nächten wurden wir stillschweigend das Paar des Jahrhunderts. Wir verstanden einander ohne viele Worte. Wir tanzten zu unserer eigenen Musik. Vom ersten Augenblick an wußten wir, daß unsere Seelen sich schon früher, schon immer gesucht hatten im Dschungel, wie zwei einsame Tierseelen gleichen Stamms, und unsere Körper nun erleichtert und hemmungslos übereinander herfallen durften. Leti und ich wurden sehr bald unser eigener Mythos, unser eigenes Südamerika.

Sogar die praktische Seite des Lebens, üblicherweise in diesem Alter ein unüberwindliches Hindernis, fügte sich dieser grandiosen Liebe. Jeden Menschen, der uns nahekam, jede Aufgabe, jedes Hindernis, vereinnahmten und überwanden wir im Nu. Alles arbeitete für uns. Oberlin College wollte Leti aufnehmen, die Papiere waren unterwegs. Ich würde meinen *master* machen und mich bei Professor Fetterly als Assistent bewerben, um in ihrer Nähe zu bleiben. Wir würden heiraten und Kinder bekommen. Sie würde Philosophie in Harvard studieren (denn das war ihr Traum), ich würde in Boston unser Geld mit Gelegenheitsarbeiten verdienen und vielleicht ein bißchen schreiben (denn mein einziger Traum war sie). Geld, über das Hugo von Hofmannsthal sagte, es sei eine Verkleidung des Nichts, spielte in Philadelphia keine Rolle, denn mein Vater war Jonathan Still, und Jonathan Still hatte zum allerersten Mal, ausnahmsweise, fast schon unheimlicherweise, ein Einsehen mit seinem Sohn. Er erkannte Letis ungewisse finanzielle Lage als Stipendiatin und erdete ihre Existenz, indem er sie in Lenin Castle offiziell als ›Mädchen für alles‹ einstellte, fürstlich bezahlte und zu unserer großen Freude in der Kammer gleich neben meinem Zimmer einquartierte. Natürlich war ihm die Liebesgeschichte, die sich unter seinem Dach abspielte, nicht entgangen. Wir amüsierten ihn. Er hielt Leti für verrückt, mich für naiv. Sie werde mir Kummer bereiten, warnte er. Ab und zu gab er uns gönnerhafte Ratschläge und nahm seinen Sohn und die wildäugige, krausgelockte Jüdin aus Montevideo in Schutz vor dem Klatsch der Nachbarn. Klatsch und üble Nachrede haßte er wie kein zweiter, haßte er inbrünstig. Der einzige Zeitungsartikel, den Jonathan Still je verfaßt hatte, legte dar, was für ein bedeutender evolutionärer Schritt, was für eine revolutionäre, befreiende Haltung das in Amerika so nonchalant gehandhabte *mind your own business* sei.

Wenn sie nicht gerade Kierkegaard und Schopenhauer las, machte Leti sich tatsächlich nützlich im Haus. Waren Jonathan Still & Son technische Antihelden und stolz darauf, so reparierte, kittete, klebte, lötete Leti alles, was irgendwie zu Bruch gegangen war oder zu gehen drohte. Von ihrem Vater Ludovico hatte sie gelernt, daß jedem toten Gegenstand eine gewisse potentielle Boshaftigkeit innewohnte, die sogenannte PIOI *(La perversidad intrínsica de los objetos inanimalos)*. Sie erfand und bastelte einen ingeniösen Blitzableiter. Sie kochte gigantische, gepfefferte Kartoffelaufläufe. Sie brachte uns das Schwimmen bei und kraulte selber zwanzig Bahnen pro Tag im Public Pool an der 8th und Green Street. Sie tanzte Rumba auf der Treppe, sang Tangos im Schnee. Nur Mr. Stills über alles geliebter, im Laufe der Jahre gänzlich von ihm beschlagnahmter Garten war tabu für sie. Er wolle sie dort nicht sehen, ordnete er an, warum auch immer. Wie aus dem Nichts tauchte ihr Vater Ludovico mit seinem Wertpapierköfferchen auf. Jonathan und Ludo saßen nächtelang beisammen, beide große Erfinder falscher Lebensläufe, fadenscheiniger Vergangenheiten; der eine angeblich in Philadelphia aufgewachsen, der andere in der ›Zentrale‹, wie er sagte, im sagenumwobenen Berlin. (Aber Dr. Weintraubs Eltern waren Glaser aus Litauen, und er war zur Welt gekommen zwischen zerbrochenen Fensterscheiben in der Altstadt von Montevideo). Jonathan legte seinen englischen Händel auf, gespielt von Eugene Ormandy, Ludo seine Beethovenklaviersonaten, gespielt von Edwin Fischer. Man sang und dirigierte mit, wedelte noch einmal die große Kultur der alten Welt herbei. Ich war baff; von dieser Seite kannte ich Jonathan Still nicht. Man sprach, hinter verschlossener Tür, Jiddisch und andere, Leti und mich zutiefst beunruhigende Sprachen und Dialekte. Leti hatte von Berlin-Ludo ein paar Brocken Deutsch aufgeschnappt, konnte ›Wenn alle Brünnlein fließen‹ und ›Die Fenster auf, der Lenz ist da‹ trällern. Dann verschwand ihr Vater so überraschend, wie er gekommen war, Jonathans Scheck in der Tasche. Lenin Castle ging wieder zum gewohnten *American way of life* über.

Mein Deutschprofessor Bruno Fetterly (der in mir fälschlicherweise den kommenden Jonathan Still der ›seriösen‹ Literatur sah) reichte eine Petition ein und bewirkte, daß man mir ein Freisemester gestattete. Natürlich studierte ich Deutsch, um Jonathan Still zu ärgern; aber es gab noch einen anderen Grund. Weiterhin sehnte ich mich insgeheim, sozusagen auf leisesten seelischen Sohlen, nach meiner toten Mutter, von der ich nur wußte, daß sie Ingelore Weisheit geheißen und mich in Weimar zur Welt gebracht hatte, um zwei oder drei Jahre darauf bei einem Wohnungsbrand zu sterben. Dieser Wohnungsbrand wurde Jonathan Still angelastet, der daraufhin mit Meyer Mushkin und mir die Flucht ergriffen hatte. In meiner scheinbar ausgelöschten Erinnerung an diese frühe Kindheit (aber wer hat je gewußt, ob Erinnerung nicht eigentlich Ahnung, Fernblick, zweites Gesicht ist?) stellte sich die Sache anders dar. Ich selber war der Brandstifter gewesen, ich, ein namenloser Zigeunerjunge oder Stetl-Eckensteherinfant, der sich in die Wohnung eingeschlichen und dem wahren Samuel die Identität geraubt und dessen Mutter dem Flammentod überantwortet hatte. Nachdem ich mit dem falschen Vater, der offensichtlich nichts bemerkt hatte, und dem falschen Onkel das Weite gesucht hatte, wurde der echte, der wahre Samuel der Tat angeklagt und in Ketten gelegt oder Schlimmeres. Ich war also verantwortlich für den Tod einer Mutter, die unnötige Flucht eines Vaters (mit dem falschen Kind!) und die Auslöschung einer Zukunft. Kein Wunder, daß ich mich an nichts erinnern wollte. Leti heilte mich eine Zeitlang von dieser Wahnvorstellung. Als Ashley geboren wurde, fing es wieder an. Jedes jüdische Kind braucht ein paar gute Geister zusätzlich, die es beschützen. Aber diese Geister sind leider immer abwesend, wir müssen sie uns erfinden.

Irgendwann hieß es für mich, nach Oberlin zurückzukehren. Wir waren so jung, wir waren nicht vorbereitet auf den Schmerz, die fürchterliche Wucht dieses Abschieds. Zweimal mußte der Bus anhalten; Leti rannte hinterher, ich wollte abspringen. Viele Monate, Tag und Nacht, waren wir einander kaum von der Seite gewichen, hatten wir unsere wundervolle Zukunft vom Gesicht des geliebten Menschen abgelesen. Selbst wenn wir schliefen, waren wir in unseren Träumen verbunden gewesen, am nächsten Morgen breiteten wir die Einzelheiten aus und freuten uns wie kleine Columbusse, Entdecker im orphischen Reich.

Zwei, manchmal drei Briefe schmuggelte ich täglich in den Professorenbriefkasten zwecks schnellerer Beförderung. Oft kreuzten sich unsere Briefe, bezogen sich auf Ereignisse, von denen der andere noch nichts wissen, und auf Gefühle, Gedanken, die der andere noch nicht kennen konnte. In jedem ihrer Briefe fügte Leti ein Postskriptum auf Spanisch an, denn wir hatten beschlossen, daß ich ihre Muttersprache lernen sollte. Fein säuberlich schrieb sie Vokabeln an den Rand und illustrierte ihre Bedeutungen mit kleinen, verliebten Zeichnungen. Wir fühlten uns, nein, wir waren so ewig, so ewig.

Dann mußte ich eine Zeitlang sehr intensiv lernen und verbrachte auch die Abende in der Bibliothek. Sheila, die mich nach einigem Hin und Her ›freigegeben‹ hatte (es blieb ihr gar nichts anderes übrig), büffelte neben mir. Einmal nur, für die Dauer eines Wimpernschlags, nahm sie meine Hand, die ich drückte. In dieser Nacht fand ich keinen Schlaf. So pur, so puristisch war meine Liebe zu Leti, daß ich mich im Morgengrauen hinsetzte und ihr in einem Brief gestand, Sheilas Hand gedrückt zu haben. Ich wartete und wartete. Die Antwort kam wahnsinnserzeugende sechs Tage später. Ich solle mir keine ›Sorgen‹ machen. Ja, antwortete ich, aber ich bin es doch, der nicht will, daß du dir Sorgen machst. Wieder wartete und wartete ich. Dann erhielt ich einen sonderbaren, kurzen Brief, in dem sie mir mitteilte, sie sei verreist, nach Bucks County.

Und daß ich mir wiederum keine ›Sorgen‹ machen solle. Sie werde mir ausführlicher schreiben, wenn sie zurück in Philadelphia sei. Mein in vielen Jahren Lenin Castle erprobtes Sensorium für Zeichen und Menetekel schlug Alarm. Ich ließ alles stehen und liegen und nahm den Bus direkt nach Newtown, wo Letis Brief abgestempelt worden war. Zur Salzsäule erstarrt saß ich in diesem silbrigen Bus und litt. Es gab nur eine einzige Erklärung: Letitia war krank, sehr krank, und Vater hatte sie in ein exklusives Hospital auf dem Land bringen lassen. Ich sah mich an ihrem Grab stehen und weinte bitterlich. Ich zermarterte mein Gedächtnis, welche Vorzeichen ihrer Krankheit ich übersehen hatte. Es kam vor, daß sie ganz plötzlich stürzte und sich ein Knie blutig schlug. Aber kein Mensch kletterte so behende auf Bäume wie sie. Manchmal hatte sie Nasenbluten. Aber kein Mensch balancierte sicherer einen schmalen Mauervorsprung entlang als sie. Hin und wieder weinte sie ohne jeden Anlaß. Aber kein Mensch lachte länger und lauter als sie.

Endlich, zu nachtschlafender Zeit, erreichte ich Newtown. Der Ort lag wie ausgestorben da. Ich war müde und in einem Zustand tiefster Verzweiflung, fast schon Trauer, und legte mich gleich an der Bushaltestelle neben einen Hund, der mir das Gesicht leckte. Ich schwor dem Hund, wenn Leti am Leben bliebe, würde ich ihn füttern und allen einsamen, verlorenen Geschöpfen auf Gottes Erde nach Kräften helfen. Damals glaubte ich sehr an Gott. Ich war jung und liebte. Warum sollte es (wie Jonathan Still mittlerweise behauptete) keinen Gott geben?

Am nächsten Morgen hörte ich mich um. Es gab keine Klinik in Newtown. Ich rannte zum Postoffice und beschrieb dem verschlafenen, alten Mann, der dort unendlich langsam Briefe sortierte, meine Letitia. Ja, er habe sie gesehen, sie sei ihm aufgefallen, sie sei ja so schön. Der Milchmann habe Sonderschichten einlegen müssen, viele Flaschen habe sie täglich verlangt, gewiß nehme sie Milchbäder. Sie sei zu Gast bei Mrs. van Cord in der Stoneybrook Road. Letitia und ich kannten keine Mrs. van Cord. War sie vielleicht Ärztin? Nein, sie sei die junge Witwe des seligen Mr. van Cord.

Ich rannte in die Stoneybrook Road und klingelte, am ganzen Körper zitternd, bei der Witwe. Sie öffnete mir im Morgenrock. Ich erkannte sie sofort wieder. Sie stemmte sich gegen die Tür, aber ich war stärker. Mr. Still und Letitia schliefen noch, nackt und erschöpft. Ihr Kopf ruhte auf seiner behaarten Brust, seine lange, hagere, vom letzten Roman erschöpfte Hand ruhte zwischen ihren Beinen. Eine kleine Kuhle neben Mr. Still verriet, wo Mrs. van Cord geruht hatte.

Ich übergab mich im Garten. Setzte mich auf einen Stein. Starb meinen Tod auf diesem Stein. Sie traten aus dem Haus, blieben unter dem Dogwood Tree stehen. Sprachen Deutsch. Er flüsterte ihr etwas ins Ohr. Sie löste sich von ihm und kam zu mir. Sie weinte. Sie redete auf mich ein. Sie sprach die ganze Zeit Spanisch. Ich verstand kein Wort. Ich brüllte: Hör auf, hör auf! Aber sie erklärte mir, was nicht zu erklären war, weiter auf Spanisch. Mr. Still warf mir einen Blick zu. Dann stieg er zu Mrs. van Cord ins Auto und ließ sich davonfahren. Die lustige Witwe war eine seiner etlichen, namenlosen Gespielinnen in Lenin Castle gewesen.

Viele Jahre dachte ich über seinen Blick nach. Diese traurigen, elenden, demütig dem Schicksal ergebenen Augen eines kleinen Kindes, dessen Hand man losgelassen, das man in der Wildnis ausgesetzt hatte und das genau wußte, es würde den nächsten Tag nicht erleben. Und sein Blick galt nicht mir oder der Situation oder der Welt im allgemeinen. Noch nie hatte ich Vater derart *bei sich* gesehen; es war, als wäre ein anderer Mensch aus ihm hervorgetreten, den ich nicht kannte.

Letitia und ich wurden krank. Sie lag in Lenin Castle mit einer langwierigen Magenentzündung zu Bett, ich brach mir bei einem Boxkampf in Oberlin den Arm. Wir schrieben uns nicht mehr. Meyer Mushkin, der mich im College besucht und dem ich, da er nicht locker gelassen, alles erzählt hatte, fungierte als *go-between* und übermittelte unsere ängstlichen, vorsichtigen kleinen Botschaften. Sie liebt nur dich, sie liebt dich unendlich, sagte Meyer unter Tränen, die ich bei ihm nie zuvor gesehen hatte (und danach nie wieder sah). Halte zu ihr, verrate eure Liebe nicht, beschwor er mich. Aber sie ist die Verräterin, entgegnete ich. Du unterschätzt die Macht deines Vaters, sagte er, alle Frauen wollen ihn retten, wollen, daß es ihm gutgeht, das war schon immer so. Ich brach das College ab und tauchte in Cleveland unter und arbeitete als Aushilfskellner in einer verwünschten Bar. Aber Letitia fand mich. Wir sprachen kein Wort. Wir kellnerten gemeinsam, in der Musicbox sang Jerry Lee Lewis *Milkshake Mademoiselle*. Unsere Körper begriffen, daß sie etwas unternehmen mußten, und sandten süße Signale. Wenn ich genügend Bier und Whisky intus hatte, brachte ich es über mich, mit ihr zu schlafen. (Das blieb so bis zum Ende.) Stoneybrook Road wurde nicht mehr erwähnt, war uns entfallen, hatte nicht stattgefunden. Wir gingen jeden Abend ins Kino und lasen danach noch Dick Tracy, Batman und Mickey Mouse. Kontrapunktisch zu diesem Stumpfsinn stiegen die Forderungen, die wir aneinander stellten und die wir nicht mehr erfüllen konnten. Forderungen nach Romantik, Lebensgefühl, Mythos. Auch das blieb so bis zum Ende.

Irgendwann wurde Leti schwanger. Wir legten die Comics beiseite und schauten uns in die Augen. Meyer Mushkin kam zu Besuch und überbrachte ein Angebot. Mr. Still war nicht mehr glücklich mit seinem deutschen Übersetzer Hutbinder. Fortan sollte ich die Perrone-Romane übersetzen. Letitia warf mir einen stummen, flehenden Blick zu. Sie war dagegen. Ich fragte, wann ich anfangen könnte. Der Rest wurde per Post erledigt. Ich sah Mr. Still in den folgenden Jahren nur wenige Male, bei den Übersetzertreffen im Rittenhouse Hotel, durch die Gläser meiner Sonnenbrille.

Wir flüchteten nach vorne, nach Montevideo. Ich wanderte aus, Letitia wanderte zurück. Natürlich heirateten wir nicht, kein Faß Rum wäre voll genug gewesen, mich in den dafür nötigen Rausch zu versetzen. Unsere wilde Ehe war Letis Leutchen ein Dorn im Auge, die Rabinos von Monte gaben sich in unserem kleinen Haus an der Plaza Gomensoro die Klinke in die Hand, mich auf den rechten Weg zu bringen. Doch meine Wege führten mich zu Maximilian Weintraub, Letitias Bruder, der noch verlorener war als ich. Wir machten die Rambla und die Kneipen der Altstadt unsicher und kamen selten vor Morgengrauen nach Hause. Der Batzen Dollars, den Meyer mir aufgezwungen hatte, ging langsam zu Ende. Wir beliehen das Haus.

Lange Zeit hatte ich geglaubt, es seien Mr. Stills Millionen gewesen, die Verkleidung des Nichts, auf die Letitia hereingefallen war. Jetzt lernte ich, daß Geld sie nicht interessierte. Sie schien noch schlimmer zu sein als ich. Schlimmer sogar als ihr Vater Ludovico, der jedes Vermögen pulverisierte, das ihm in die Hände fiel. Aber als unsere Tochter geboren wurde, erlebte ich eine Überraschung. Unter einem lockeren Stein im Patio lagerten bündelweise Dollars, die sie vor mir und sich selbst und Ludo im Laufe der Zeit in Sicherheit gebracht hatte. Geldverstecker Meyer wäre stolz auf sie gewesen.

Letis Mutter, die den Film ›Vom Winde verweht‹ auswendig mitsprechen konnte, flehte uns an, das Kind ›Ashley‹ zu nennen. Aber, Mamá, sagte Leti, Ashley ist in ›Vom Winde verweht‹ ein

Mann. Egal, sagte Beatrice, es ist einer der letzten großen romantischen Namen. Wir taten ihr den Gefallen und gaben ›Inés‹ und ›Djuna‹ bei. Da wir unverheiratet waren, führte die Geburtsurkunde den Vermerk: ›Vater unbekannt‹. Auch wenn wir sieben Mal geheiratet hätten, Ashley würde den Namen ›Leiser‹ nicht tragen, darüber waren Leti und ich uns stillschweigend einig. Der Name ›Weintraub‹ sei doch viel poetischer, erklärten wir fragenden Freunden. Und das war er ja auch.

Unsere kleine Weintraube änderte alles. Im Wetteifern um ein Lächeln, ein Glucksen, ein Lachen von ihr kamen Leti und ich einander langsam wieder näher. Mit den ersten Worten unseres Kindes fanden auch wir unsere Sprache wieder. Es war eine neue Sprache, und die Lehrerin hieß Ashley. Ich wurde seßhafter. Neben meiner jährlichen Perrone-Übersetzung schrieb ich für den ›Philadelphia Inquirer‹ launige Artikel über Montevideo. Wir beschlossen, ein zweites Kind nachzulegen, damit Leti das Gebären hinter sich hätte und ihre eigenen Pläne verfolgen könnte. Außerdem war Ashy inzwischen auf den Trichter gekommen, daß an der Plaza Gomensoro nicht die Eltern das Kind, sondern das Kind die Eltern unterrichtete, und wir wollten ihrer terroristischen Machtpolitik einen Riegel vorschieben. Ich hatte sowieso schlechte Karten, da ich noch immer kein Spanisch sprach. Mein innerer Widerstand gegen diese Sprache war wie eine Wand aus Stein. Spanisch bedeutete Unglück, Untergang der Liebe, Tod Gottes. Stoneybrook Road saß tief.

Ein zweites Kind wollte uns nicht gelingen. Daraufhin begann Letitia, die nie klein beigab, ein Studium der Architektur und verkündete, sie werde nun Häuser, Siedlungen, ganze Städte errichten. Aber es kam anders. Ein uralter argentinischer Filmregisseur namens Jaime de la Plata (*né* Chaim Silber), nach dem kein Hahn mehr krähte, hatte als sogenannte ›Wiedergutmachung‹ etwas Geld aus Deutschland erhalten und plante den ultimativen Streifen über das Unsägliche. Obwohl die deutsche Mark hoch im Kurs stand, reichte es natürlich hinten und vorne nicht, und Jaime mußte, wie so oft zuvor in seinem Leben, improvisieren. Ein Student sollte ihm den einzigen Set des Films, eine alte Bäckerei, entwerfen und bauen. Leti war schneller; der Student entwarf noch, da baute sie schon. Eines Abends kam sie völlig transformiert nach Hause. Sie hatte durch das Okular in Jaimes vorsintflutlicher Mitchell geschaut und eine Offenbarung erfahren. Wozu mühsam Städte errichten, wenn man mit einem Schwenk der Filmkamera ganze Länder, Kontinente, Welten einfangen konnte? Der alte Jaime hätte sein Wissen und seine Erfahrung nur allzu gerne an diese aufgeweckte, glühende, schöne junge Frau weitergegeben, doch starb er bereits nach dem vierten Take, in den Kulissen der alten Bäckerei, an einem Herzinfarkt. Die gesammelte argentinische Filmbranche und Leti trugen ihn in Buenos Aires zu Grabe. Sie knüpfte die richtigen Kontakte, der gute Geist des Friedhofs-Eckenstehers Meyer ließ grüßen.

Der Rest ist in jedem besseren Filmlexikon nachzulesen. Nach der lobenden Erwähnung, die Letis Debütfilm *Como dos extraños* (›Wie zwei Fremde‹) in Cannes gefunden hatte, kam Paris. Die nächste Station wäre Hollywood gewesen, doch sie entschied sich für England. Wir hatten beide keine große Lust mehr auf Mr. Stills Neue Welt.

Mr. Still kannte seine Enkeltochter von Photos und aus Briefen. An jedem ihrer (und seiner) Geburtstage ließ er Meyer anrufen und überraschte sie dann mit seinem berühmten, langgezogenen *Hellooo?* Einmal schickte er ihr eine Schallplatte, die er besprochen hatte. Es war eine Art Sonntagsrede über das Prinzip der Nichteinmischung in anderer Leute Leben und Belange. *Mind your own business.* Das Mikrofon war falsch ausgerichtet worden, seine Stimme kam aus weiter Entfernung und klang hohl, eine Stimme aus dem Grab. Pünktlich zu Weihnachten brachten Eilboten die Spielsachen, sündhaft teuren *State of the Art*-Firlefanz für das kleine Kind, später die Halskettchen und Ohrclips, die Klarinette und den vergoldeten Montblanc-Füller mit Platinfeder. Was ein verkleidetes Nichts doch alles bewirken konnte. In Ashleys Vorstellung wurde *abuelo* Jonathan aus Philadelphia zum Herrscher des Universums, Magier der Mächte, die unsere Welt im Innersten zusammenhielten. Sie spürte, daß Mutter und Vater ihre Begeisterung nicht teilten. Das heizte ihre Phantasie erst richtig an, Opa wurde zum Opfer. In unserem dritten Pariser Jahr, alles schien bestens zu laufen und sich zum Guten zu wenden, fand Leti den Entwurf eines Telegramms an Mr. Still. BITTE RETTE MICH STOP ASHY. Wir stellten sie zur Rede. Bei einem großen nächtlichen *J'accuse* (ihre schauspielerischen Qualitäten waren beträchtlich) warf sie uns Liebesverrat und Egoismus vor. Weder verstünden und liebten wir sie noch den armen alten Mann in Philadelphia. Sie würde nach Amerika auswandern und mit Mr. Still Romane schreiben, sie würde berühmter werden als Leti und uns auf der Straße nicht mehr grüßen. Mit bebender Stimme forderte sie von mir ihre amerikanische Staatsangehörigkeit zurück, die sie nie verloren hatte, da sie beide besaß, die uruguayische und meine. Damals war sie acht oder neun und begann, sich mehr und mehr in sich selbst zurückzuziehen. Leti und ich beruhigten unser Gewissen, indem wir sie überallhin mitnahmen, wie eine kleine Erwachsene behandelten, sie allen durchgeknallten Erwachsenen und ihren übergeschnappten Sprößlingen vorstellten, mit denen wir in diesen Jahren auf den Pariser Vulkanen tanzten.

Die Forderungen, die wir aneinander stellten, wurden höher und höher. Drogen vernebelten mein Gehirn, Drogen und Politik Letis. Irgendwann kamen wir nicht mehr mit. Das Vertrauen fehlte. Das gute, alte Gangstervertrauen von Point Breeze, ohne welches gemeinsam begangene Missetaten nicht zusammenschweißten, sondern in den Ruin führten. Letis Mutter schrieb mir einen langen, dramatischen Brief. Eine junge Schauspielerin übersetzte ihn für mich im Bett. Ich sprach noch immer kein Spanisch. Dann erschien Hutbinder.

Alte Genossen, alte Expressionisten hätten ihn nach Paris eingeladen. Wundervolle Leute. Jung geblieben. Spitze der Bewegung. Große Zeiten, noch einmal. In Wahrheit war er gekommen, um mich unter Druck zu setzen. Er saß in unserer Denfert-Rochereau-Küche und weinte bitterlich. Nach so vielen Jahren war er immer noch nicht darüber hinweg. Was habe ich deinem Vater angetan, Sam? Sag es mir, Sam. Perrone war mein Leben. Hilf mir, Sam. Er bettelte, flehte. Hol mich heim, Sam, laß uns gemeinsam übersetzen, ich ziehe nach Paris. Leti zerfloß vor Mitleid, ergriff Partei für ihn. Wir erwähnten Stoneybrook Road nicht, aber ich konnte direkt in ihr schwarzes Gewissen sehen. Hutbinders Entlassung war Mr. Stills Wiedergutmachung gewesen. Ich lehnte ab. Leti rastete aus. Wir stritten uns die halbe Nacht über den Kopf des eingeschlafenen Hutbinder hinweg, Thema: Nicht erfüllte Anforderungen, nicht gelernte Sprachen, Unvereinbarkeit der Charaktere. Sobald die Apotheke geöffnet hatte, besorgten wir uns Codein- und Veronal-Nachschub. Als Dante und Beatrice beginnen, um dann eines Tages gemeinsam Beruhigungsmittel einzukaufen: So enden die großen Gefühle.

Leti ging mit Ashley nach England und schrieb und drehte in den Pinewood Studios *Humo en los ojos* (›Rauch in den Augen‹), ihren ersten internationalen Erfolg. Ein Internat wurde gefunden. Für Ashley brach die Welt zusammen. Da nützte es auch nichts, daß Brenton School im sagenumwobenen Dorset lag, welches Thomas Hardy unter dem Namen ›Wessex‹ für immer auf die Landkarte der Weltliteratur gesetzt hatte. *Humo en los ojos* wurde zu einem Filmfestival nach Tel Aviv eingeladen und Leti von einer nie gekannten Sehnsucht nach Erez Israel ergriffen. Sie wollte tatsächlich mit unserer Tochter in dieses tragische, lebensgefährliche Land auswandern. Ich protestierte vehement, torpedierte aus allen Rohren, schaltete sogar einen Anwalt ein.

Ich hätte mir keine Sorgen zu machen brauchen. Mr. Still, Alan Altshuld und PIOI erledigten das Problem auf ihre Weise. Ashy hatte Mr. Still geschrieben, ob er ihr nicht ein paar Perrone-Romane mit persönlicher Widmung ins Internat schicken könne, und Mr. Still hatte dieses Ansinnen an Altshuld weitergeleitet. Aber der Verleger brachte die Adressen der Weintrauben durcheinander, die Eilsendung ging an Leti in London und wurde ihr nach Jerusalem in die Rabenu Tam nachgeschickt, wo sie in einer Zweizimmerwohnung Ivrit lernte, Rikudim tanzte und ob der Backofenhitze zehnmal am Tag eine Dusche nehmen mußte. Vielleicht kaufte sie gerade Seife, als der Postbote kam, jedenfalls war sie nicht da, und der Bote deponierte das Paket auf der Türschwelle. Vorbeikommenden Nachbarn gefiel dieses Paket auf Letis Schwelle nicht. Die ganze Leti mit ihren linken Freunden und dem Che-Guevara-Poster an der Tür gefiel ihnen nicht. Sie riefen die Feuerwehr. Die Feuerwehr rief das Bombenentschärfungskommando. Die ganze Straße lief zusammen, Absperrungen wurden errichtet. Man brauchte eine volle Stunde, um die sechs Perrones zu ›entschärfen‹. Als Leti nach Hause kam, wurde sie verhaftet. Irreführung der Behörden. Polizisten durchsuchten ihre Wohnung und fanden Drogen. Sie landete im Gefängnis. Die Publicity war unbezahlbar, aber was nützte ihr das jetzt in der Gemeinschaftszelle, Tag und Nacht angefeindet und verhöhnt von gewaltbereiten Sabras? Ich setzte meine Sonnenbrille auf und flog mit ihrem englischen Anwalt nach Israel. Es sah nicht gut aus, ihr winkte eine langjährige Haftstrafe. Nach ein paar Wochen kam sie überraschend wieder auf freien Fuß. Die Rauschmittel seien ihr untergejubelt worden, hieß es jetzt. Unsichtbares Geld, verkleidetes Nichts, schien in die richtigen Taschen gewandert zu sein. Doch wer hatte sie ausgelöst? Ludovico? Meyer? Paul Perrone? Letitia Weintraub, schön wie die Sünde, dunkel wie der Teufel. Und wie der Teufel hütete sie ihre Geheimnisse vor den Menschen.

◆◆◆

Ich erwachte, und die Welt war leer wie am ersten Tag. Der Himmel nichtssagend, bleifarben abwartend. Die Zeiger der alten Standuhr zeigten kurz nach zwei. Vorsichtig erkundete ich die Wohnung. Meine Quälgeister waren ausgeflogen, der Spuk schien vorbei zu sein. Im Schlafzimmer hatte Bruno Fetterly es fertiggebracht, die raumfüllende Matratze zum Auslüften gegen die Wand zu wuchten. Das Treppenhaus gangsterfrei, aber widerhallend von irgendeinem Fest, das die Karatejünger oben feierten. Zettelbotschaften in der Küche. *Bin einkaufen. Kuß, Zab. Gehe nach der Schule noch spazieren. Kuß, Ashy. Fahre morgen nachmittag. Sehen wir uns heute Abend? Gruß, Bruno.* Ich setzte mich und trank Schluck für Schluck, als wäre ich zur Kur in meiner eigenen Wohnung, ein Glas Leitungswasser. Seltsam das Auswahlverfahren der Eifersucht. Von all den Unglaublichkeiten, die ich am Vortag erfahren hatte, Vaters überraschende Reise, seine Bevorzugung Luciens, die Anwesenheit Ringolds und vermutlich auch Letis in Paris, quälte mich an diesem Frühnachmittag nur die eine: daß Meyer Ashley im Internat besucht und daß meine Tochter mir nichts davon erzählt hatte. Ich ermahnte mich zu Verständnis und Toleranz. Meyers Doppelspiele machten ihr eben Spaß, deshalb hatte sie geschwiegen. Geschenkt. Doch mit jedem Schluck Wasser wurde mir klarer, daß ich ihr Meyer neidete. Meyer gehörte mir, er war *mein* Erlöser, *mein* Magier, *mein* Gangster. Ich leerte die überquellenden Aschenbecher und wanderte den menschenleeren Flur hinunter, zurück in mein Büro.

Hier wartete Perrone, schlimmer: Perrone *in love*, und ich wandte mich schaudernd ab. Ich telefonierte ein bißchen herum und brachte in Erfahrung, daß Ringold Schneider gottlob nicht im Ritz residierte, sondern privates Quartier in der Avenue Montaigne bezogen hatte. Ich telefonierte eine zweite Runde und verschaffte mir die geheime Telefonnummer. Besetzt. Ich wartete eine Viertelstunde. Immer noch besetzt.

Ashleys Zimmer war wieder peinlichst aufgeräumt, sehr untypisch für sie, so ging das schon seit Wochen. Ich suchte und fand ihr Tagebuch. Doch was mußte ich sehen? Meine ausgekochte Tochter hatte das Telefonschloß ›umfunktioniert‹, die Bügel zum Schutz ihrer Intimsphäre durch Deckel und Seiten gezwungen. Zweifelsohne Meyers Idee. Keine Spur vom winzigen Schlüssel, vermutlich trug sie ihn an ihrem leider viel zu früh erblühenden Busen. Auf dem soldatisch hergerichteten Lager (sie hatte ihr altes Sonne-Mond-und-Sterne-Federbett durch eine graue, mir bislang verborgen gebliebene Wolldecke ersetzt) lagen zwei zerlesene Reclamhefte des reisenden Germanisten Fetterly. Goethe, immer wieder Goethe. ›Stella‹, ein Trauerspiel, ›Pandora‹, das Fragment. Ich blätterte in letzterem und las mich fest. Kaum eine humanoide Gemütsverfassung, die bei Goethe nicht zu finden gewesen wäre. *Denn Epimetheus nannten mich die Zeugenden,* las ich, *Vergangenem nachzusinnen, Raschgeschehenes zurückzuführen, mühsamen Gedankenspiels zum trüben Reich Gestalten-mischender Möglichkeit.* Oh ja. Ja, ja. Das Katzenvieh, das mir ausnahmsweise einmal nicht auflauerte, sondern zusammengerollt auf Ashys Kopfkissen lag, duftete nach *L'air du temps*. Elizabeth hatte es also gestreichelt und geherzt, bevor sie ohne mich einkaufen gegangen war. Wo blieb sie so lange? Ich rollte die graue Decke zusammen und suchte im Halbdunkel der Kapelle nach dem zivileren Federbett. Ich kramte und wühlte noch, als ich plötzlich berührt wurde.

Wie bereits erwähnt, war uns der finstere, gotisch zugespitzte Raum vor dem Schlafzimmer nie ganz geheuer gewesen. Das lag vermutlich daran, daß weder wir noch die Hauseigentümer, die Gebrüder de Carné, wußten, wozu er eigentlich diente, um nicht zu sagen: was er bezweckte. Auf den ursprünglichen Plänen des Baumeisters war er nicht verzeichnet. Wußte der Himmel, wie oft diese alten Wohnungen umgebaut worden waren. Zu Hause in Germantown gab es in manchen Häusern verborgene Kammern, Gänge und unterirdische Gewölbe, gab es ganze in Häusern wohnende zweite Häuser.

Ich hielt inne und stand sehr still. Es war die sanfteste Berührung gewesen, nicht unangenehm, noch nicht einmal unheimlich, als habe ein sehr großer Vogel einen Augenblick lang seine Schwingen um mich gelegt. Doch wer hatte den Vogel in die Wohnung gelassen, Gott? Ich dachte: Du bist gar nicht aufgestanden, alter Junge, du befindest dich in einem Traum, im Reich Gestalten-mischender Möglichkeit. Im selben Moment schossen mir Tränen tiefster Ergriffenheit und Demut und Dankbarkeit in die Augen, und ich dachte: So wird es sein, wenn wir sterben, der große Vogel wird seine Schwingen ausbreiten und uns Boten und Wanderer endlich heimholen. Ich drehte mich langsam um, bereit für alles.

›Ich weiß, warum du immer noch hier lebst, Sam …‹

Meyer lehnte an der Wand im Schummerlicht. Er war schwarz gekleidet. Er machte mir angst. Ich haßte ihn.

›Du suchst nach deiner Kindheit. Vielleicht kann ich dir helfen …‹

›Verschwinde, Meyer. Du hast mich zu Tode erschreckt.‹

Ich bekam mich wieder in den Griff. Die Verbreitung von Angst und Schrecken war Meyers Geschäft. Er konnte nicht aus seiner Haut. Wahrscheinlich merkte er es gar nicht mehr. Meyer löste sich von der Wand und ging an mir vorbei in Ashys Zimmer. Dort setzte er sich aufs Bett. Ich blieb an der Tür stehen. Er trug einen schwarzen Anzug und ein schwarzes, bedrucktes T-Shirt. Ich versuchte, die Schrift zu entziffern, wenn er das Jackett bewegte. *Hello* las ich. *Goodbye* las ich. Meine besinnliche Morgenstimmung war im Eimer. *Dans le pissoir avec toute la chose.* Wut und Angst, abergläubischer Haß, panischer Schrecken und wilde Verfolgungssucht beherrschten die Menschheit, und wenn sie dereinst heimgeholt werden würde, dann nicht von einem weichen, großen Vogel gen Himmel, sondern ins Edgar-Allen-Poe-Haus an der North Street, in die Gruben und Gewölbe zu den blutigen Katzen.

›Auch ich bin ein Suchender‹, sagte Meyer. Normalerweise redete er nicht so geschwollen. Paris schien ihn zu inspirieren. Vielleicht erinnerte es ihn an seine Zeit als kommender Held der Weltliteratur mit Vaters Erzählungen über Rabbis und Hunde. ›Ich suche nach ein paar Antworten auf ein paar Fragen über meine Schwester. Hier, fang!‹ Er warf mir zwei Schüssel an einem Ring zu. ›Ashy hat auch welche. Deine Shikse braucht keine mehr.‹ Ich starrte auf die nagelneuen Schlüssel in meiner Hand. ›Wenn man alt wird, Junge‹, fuhr er übergangslos fort, ›will man wissen, was los war, verstehst du? Wenn man jung ist, lebt man in den Tag hinein. Wenn man alt ist, will man wissen, was los war.‹

›Was sind das für Schlüssel, Meyer?‹

›Deine neuen Wohnungsschlüssel. Ich habe die Schlösser auswechseln lassen. Du hast noch geschlafen.‹

›Ich will aber keine neuen Schlösser.‹

›*Listen, Shlemil*‹, sagte Meyer, ›Du schläfst bis …‹, er schaute auf seine goldene Armbanduhr, ›… halb drei. Du schläfst, wenn man deinem Kind das Cello unter dem Hintern wegklaut. Du hörst nicht, wenn ich aus Sicherheitsgründen neue Schlösser einbauen lasse. Und deine Übersetzung ist seit Wochen überfällig. Yehuda tobt.‹

Nur in extremen Ausnahmesituationen, wenn die Gefühle wirklich aufwallten, wenn er gegen ihn beim Pokern verlor, nannte Meyer seinen Neffen ›Yehuda‹. So dramatisch war meine leichte Überschreitung des Abgabetermins nun auch wieder nicht. Ich schwieg. Bloß keine weiteren schlafenden Hunde wecken.

›Deswegen ist es auch besser, wenn ihr euch erst nach der Riviera trefft‹, sagte er.

›Nach was?‹

›Da siehst du mal, wie tief du gesunken bist. Du kriegst gar nicht mehr mit, was um dich herum vorgeht. Was deine Mitmenschen fühlen. Das einzige, was dich interessiert, ist, deine Juanita Banana zu besteigen.‹

›Meine wen?‹

›Die kleine spanische Schlampe, die hier wohnt. Schäm dich, Sam. Vor den Augen deiner Tochter.‹

›Elizabeth ist zufällig Historikerin …‹ hob ich an. Aber Meyer wollte nichts hören.

›Die macht nur Ärger, das sage ich dir. Geh zurück zu Letitia und heirate sie endlich. Sie ist die Mutter deines Kindes. *You should be plotzing* vor Stolz.‹

›Fahr zur Hölle, Meyer.‹

Er tätschelte seine polierte Glatze. *Goodbye* las ich wieder auf dem T-Shirt unter seinem schwarzen, edelzwirnigen Jackett. Er starrte mich aus seinen Pistolenmündungsaugen an.

›Ich habe einen Plan, mein Junge. Nicht ganz ungefährlich. Aber notwendig. Erst lassen wir deinen armen Vater an die Riviera fahren. Wenn er zurück ist, klären wir. Es ist höchste Zeit. Wir werden alle nicht jünger.‹

›Was redest du andauernd von *klären*?‹ sagte ich. ›Es gibt nichts zu klären. Außerdem‹, fügte ich hinzu, ›glaubst du doch nicht im Ernst, daß Vater an die Riviera fährt.‹

›Es gibt eine Menge zu klären. Und ich habe Neuigkeiten für dich: Er fährt. Er freut sich schon wie ein kleines Kind.‹

›Reist ihr zusammen?‹

Meyer schüttelte stumm den Kopf.

›Er ist krank, oder? Wie lange hat er noch zu leben? Sag mir die Wahrheit.‹

Oft, öfter, als mir lieb war, hatte ich Jonathan Stills Tod in Gedanken durchgespielt. Jetzt ließ mich diese Vorstellung, diese Möglichkeit fast kalt, wie einen Mann, der zu viele pornographische Filme gesehen hat und dem der wirkliche Liebesakt nichts mehr sagt. Und wenn er hundertmal starb, nie würde *seine* Kälte, *seine* Gleichgültigkeit aufhören, nach mir zu greifen. Was blieb, war die theoretische Frage, wer wohl den ganzen Zaster erbte. Meyer? Ashley? Das Rote Kreuz?

›Deinem Vater geht es gut. Ging ihm nie besser. Um dich mache ich mir Sorgen.‹

›Weswegen du mit deinen Leuten hier anrückst und Ashy Räuberpistolen erzählst.‹

›Was hast du gegen Mo und Randy?‹

›*Mo und Randy*. Du bist unbezahlbar, Meyer.‹

›Für dich haben sie sich schon bezahlt gemacht, Klugscheißer. Vergiß nicht, sie haben das Cello gefunden.‹

Ich äußerte mich nicht weiter zu der Cello-Geschichte. Sie schien ihm einen Riesenspaß zu machen. Langsam fügte sich ein Bild zusammen. Meyer und Vater waren senil geworden. Sie reisten herum und terrorisierten die paar Menschen, die ihnen geblieben waren, mit kindischen Fiktionen und Grillen. Perrone flog nach Tokio und erging sich in kitschigen Liebesgeschichten. Fortsetzung vermutlich im nächsten Roman, an der Riviera. Vielleicht hatte Elizabeth recht, vielleicht mußte ich das Spiel endlich abbrechen, den Tisch umwerfen, die Karten zerreißen. Meine neuneinhalb Seiten der Yehuda-Leiser-Biographie verbrennen.

›Du treibst dich immer noch ganz hübsch in der Weltgeschichte herum, Meyer‹, sagte ich. ›Wann hast du Ashley im Internat besucht? Und weshalb? Heckt ihr zwei einen großen Coup aus?‹

›Ich sehe meinen armen Jungen‹, sagte Meyer salbungsvoll, ›meinen armen Sammy, und das Herz wird mir schwer. Er ist ein besserwisserischer, zynischer *frog* geworden. Er nimmt die Menschen nicht mehr ernst. Eure Tochter hat mir geschrieben. Das arme Ding will endlich wissen, wer sie ist und woher sie kommt. Also habe ich ihr ein paar kleine Hinweise gegeben.‹

›Sag bloß!‹

›Frag mich, Sam. Frag mich irgendwas. Über die Vergangenheit.‹

›Keine Zeit. Muß zur Bank, bevor sie schließt.‹

Ich drehte mich abrupt um und ging schnell ins Mittelzimmer, um Windjacke und Sonnenbrille zu holen. Er folgte mir auf dem Fuße.

›Stell dir einfach vor, ich bin nicht Meyer, sondern deine Mutter. Frag mich was.‹

›Du tickst nicht mehr richtig‹, sagte ich.

Er stoppte mich. Sein Jackett stand jetzt weit offen. In weißen Lettern prangte auf seinem schwarzen T-Shirt *Goodbye Tension! Hello Pension!* Ich mußte schleunigst verschwinden aus diesem Kindergarten. Um ihn zu besänftigen, sagte ich:

›Also gut. Was haben die Schauerleute im Hafen gesungen, als wir in New York ankamen?‹

›Das willst du wissen? Das ist dir wichtig?‹

›Überaus wichtig. Die Frage quält mich schon mein ganzes Leben.‹

Es war bestürzend zu sehen, wie ernst er die scherzhaft gemeinte Frage nahm.

›Mein Junge, ich hab's vergessen. Ich wußte es mal, aber ich hab's vergessen.‹

›Quäl dich nicht, Meyer. Ich muß los, ich muß ein Taxi nehmen. Wo wohnst du, soll ich dich irgendwo absetzen?‹

›Ich hab's verflucht noch mal vergessen‹, sagte er.

›Du hast vergessen, wo du wohnst?‹ konnte ich mir nicht verkneifen, ihn aufzuziehen. Er hörte gar nicht hin. Er folgte mir bis zur Tür, sich weiter vor die Brust schlagend und selbst anklagend. Er machte keine Anstalten, mich ins Treppenhaus zu begleiten. Wollte er etwa bleiben und Elizabeth auflauern?

›Du bist ein gern gesehener Gast‹, sagte ich, ›aber das ist meine Wohnung, und du wohnst hier nicht.‹

›Bis du zurückkommst, schon. Wir müssen das Cello holen. Punkt fünf.‹

›Vergiß es.‹

›Etwas mehr Respekt, Junge. Du tust, was ich dir sage. Ich warte unten im Lokal. Aber sei pünktlich.‹

›Ja, ja …‹

Ich hatte Glück, eine Frau mittleren Alters entstieg gerade vor dem Belfort einem Taxi. Ich winkte dem Fahrer und schaute zum *Roi du Cous-Cous*. Audrain reichte Meyer die Speisekarte, Meyer winkte ab. Keine Spur von ›Mo und Randy‹. Vermutlich waren sie Filmstatisten. Wen hatte wohl Vater als Begleitung engagiert, Anouk Aimeé, Catherine Deneuve, Mimi und Loulou aus den Folies Bergères? Ich lachte. Von anachronistischen Orten wie Lenin Castle und Quakertown hatten sich zwei senile Männer nach Paris geschleppt, um der gutgläubigen Enkelin, dem einzigen Menschlein, das ihnen noch zuhörte, ein bißchen Theater vorzuspielen. Ein langes, behutsames Gespräch würde Ashley die Augen öffnen. Natürlich nahm ich ihre Sehnsucht nach Zusammenhängen ernst. Die Lösung lag aber nicht in neuen Legenden über alte Legenden über uralte Gespenster. Ashleys Zukunft waren Elizabeth und ich. Sollten die alten Dramatiker an die Riviera reisen. Wir würden nach Bayonne fahren, nicht ein Wochenende, sondern mindestens vierzehn Tage. Obwohl die Jüngste in der Klasse, hatte Ashley bereits den zweitbesten Notendurchschnitt. Die unselige Französische Revolution konnte sie auch mit Elizabeth durchkauen.

Schamlos und zum allerersten Mal nutzte ich den Irrglauben meiner hochgestimmten Bankmenschen aus, die natürlich auch *Paris Match* gelesen hatten. Mit vierhundert Dollar für Fetterly und weiteren, mir eilfertigst als Kredit bewilligten eintausend für Bayonne und die laufenden Kosten verließ ich die Filiale an der Opéra.

Aber vor unserer Abreise mußte ich noch der schwer erreichbaren Letitia habhaft werden. Anzunehmen, daß auch sie bereits das Interview mit Mr. Still gelesen oder davon gehört hatte. Wenige, schlichte, unaufgeregte Worte würden genügen, ihr die Lage zu schildern und sie von meiner Wandlung zum optimistischen Denken, meiner neuen Entschlossenheit, meiner neuen Ernsthaftigkeit zu überzeugen.

Nur, um mir auch einmal einen Spaß zu gönnen, bestieg ich die Metro nicht an der Opéra, sondern wandte mich Richtung Tuileries und nahm den kleinen Umweg über die Place Vendôme. Vielleicht würde es der Zufall wollen, daß ich sonnenbebrillt im schwarzen Spiegel der Van Cleef & Arples-Schaufenster einen Blick auf Jonathan Still erhaschte, wie er gerade aus dem Ritz kam. Er verweigerte uns diesen Gefallen. *Let me look into a human eye* stand heute nicht auf seiner Tagesordnung.

Aus einer Telefonzelle rief ich zu Hause an. Zab war noch immer nicht vom Einkaufen zurück. Besorgte sie besondere spanische Leckerbissen am anderen Ufer des Flusses? Man durfte sich freuen. *I was plotzing* vor Stolz, diese schöne, aber nicht makellose, gelehrte, aber nicht auftrumpfende, patente, aber nicht dumpfe, junge Frau erobert zu haben.

Um mich für die Begegnung mit Leti innerlich zu imprägnieren, legte ich in der Rue du Cirque kurz Rast ein und kippte zwei Ricard pur. An der Avenue Montaigne mühte sich ein livrierter Lakai, das im vierten Stock gelegene Apartment über Haustelefon zu erreichen. Als er endlich Antwort erhielt, fiel ihm fast der Hörer aus der Hand, so infernalisch dröhnte der Partylärm. Es dauerte noch einmal eine geschlagene Viertelstunde, bis mir von einem trunkenen Jüngling geöffnet wurde, der aussah wie ein Abguß Ringolds. Mich durch eine Flucht von zehn, zwölf Zimmern an Frauen in hohen Lacklederstiefeln, Bongospielern mit elektrifizierten Afrolocken und maoistisch gewandeten Semikommunisten vorbeizwängend, erblickte ich noch weitere Ringold-Abgüsse, möglicherweise die Doubles des Stars. Ihre Gespräche, wenn man dieses Anbrüllen gegen ein von jaulenden Gitarren begleitetes Dauerschlagzeugsolo Gespräch nennen konnte, schienen um Probeaufnahmen, um andere, mindere Schauspieler, italienisches Lebensgefühl und Luchino Visconti, mit dem sie alle geschlafen haben wollten, zu kreisen. Wenn man sich die Renoirs und Soutines an den Wänden wegdachte, ging es hier zu spätnachmittäglicher Stunde genauso verzweifelt hoch her wie am Boulevard Sébastopol.

Ringold Schneider hielt in der Küche Hof. Sein auserlesener, jedes hingeworfene Wort der weltbekannten Visage gleichsam von den Küchenfliesen aufklaubender Staat bestand aus schlüpferlosen amerikanischen Studentinnen, intensiven Pariser Filmkritikern und zwei von Letis Beleuchtern, grinsenden spanischen Anarchisten. Ringold steckte damals mitten in seiner blonden Periode, das Haupthaar war Platin, fast schon Plutonium, und fiel in schweren Kaskaden à la Richard Löwenherz auf sein weinrotes Samtjackett. Darunter trug er ein bis zum Bauchnabel aufgeknöpftes rosa Seidenhemd und ein lilafarbenes, schlangenhaft herabhängendes Halstuch. Hautenge, weit ausgestellte Blue Jeans und die eigentlich Elizabeth vorbehaltenen Gucci-Loafers ohne Socken komplettierten seine Garderobe. Mit Genugtuung bemerkte ich die überschminkte kleine Narbe auf seiner Stirn, wo ihn ein Glassplitter vom Fensterscheibenmassaker meiner Tochter getroffen haben mußte.

›Sam, was für eine Überraschung. Du siehst fantastisch aus‹, eröffnete er die Feindseligkeiten. Und zu seinem Hofstaat gewandt: ›Glaubt mir, Kinder, ich liebe diesen Mann.‹ Und als Nachsatz, um klarzustellen, wer von uns beiden das Original und wer die Fälschung war: ›Er ist Jonathan Stills *Sohn*.‹ Die amerikanischen Studentinnen nahmen Witterung auf. Die Anarchisten zuckten die Achseln. In den Gesichtern der Kritiker arbeitete es kurz, dann entschieden sie, daß ich mich nicht lohnte.

›Ringold‹, sagte ich, ›auch ich liebe dich. Aber ich suche Letitia.‹

›Wer sucht sie nicht?‹ sagte Ringold. Und wieder zum Hofstaat: ›Sam ist der Vater von Titias Tochter, Ashley.‹

›Ashley‹, raunte es im Staat.

›Und wo kann ich Leti, ich meine: Titia, finden?‹

›Das wissen die Götter und vielleicht Lord Lewis Wade. Das Budget, Sam. Der Film steht auf der Kippe. Wir müssen nachverhandeln. Gebt Sam einen Drink, Kinder.‹

Die Kinder schütteten aus edlen Flaschen einen Gin Tonic zusammen. Mein Blick fiel auf die neueste Ausgabe der ›Variety‹, die neben Ringolds Hand lag. WEINTRAUB SAYS NO MEANS NO las ich.

›Nochmal zum neuen Film, Mr. Schneider‹, meldete sich ein Kritiker. ›Wie legen Sie die Rolle an?‹

›Titia bringt mich um, wenn ich zuviel verrate‹, sagte Ringold und gab uns eine Kostprobe seines Könnens, indem er schlagartig Mimik und Gestik wechselte und jetzt ein zu Tode geängstiges, um Jahre gealtertes Opfer grauenhaftester Verfolgung vorstellte. Er war sein Salz tatsächlich wert. Schauspieler hätte man gewesen sein sollen. Die wenigen guten, die ich durch Leti kennengelernt hatte, schienen in einem Nirwana fließender Formen zu wandeln, aus dem sie mal als Mahatma Ghandi, mal als Adolf Eichmann, mal als Rotkäppchen wieder auftauchten. Überhaupt, diese Namen! Gene Cantamesa, Letis neuer Produzent, so berichtete ›Variety‹, war schon wieder Schnee von gestern, denn er hatte sie mit seinen Anwälten Herzberg & Dintenfass verklagt und Platz machen müssen für Rusty ›The Bell‹ Gaudio, der sich, da er das Budget ihres neuen

Werkes *Bury Me In Candyland* beschneiden wollte, besagtes Doppelnein eingehandelt hatte und nun von Lord Lewis Wade abgelöst worden war, mit dem ›bei Paris‹ verhandelt wurde. Unter welchen Bezeichnungen hatten diese phantastischen Leute ursprünglich das Licht der Welt erblickt, und war Lenin Castle im Vergleich dazu nicht der reinste Hort biedermeierhafter Wirklichkeit?

›Hier steht, ihr verhandelt *bei Paris*‹, sagte ich zu Ringold. ›Was darf ich mir darunter vorstellen, *bei Paris*? Wo kann ich sie finden?‹

›Aber es ist ein Kriegsfilm, oder?‹ hakte der Kritiker nach.

›Ja, soviel kann ich sagen. Ich spiele einen Mann im Krieg. Einen Menschen, ein menschliches Wesen im Krieg, der ja wiederum das Unwesen an sich ist.‹

›In welchem Krieg?‹

›Es ist immer Krieg, Kinder. *Et je suis un acteur de composition.*‹

Die Kritiker nickten nachdenklich. Eine der Schlüpferlosen reichte Ringold einen Joint. Ich fragte mich, nicht zum ersten Mal, wie alt dieser Formwandler eigentlich war. Stimmte es, daß Frank Sinatra vor dem Schlafengehen sein Gebiß herausnahm, Mia Farrow hingegen ihre Zahnspange? Ringold blies eine makellose Rauchröhre und gab den Joint an mich weiter.

›Wie geht's unserer kleinen Prinzessin?‹ fragte er.

›Sie will wissen, wo ihre Mutter ist.‹

›Nein, will sie nicht. Wir müssen uns mal unterhalten, Sam. Unter vier Augen. – Was habe ich morgen vor?‹ herrschte er die Anarchisten an.

›Nichts‹, antworteten sie im Chor.

›Nichts?‹ Das schien ihn zu bedrücken. ›Also morgen abend. Wir nehmen einen Bissen bei Lipp's. Titia kommt erst am Wochenende zurück. Sie ist bei Lord Wade in einem dieser französischen Pupsschlösser und gibt ihm Saures.‹

›Hast du die Telefonnummer?‹

›Er fragt, ob ich die Telefonnummer habe‹, bediente Ringold sein höflich auflachendes Publikum. ›Selbstverständlich habe ich die Telefonnummer. Aber sie will dich nicht sehen.‹

›Okay, Ringo‹, sagte ich. Er haßte es, wenn man ihn ›Ringo‹ nannte. ›Ich darf dich doch Ringo nennen? Richte ihr aus, sie soll mich anrufen. Ich werde mit Ashy verreisen.‹

An einen imaginären Hut tippend, entfernte ich mich aus Ringolds Küche der Träume. ›Morgen abend bei Lipp's‹, rief er mir nach, ›sei pünktlich.‹ Gewiß nahm er an, daß ich dort von acht bis Mitternacht meine Nägel kaute und darauf wartete, daß für Ringold Schneider der Abend anzubrechen geruhte.

Ich fand eine Telefonzelle und rief wieder in der Wohnung an. Die Damen waren immer noch nicht zu Hause. Ashley wollte ja spazieren gehen. Aber wo steckte Elizabeth? Hoffentlich hatte Meyer auch Bruno Fetterly mit neuen Schlüsseln versorgt.

Aus der Metro auftauchend, sah ich sie bereits alle vor dem Haus versammelt. Nur Elizabeth fehlte. Meyer und seine Leute spielten auf dem Bürgersteig Hopse mit Ashy und Fetterly. Selbst die hartgesottensten Pariser Passanten blieben stehen und applaudierten dem kleinen, glatzköpfigen Gangster, der wie ein schwarzes Huhn mühelos von der Hölle in den Himmel hüpfte. Ich zog Fetterly beiseite, gab ihm das Geld und fragte ihn, ob Zab oben sei. Sie habe die Lebensmittellieferungen überwacht und sei wieder gegangen, sagte er. Seit wann wir liefern ließen, wollte ich wisssen. Das entziehe sich seiner Kenntnis, antwortete er. Ich rannte hinauf und schaute nach, ob Zab einen Zettel für mich dagelassen hatte. Kühlschrank und Vorratskammer waren vollgestapelt mit Delikatessen, für deren Gegenwert man den halben Supermarkt um die Ecke hätte aufkaufen können. Setzte Zab so wenig Vertrauen in unsere Liebe, fühlte sie das Bedürfnis, sich in mein Herz zu kochen? Auf dem Tisch lag ein Zettel. *Bin im Kino. Kuß, Zab.* Was hatte sie im Kino zu suchen, ohne mich? Wir waren noch nie gemeinsam im Kino gewesen, die Liebe hatte uns einfach keine Zeit gelassen. Kino war etwas für schüchterne Teenager oder alte, eingerostete Paare, denen der Gesprächsstoff ausging. Wie wenig ich von Elizabeth wußte. Sobald sie zurückkäme, würde ich sie mit Aufmerksamkeit überschütten. Aber erst war meine Tochter dran.

›Komm rauf!‹ rief ich aus dem Fenster.

›Komm runter!‹ rief sie zurück.

Sie balancierte auf einem Bein zwischen Hölle und Vorhölle, den linken Handrücken an die Stirn gepreßt, ihre kleine Baskenmütze auf dem rechten Zeigefinger drehend, die Nickelbrille war ihr auf die Nase gerutscht. Mein Gott, wie ich sie liebte.

Als ich vor die Haustür trat, stand sie aufgepflanzt zwischen Meyer und seinen Statisten und schaute grimmig. Die vier wirkten wie ein Komitee von Sansculotten, das gekommen war, mich zur Guillotine zu schleppen. Meyer hatte sein Jackett abgelegt. Ich drehte mich zu Fetterly um, der mit Audrain in der Tür des *Roi du Cous-Cous* stand.

›Schau mal, Bruno‹, sagte ich und zeigte auf Ashys und Meyers T-Shirts, ›*My God Can Beat Up Thy God!* gefolgt von *Goodbye Tension! Hello Pension!* Besser kann man die Weltgeschichte nicht auf den Punkt bringen.‹

›Bist du bereit?‹ sagte Meyer.

›Wofür?‹ lachte ich. ›Pistolen? Degen? Hopse? Schafott?‹

›Ihr holt jetzt mein Cello‹, sagte Ashley.

›Darüber, *mi tesoro,* werden wir uns gleich in aller Ruhe unterhalten‹, sagte ich.

›Wir sind spät dran‹, sagte Meyer und nahm meinen Arm. Erst

jetzt bemerkte ich, daß ein Taxi vor unserem Haus wartete. Die Statisten stiegen bereits ein.

›Tut mir leid, ich habe uns noch keine eigenen *wheels* organisieren können. Mit dem Cello nehmen wir dann zwei Taxis‹, sagte Meyer.

Langsam dämmerte mir, was er vorhatte. Wahrscheinlich war er zu demselben Schluß gelangt wie ich (nämlich, daß Ashley das Cello versteckt hatte) und wollte sie aus der Reserve locken, ihr die Zunge lösen, indem er einfach ein zweites Cello kaufte und so tat, als sei es das echte, angeblich gestohlene. Ein guter Bluff. Aber meine Tochter bluffte besser. Kein Wunder, daß sie so guter Laune war. Irgendwann würde Meyer aufgeben müssen und abreisen. Und Ashley Weintraub würde *zwei* Celli ihr eigen nennen.

›Okay, Meyer, packen wir's an‹, sagte ich und stieg in das Taxi.

›Rue Austerlitz, Gare de Lyon‹, instruierte Meyer den Fahrer. Manchmal vergaß ich, daß er diese Stadt gut kannte, besonders ihre Friedhöfe.

›Ich hab euch noch nicht vorgestellt‹, sagte er und zeigte auf den Grashalmkauer neben mir. ›Randy Shoemaker, South Street, Philadelphia, P.A. Falls du noch weißt, wo das liegt.‹ Er zeigte auf Jerry Lewis, der vorne saß. ›Mo Zippowitz, Snyder Avenue.‹

›Applaus‹, sagte ich. ›Gute Namen, Meyer. Gute Show. Wieviel willst du denn ausgeben für ein zweites Cello?‹

Meyer antwortete nicht. Er starrte aus dem Fenster, als müßte er sich einen Fluchtweg einprägen, und ließ die Muskeln seines Oberarms spielen. Für sein Alter (ich schätzte ihn auf siebzig) eine beeindruckende Darbietung. Er schien nicht zum Scherzen aufgelegt zu sein.

›Und ihr Jungens habt also Mr. Meyer und Mr. Still den ganzen langen Weg von Philly nach Paris begleitet?‹ fragte ich Randy. Aber auch er blieb stumm. Wir schwiegen eine Weile. Dann sagte Meyer gewichtig:

›Du hältst dich zurück, Sam. Überlaß das Reden mir.‹

›Ich habe sowieso keine Ahnung von Streichinstrumenten‹, sagte ich. ›Findest du nicht, daß du ein klein wenig übertreibst? *Überlaß das Reden mir.* Also, wirklich ...‹

Meyer legte seine Hand auf mein Knie. Er schloß die Augen. ›Ich bin nicht zum Vergnügen hier, Sammy. Es geht um die Familie.‹

›Die gibt es nicht. Die bildest du dir ein, Meyer.‹

›Es geht um dich und deinen Vater‹, sagte er, ›um Ashy und dich, um Letitia und dich. Und um mich.‹

Jetzt starrte er geradeaus. Seine Hand schnellte von meinem Knie und krallte sich in die Schulter des Taxifahrers. *›Attends, attends!‹* zischte er. Und gleich darauf: *›Vas-y, vas-y! Little cocksucker.‹* Mo drehte sich um. ›Soll ich fahren, Meyer?‹ fragte er. Meyer schüttelte den Kopf. Sie war göttlich, ihre kleine Nummer.

›Ich werde mit Ashy und Elizabeth verreisen‹, sagte ich. ›Ich muß nur noch die Schule informieren.‹

Das schien er überhört zu haben. ›Ich habe jemanden in New York getroffen‹, sagte er leise, ›eine Frau. Eine gute Frau. Da war mir plötzlich alles klar.‹

Ich wollte ihm schon gratulieren, ließ es aber bleiben, als ich seinen Blick sah. So schauten die buddhistischen Semi-Heiligen, die manchmal unsere Treppe hinaufwandelten, um den Karatejüngern einen Besuch abzustatten, aus ihrer orangenen Wäsche. Oder war es das letzte ›Stadium‹, die letzte ›Stufe‹ eines mir unbekannten Quaker-Weges zur Erleuchtung? ›Alles so klar‹, murmelte er noch einmal.

Wir stiegen aus, und mir wurde mulmig. Kein Musikgeschäft weit und breit. Randy packte meinen Ellbogen. Meyer drückte einen Klingelknopf an einem nichtssagenden Bürogebäude. Mo und Randy eskortierten mich mit sanftem Nachdruck zu ihm. Ich mußte an die neuen Schlüssel und sein lautloses Auftauchen in der Kapelle denken. War Meyer wahnsinnig geworden, und wenn ja, was konnte ich unternehmen?

›Ich gehe da nicht rein‹, sagte ich.

›Je schneller wir es hinter uns bringen, desto besser‹, sagte Meyer. ›Keine Sorge, wir helfen dir. Wir regeln das. Vertrau mir.‹

Meyer klingelte ein zweites Mal und pochte gegen die Milchglastür. Jetzt näherten sich Schritte, und die Tür wurde geöffnet.

Zum ersten Mal standen wir uns von Angesicht zu Angesicht gegenüber, mein Schatten und ich.

Ashleys Cello lehnte malträtiert an der Wand. Eine Saite hing genickt herab, die andere ringelte sich verbogen um den in der Mitte entzweigesägten Steg. Das Tatwerkzeug, eine schlichte Laubsäge, lag auf dem Fußboden. Es war weniger der perverse Vandalismus, der mich fast zu Tränen rührte, als vielmehr ein Gefühl der Endlichkeit, das der traurige Anblick des Cellos vermittelte: Ende der Kindheit, der Zuversicht, der Schönheit.

Wir befanden uns in einem bis auf Schreibtisch und Telefon leergeräumten Büro. In der Ecke stapelten sich ein paar Umzugskartons. Am grauen Metallbein des Schreibtischs lehnte ein gerahmter General de Gaulle mit Trauerflor.

Meyer sprach Englisch. Mein Schatten, der sich mir immer noch nicht vorgestellt hatte, schien einen tiefen Groll gegen diese Sprache zu hegen. Er saß auf der Kante seines Drehstuhls und bebte. Meyer blieb eisern. Englisch, oder wir vergessen das Ganze, sagte er. Sie sind doch Industrieller, fügte er hinzu. Ich schaute mir meinen Verfolger genauer an. Auch von nahem betrachtet, blieb er unscheinbar. Anfang fünfzig, mittelgroß, Halbglatze, Bauchansatz, der anthrazitfarbene Anzug, die blaue Krawatte, das dünne, traurige Zickenbärtchen, nicht Fisch, nicht Fleisch. Allein die Augen boten Anlaß zu leiser Besorgnis, kullerrunde Puppenaugen, braun mit einem Stich ins Violette, Farbe des Wahns, Farbe der Tobsucht.

Ich stand, flankiert von Mo und Randy, in der Mitte des Büros. Meyer saß auf der äußersten Kante des Schreibtischs und ließ die schwarzen, hochhackigen Stiefeletten baumeln. Er hatte sein altes Point-Breeze-Gesicht aufgesetzt, das ich als Junge so oft vor dem Spiegel übte, diesen gefährlich wirkenden Ausdruck des Befremdens, des maßlosen Erstaunens über das dreiste, unzumutbare Angebot, welches ihm die Stunde, der Tag, der ganze Erdball unterbreitete.

›Sie sind ein Stümper‹, sagte er. ›Die Leute denken, Raub und Entführung seien einfach‹, fuhr er, mehr zu sich selbst als zu Schatten, fort. ›Sie denken: Och, das schaffe ich schon, das habe ich ja im Kino gesehen. Sie denken: Och, das mache ich jetzt einfach mal, und gleich danach bin ich wieder ein guter Mensch.‹ Er ließ seine Hand auf den Tisch sausen. ›Aber es ist eben *nicht* einfach! Man muß gelitten haben, gerungen haben! Man muß sich selbst erkennen und sich völlig neu erfinden für eine solche Tat. Aber heute, im Zeitalter der Massen, im Zeitalter der Demokratie, leck mich am Arsch, denkt jeder, denkt man sogar in Atlantic City und Paris …‹. Er brach ab und lachte bitter. ›Die Kunst ist älter als die Demokratie‹, konstatierte er und wandte sich Schatten zu. ›Fangen wir an, Mister Sevenster. Ich spreche für meinen Großneffen.‹

›Ich kann für mich selber sprechen, Monsieur … Moment mal, *wie* heißen Sie!?‹

Mein Schatten nickte. Die violetten Augen leuchteten auf.

›Sie sind Elizabeths ... Vater?‹

Auch er sprach mehr zu sich selbst. ›Es hat alles mit diesem Buch angefangen‹, murmelte er düster.

›Wir waren uns gestern ja schon einig‹, sagte Meyer. ›Sie kaufen ein neues Cello und bekommen Ihre Tochter wieder.‹

Mit zwei Schritten war ich am Schreibtisch und schnappte mir Sevensters blaue Krawatte und zerrte daran. ›Sie verfolgen mich durch halb Paris, Sie drohen mir, Sie zerstören das Cello eines unschuldigen Kindes, weil Ihre erwachsene, volljährige Tochter ...‹ Weiter kam ich nicht. Randy bohrte seinen Absatz in meinen Fuß, Mo löste mit einem blitzschnellen, schmerzhaften Griff meine Finger von der Krawatte.

Ich rechnete zurück. Es paßte: *Père* Sevenster und Zab waren etwa zur gleichen Zeit in meinem Leben aufgetaucht. Kein Wunder, daß sie mit diesem Vater nichts mehr zu tun haben wollte. Und ich hatte die arme Leti verdächtigt. Ich mußte mich bei ihr entschuldigen, wenn ich sie wiedersah. Fast war ich enttäuscht, daß die schöne Geschichte vom englischen Privatdetektiv, der meine Tauglichkeit als Vater überprüfen sollte, in diesem banalen Büro endete.

›Ich denke nicht daran, ist mir zu teuer‹, sagte Sevenster.

›Zu teuer? Einem Industriellen? *Laissez-moi rire*‹, sagte Meyer. Und zu mir: ›Er fabriziert Schnürsenkel.‹

›Ich weiß‹, sagte ich.

Jetzt war es an Meyer, Sevenster ein wenig mit dessen eigener Krawatte zu bedrohen. ›Mein letztes Angebot: Sie lassen das Cello reparieren, er läßt die Pfoten von Ihrer Tochter.‹

›Moment mal‹, meldete ich mich zu Wort.

›Nein, nein, nein‹, sagte Sevenster, ›er unterschreibt eine Erklärung, daß er Elizabeth nie wiedersieht. Dann lasse ich das Cello reparieren. Vielleicht.‹

›Er unterschreibt die Erklärung. Plus: Meine Leute liefern Elizabeth *persönlich* bei Ihnen ab. Im Gegenzug kaufen Sie das Cello.‹

›Er ist der Sohn von diesem Kriminalschriftsteller, er hat Geld wie Heu. Soll er doch ein neues Cello kaufen‹, sagte Sevenster. ›Wo gehobelt wird, da fallen Späne‹, fügte er hinzu.

›Erzähl du mir nichts übers Hobeln, *motherfucker*‹, sagte Meyer.

›Sie kommt nach ihrer Mutter‹, sagte Sevenster gedankenverloren. ›Die Spanier taugen nichts.‹ Er zeigte anklagend auf mich. ›Der da. Er hat keine Ahnung, was Betty für mich bedeutet. Was sie für ihre kleinen Geschwister bedeutet. Wie zerbrechlich und gefährdet sie ist. Ich bin ihm wochenlang gefolgt, ich habe alles gesehen. Weil sein Vater mit abartigen Romanen Geld scheffelt, denkt er, daß er sich alles erlauben kann. Juden.‹

›Sie nennen meinen Vater einen Juden?‹ sagte ich. ›Interessant. Wie kommen Sie darauf?‹

›So was rieche ich.‹

›Zufällig stammt er aus Philadelphia‹, sagte ich, ›und ist *American as apple pie*.‹

Meyer ließ sich vom Schreibtisch gleiten. Er öffnete die goldene Schnalle seines schmalen Ledergürtels und zog ihn ein Loch enger. ›Das reicht, Sam‹, sagt er. Und zu Sevenster: ›Wir liefern Betty. Sie kaufen das Cello. Haben Sie die Erklärung vorbereitet?‹

Wieder einnmal mußte ich Meyer beiseite nehmen. Sein konspiratives Temperament erlaubte keine gewöhnlichen Gespräche, wie andere Menschen sie in diesem Augenblick überall auf der Welt führten.

›Elizabeth und ich lieben uns‹, sagte ich leise. ›Und sie haßt diesen Irren.‹

›Du willst sie behalten?‹ flüsterte Meyer zurück.

›Was heißt *behalten*? Wir lieben uns.‹ Ich seufzte. ›Ja, ich will sie behalten.‹

›Du liebst sie mehr als Letitia?‹

›Ja.‹

Diese wahrlich nicht neue Nachricht schien Meyer traurig zu stimmen. Mehrmals schüttelte er betrübt den Kopf. Er versetzte mir einen angedeuteten Schwinger in die Magengrube und sagte: ›Ach, Sammy. Was für eine Verschwendung.‹ Dann ging er zurück zum Schreibtisch, hinter dem Sevenster seinen eigenen, unseligen Gedanken nachhing.

›Tut mir leid, er will sie behalten‹, sagte Meyer. ›Ich beziffere das Schmerzensgeld auf zweitausend.‹ Er zog tatsächlich ein Scheckbuch aus seinem Jackett.

›Wenn Betty bloß nicht dieses Windmühlenbuch gelesen hätte‹, sagte Sevenster, ›danach hatte sie mich nicht mehr ... lieb ... und war nicht mehr dieselbe.‹ Er warf mir einen frohlockenden Blick zu. ›Ich hoffe, daß du genauso leidest mit deiner Kleinen.‹ Er lachte in sich hinein.

›Minus sechshundert, nein, sagen wir achthundert für ein neues Cello macht eintausendzweihundert‹, sagte Meyer. Er unterzeichnete den Scheck, faltete ihn viermal zusammen und ließ ihn vor Sevenster auf den Tisch fallen. ›Dollar‹, sagte er. ›Und wenn ich dich noch einmal in der Nähe unseres Hauses sehe, wenn ich dich überhaupt noch ein einziges Mal irgendwo sehe, ist deine Tochter dein kleinstes Problem, das verspreche ich dir.‹

›Ich gehe zur Polizei‹, sagte Sevenster.

Meyer lachte nur. Sogar Mo und Randy konnten sich ein Grinsen nicht verkneifen. Meyer hielt Zeige- und Mittelfinger hoch.

›Ich habe zwei Zeugen für deinen Einbruch, Stümpermann.‹

Er bedeutete uns, daß wir hier fertig waren und gehen konnten. Aber Meyer wäre nicht Meyer gewesen, wenn er sich damit begnügt hätte. An der Tür ließ er uns plötzlich stehen, stürmte zurück in Sevensters seltsames Büro, nahm das Bildnis de Gaulles in beide Hände, hauchte es an und zerschlug es dann an Ashleys Cello, das unter dem Gewaltausbruch endgültig zusammenkrachte. Sevenster jaulte auf und vergrub sein Gesicht in den Händen.

›Ich hoffe, du bist zufrieden, Sammy‹, sagte Meyer, immer noch keuchend, auf der Straße. Er lachte leise in sich hinein. ›Wenn der Hurensohn den Scheck einreicht, wird er auf der Stelle verhaftet.‹ Er sah mich beifallheischend an. ›Und jetzt trinken wir erst mal einen. *Le Drugstore* da drüben sieht vernünftig aus.‹

›Ich bin ganz und gar nicht zufrieden, Meyer‹, sagte ich. Mir war übel, und ich schwitzte im Herbstwind. Ich hatte genug daran zu knabbern, daß mein Vater und Leti, entfernte und vergangene Menschen, mir ihre plötzliche Präsenz aufnötigten. Ich würde nicht zulassen, daß gewalttätige Psychopathen sich zu ihnen gesellten und Ashleys, Elizabeths und mein Leben in einen Alptraum verwandelten. ›Meine Bewunderung und mein Respekt für dich sind ungebrochen‹, fuhr ich fort, ›aber hier trennen sich unsere Wege. Ashy und ich werden eine Zeitlang nicht in der Stadt sein. Wenn du willst, kannst du Vater ausrichten, daß ich die Übersetzung mitnehme. Mach's gut. Mo, Randy, *pleasure to meet you*.‹

Ich ließ sie einfach stehen. In der Avenue Rollin begann ich zu rennen, bis ich eine Telefonzelle fand. Ich rief Audrain an und bat ihn, einen Schlüsseldienst aufzutreiben, der noch heute abend die Schlösser austauschte, zur Hölle mit den Kosten. Ich stellte mich an den Straßenrand und vollführte den üblichen Taxitanz. Es war schon lange dunkel, der wankelmütige Wind versprühte Regentropfen, die Pariser Autofahrer versprühten ihren legendären Charme, indem sie genau die Pfütze durchpflügten, die sich vor meinen Hosenbeinen ausbreitete. Gemeine Welt, niederes Leben. Sevenster, Schnürsenkelfabrikant mit Halbglatze und halbem Büro, Elizabeths leiblicher Vater? Ausgeschlossen, das gab sogar die delirierendste Biologie nicht her. Vermutlich hatte ihre schöne spanische Mutter, der meine ganze Sympathie gehörte, ein zweites Mal heiraten müssen und in den falschen Lostopf gegriffen. Natürlich würde ich die Farce, deren Zeuge ich eben geworden war, mit keinem Ton erwähnen. Möglich, daß Meyers Drohung wirkte. Ebensogut möglich, daß Sevenster seine kindische Beschattung wieder aufnahm. So bankrott, wie sein Büro aussah, würde er uns wohl kaum nach Bayonne folgen. Und selbst wenn: *après moi le déluge*.

Ich ließ das Taxi an der Librairie du Zodiac halten und kaufte eine gebrauchte Schallplatte und die nichtssagendste Postkarte, die ich finden konnte *(Le Petit Prince)*. Eine besonders hübsch illustrierte, gekürzte Kinderausgabe des ›Dschungelbuchs‹ stach mir ins Auge, und ich ließ sie für Elizabeth in rotes Geschenkpapier wickeln.

Unglaublicherweise wartete, als ich in der Denfert-Rochereau vorfuhr, bereits ein Mensch, der in seinem weißen Kittel und mit seiner Hornbrille wie ein Stationsarzt des Hospitals Cochin aussah, im wirklichen Leben jedoch einen ›Expressschlosser‹ vorstellte und mich erst einmal, nun wieder ganz Arzt, über die exorbitanten Kosten der Operation aufklärte. Ich nahm ihn mit hinauf und hieß ihn loslegen.

Elizabeth saß an meiner Schreibmaschine und tippte. Arme Betty, dachte ich. Ihr edles Ringen mit Gott, ihre Sehnsucht nach Innigkeit und Hingebung, das frühe Sich-Versenken in den *Quijote*, der das Reich Gestalten-mischender Möglichkeit viel ungetrübter aufmischte als Goethe: alles profanisiert von einem gescheiterten

Chauvinisten mit violetten Augen, der sich einbildete, ihr leiblicher Vater zu sein und, wenn mich nicht alles täuschte, scharf auf sie war. Ich umschlang sie von hinten und flüsterte Süßigkeiten in ihr Ohr. Dann folgte ich der infernalischen, noch den Lärm des Expressschlossers übertönenden Musik in Ashleys Zimmer.

Mein Kind hockte eingehüllt in die elende, graue Felddecke, die es wieder zurückgeschleppt hatte, auf dem Fußboden und schrieb mit Platinfeder in sein Tagebuch. Als es mich sah, ließ es das Buch in den Falten der Decke verschwinden. Ich schaltete den Plattenspieler aus.

›Ashy, mein Känguruh, ich muß mich bei dir entschuldigen. Dein Cello wurde tatsächlich geklaut. Hat dir Onkel Meyer gesagt, von wem?‹

›Na, von der Barconi-Bande. Gegen die kämpft er schon seit Jahren.‹

Ich war erleichtert. Wenigstens phantasierte Meyer mit System. ›Leider haben wir es diesmal nicht geschafft, die Barconis zu überzeugen. Wir kaufen ein neues Cello. Gleich wenn wir zurückkommen. Pack ein paar Sachen zusammen. Morgen früh geht's mit Elizabeth nach Bayonne.‹

›Ich hab doch Schule.‹

›Die rufe ich morgen früh an.‹

›Ich hab doch Geburtstag.‹

›Den feiern wir ganz groß in Bayonne.‹

Auch über Ashys ureigene Windmühlenflügel, die Leiser-Mushkin-Weisheit-Familiengespenster, wollte ich erst in Bayonne mit ihr sprechen. Meyers Geschichten aus dem Barconi-Land und anderen Ländern waren noch zu frisch. Plötzlich fiel mir Fetterly ein. Ich hatte ihn völlig vergessen.

›Hast du Professor Fetterly gesehen?‹

›Ist abgereist. Läßt dich grüßen. Kommt bald wieder‹, sagte sie kühl.

›Hey, Känguruh, bist du sauer auf mich?‹

›Ich will nicht wegfahren.‹

›Das sagt meine weitgereiste Tochter, die überall gewesen ist, außer in Bayonne? Tanzen und springen solltest du.‹ Ich setzte mich neben sie auf den Fußboden. Das Tagebuch war aus der Decke gerutscht und lag neben ihr. Es war das kunstlederne Ding, das ich ihr bei Gibert Jeune gekauft hatte, und doch schien es an Umfang zugenommen zu haben, auf Bibeldicke angeschwollen zu sein. ›Entzweite Eltern sind was Schlimmes‹, sagte ich. ›Aber glaub mir, es gibt viel fürchterlichere Eltern als Leti und mich. Dumpfe und stumpfe Väter, die ihre Kinder nicht verstehen und quälen und verfolgen.‹

›Wann willst du eigentlich mal wieder arbeiten, Vater?‹ war das einzige, was ihr dazu einfiel. Ich knuddelte sie. ›Die Übersetzung nehme ich mit‹, sagte ich. ›Das ist ja das Schöne an meinem Beruf, daß er so transportabel ist.‹ Ich stand auf. ›Mal schauen, ob Elizabeth uns was Schönes kocht.‹

›Wir haben schon gegessen.‹

Zab tippte immer noch, also schlang ich mit dem Expressschlosser die Reste des ein wenig zu bitter geratenen Auberginen-Auflaufs herunter. Ich packte die leicht verderblichen Lebensmittel zusammen, die Zab im Überfluß gekauft hatte, und schenkte sie ihm. Ich verteilte die neuen Schlüssel. Ich riß das Telefonkabel aus der Dose, nachdem ich eine näselnde Stimme abgewürgt hatte, die behauptete, man erwarte mich seit einer Stunde in der Brasserie Lipp's. Dann warf ich mich auf meine Matratze und klopfte gegen die Wand. Endlich, ich war schon fast eingeschlafen, kroch Zab zu mir. Es kam mir vor, als hätten wir uns Jahre nicht gesehen. Ich pochte an ihren Pforten, doch sie öffnete mir nicht. Ihr schien mütterlich zumute zu sein, denn sie streichelte meine Wangen, meine Stirn und hielt meine Hand. Ich wollte wissen, welchen Film sie gesehen hatte. Einen alten Western mit Ringold Schneider, sagte sie, im L'Arlequin. Ich wußte so wenig von ihr, aber ich wußte, wann sie log. Ich beschloß, ihr das Dschungelbuch ein andermal zu schenken.

❖❖❖

Jeder maschinelle Transport des Selbst und der Seele von der gewohnten Umgebung an einen entfernten Ort ist ein Gewaltakt, auf dessen tiefe Widernatürlichkeit einen das sensibelste Reisebüro nicht vorbereiten kann. Wir haben uns daran gewöhnt und wollen es nicht mehr wahrhaben, aber die Seele zittert und zagt, sie will (da lag Kant schon richtig) für immer in Königsberg bleiben. Doch in den Kinos der Großhirnrinde läuft das gaukelige Dauerprogramm, die Luftspiegelungen nie dagewesener Strände und Meere, nie erklommener Berge, nie durchwanderter Museen in nie erblickten goldenen Städten. Tatsache ist, daß während der sogenannten ›Ferien vom Ich‹, denn als solche werden Reisen groteskerweise ja angepriesen, mehr Liebespaare, Familien und mühsam errichtete Einzelegos kollabieren als an allen Feiertagen und Sterbetagen zusammen. Kein Wunder, daß unser instinktbegabter Bruder, das Tier, sich mit Krallen und Klauen gegen diesen Unfug wehrt. So auch Kater Rodrigo, den wir schließlich, nachdem Zab sich feuchten Auges von ihm verabschiedet hatte, in Audrains Obhut ließen. Desgleichen Ashy, die beim Morgenkaffee in der Küche eine flammende Rede gegen alles Reisen hielt und behauptete, sie habe in ihrem ›ganzen Leben‹ nur einen einzigen Wunsch gekannt, nämlich ein Zuhause zu haben und dort zu bleiben. Das verstand ich nur zu gut, doch vierzehn Tage Bayonne würde sie schon noch überleben. Nichts schien mir im Moment wichtiger zu sein, als uns drei erst einmal in Sicherheit zu bringen.

Bevor wir das Auto holten, traf ich noch ein paar Vorkehrungen. Für den Fall, daß Fetterly früher aus Weimar zurückkehren sollte, hinterlegte ich das Reserveschlüsselbund bei Audrain, mit einer Nachricht an Fetterly, er möge niemanden in die Wohnung lassen, egal unter welch scheinbar vertrauenerweckender Maskerade er oder sie sich einschleichen wollte. Ich rief das Lycée St. Louis an und erzählte der Sekretärin des Direktors eine Geschichte. Ich verpackte die bei Zodiac gekaufte, gebrauchte Schallplatte (Händels Oratorium *The Triumph Of Time And Truth*), fügte die von Ashy und mir unterschriebene Postkarte bei und schickte das Päckchen an Mr. Jonathan Still ins Ritz, erst am dreißigsten Oktober zu öffnen. Ashy protestierte, sie wollte Opa einen langen Brief schreiben. In Bayonne, sagte ich, alles in Bayonne. Ich warf den Perrone, den Langenscheidt, zwei Legal Pads und ein Dutzend Bleistifte in meine Reisetasche und überwachte mit einem Auge Ashys Packerei. Seltsam, sie ließ ihr Tagebuch samt Telefonschloß liegen.

Wir verabschiedeten uns gerade auf der Straße von Audrain, als ich sah, wie Armands Mutter nahte, buchstäblich dampfend in einem schweren, schwarzen Persianermantel. Hier half nur die nackte Wahrheit. Ich erklärte ihr, daß es mit der Übersetzung des Messeprospekts zu meinem größten Bedauern nun nichts werde und auch in hundert Jahren nichts werden würde. Sie konterte, daß es mit der Mansarde für Elizabeth in tausend Jahren und bis in alle Ewigkeit nichts werden würde. Wir waren also quitt.

Die Garage, eigentlich nur ein Verschlag auf dem Hof einer Autowerkstatt an der Général Leclerc, erlebte sodann die von Zab lange ersehnte Begegnung mit meinem hellgrünen R 4. Wäre es ihr möglich gewesen, ich glaube, sie hätte die schäbige Karre umarmt. Natürlich wollte sie uns kutschieren, am liebsten die ganze Strecke nach Bayonne. Wie so vielen Europäern war ihr ein Auto mehr als nur Maschine, war Gefährte, Freund, Familienmitglied, wurde getauft. ›Rosinante‹, spornte sie den Renault an, ›liebe, gute Rosinante.‹ Überhaupt sprach sie ununterbrochen beim Fahren, erkärte uns und sich die Verrichtungen wie ein Flugkapitän. ›Und jetzt geben wir Gas und schalten rauf in den vierten ...‹ Ich begriff: Die Katze, das Auto. Mit einem Auto war sie, vermutlich trampenderweise, aus Oropesa geflohen. Die Lieblingskatze ihrer Kindheit hatte der Schnürsenkelfabrikant ertränkt. Soweit wäre ich selbstverständlich nicht gegangen, aber unheimlich waren sie mir immer gewesen, diese schleichenden, übellaunigen, kalkulierenden und spekulierenden Geheimagenten der heidnischen Götter.

Wir brauchten ewig, überhaupt aus Paris herauszukommen, obwohl Zab jede Gelegenheit, in eine Lücke zu stoßen, ein anderes Auto zu schneiden oder einen Fußgänger um sein Leben springen zu lassen, weidlich nutzte. ›Etwas langsamer bitte‹, sagte ich, ›ich will nicht, daß wir uns am allgemeinen Menschenpolo beteiligen, das in dieser Stadt gespielt wird.‹ Ashy, die hinten saß, schwieg bis Chartres. Dann sagte sie aus heiterem Himmel:

›Ich will nicht mehr Ashley heißen.‹

›Gut‹, lachte Elizabeth hinter dem Steuer, ›dann suchen wir dir einen neuen Namen. Wie wär's mit ... Amanda?‹

›Es ist kein Spiel, Zab‹, sagte Ashy. ›Ich möchte mich umtaufen lassen.‹

›Du bist aber nicht getauft‹, sagte ich und biß von meinem *Chorizo*-Baguette ab. ›Folglich kannst du auch nicht umgetauft werden.‹

Ashy explodierte. ›Immer weißt du alles besser! Immer tust du so, als ob dir alles egal wäre, und machst dich lustig! Du bist genau wie Ringold! Ihr habt gar keine Gefühle! Ihr seid so … leer! Da, wo die anderen Menschen ein Herz haben, ist bei euch nur ein leeres Loch. Ihr kotzt mich an!‹

›*If you prick us, do we not bleed?*‹ wandte ich mit Shylock ein. Aber es war der falsche Satz zur falschen Zeit, das wurde mir klar, als ich mich umdrehte. Sie schaute mich an wie einen Außerirdischen. Nicht haßerfüllt, eher fragend, als hätte sie die Lebensform, die ich repräsentierte, noch nie gesehen.

›Als ich so alt war wie Ashley‹, sagte ich zu Elizabeth, ›machte ich irgendeine Bemerkung zu meinem Vater, vielleicht so was wie *Hast du schon gehört, die Erde ist eine flache Scheibe*? Die Antwort kam dann zirka ein halbes Jahr später: *Nein, sie ist rund.* Da hatte ich aber bereits vergessen, worauf sich das bezog.‹

›Will sagen?‹

›Will sagen, daß der Austausch zwischen Eltern und Kindern schwer ist, da beide Parteien in völlig verschiedenen Zeitzonen leben. – Besonders wenn man dem anderen nie verrät, was man eigentlich ausheckt …‹ fügte ich für die hinteren Reihen hinzu.

›Das ist doch Unsinn‹, sagte Zab. ›Die Liebe hebt alle Zeitzonen auf.‹

›Ich verrate dir ganz genau, was ich aushecke‹, sagte Ashley. ›Es ist eigentlich ganz einfach. Opa Karneval und Dave haben mich beraten und …‹

›Wer bitte ist Dave?‹

›Von der amerikanischen Botschaft. Er war sehr hilfsbereit.‹

›Kann ich mir vorstellen. Endlich mal ein junger Mensch, der ihn was fragt, bevor er die Botschaft steinigt.‹

›Siehst du, so bist du‹, sagte Ashley. ›Nichts ist dir heilig.‹

Elizabeth seufzte mitfühlend. Das hatte mir gerade noch gefehlt, der Aufstand meiner kleinen Zweierkohorte.

›Du bist mir heilig. Elizabeth ist mir heilig‹, sagte ich.

›Obwohl ich beide Staatsbürgerschaften besitze, bin ich in Montevideo geboren und nur dort justiziabel‹, fuhr Ashley im Ton eines Botschaftsangestellten fort. ›Wenn ich also meinen Vornamen ändern will, muß ich das in Montevideo beantragen.‹

›Nur zu‹, sagte ich. ›Wie willst du dich denn nennen?‹

›Dafür müssen du und Mutter aber noch mal heiraten.‹

›Sie waren nie verheiratet‹, kam mir Zab zuvor.

›Das hab ich vergessen‹, sagte Ashley. ›Dann müssen sie eben neu heiraten.‹

›Ich weiß nicht, ob mir das gefällt‹, sagte Zab.

›Doch nur zum Schein‹, sagte Ashley. ›Mir ist auf einmal so schlecht …‹

›Meinetwegen kannst du deinen Namen ändern, so viel du willst‹, sagte ich. ›Aber daß Leti und ich je heiraten, sei es in der Vergangenheit oder der Zukunft, kannst du dir abschminken.‹

Ashley krümmte und übergab sich. Ich versuchte, irgendein Fenster zu öffnen, aber sie klemmten alle. Elizabeth hielt Ausschau nach einer Ausfahrt und fand sie wenig später. Als ich Ashy zum Feldrand tragen wollte, wehrte sie sich und begann fürchterlich zu weinen. Nur Elizabeth durfte sie führen und stützen und sich neben sie auf den kargen, kalten Erdboden setzen. Ashy gab jetzt ein langgezogenes, katzenartiges Jaulen von sich, ich hatte sie noch nie so *klagen* gehört. War ich zu sorglos, zu arglos gewesen? Was war in Mousehole wirklich passiert in jener Nacht, als sie die zwanzig Fensterscheiben eingeworfen hatte? Worüber wollte Ringold mit mir unter vier Augen sprechen?

Nein, wir waren wirklich keine guten Eltern, wir litten selbst noch Wachstumsschmerzen, warteten weiterhin auf das Anbrechen eines goldenden Zeitalters und posierten derweil mit unseren Maos und Gurus und Psychoanalytikern vor goldenen Ersatzspiegeln. Auch unsere Väter waren Kinder geblieben, steckengeblieben, der eine erfand sich katholische Detektivgeschichten, der andere uruguayische Firmen, um eine Kontinuität wiederherzustellen, die es wahrscheinlich nie gegeben hatte für sie, oder nur als Reisegepäck, in den Karawansereis, wo man Leiser und Weintraub und Altshuld hieß. *And if you wrong us, shall we not revenge?*

Elizabeth wiegte Ashley in ihren Armen. Die weitgereisten Füße meiner Tochter, stellte ich nutzlos herumstehend fest, waren fast doppelt so lang wie die meiner Geliebten und steckten in abgewetzten englischen Clarks, ein Loch in jeder Sohle. Bleib deinen Füßen treu. Meyers Abschiedsworte, als er mich im Camp Kindervelt abgab. Das zweite Kind, das Leti und mir nicht geschenkt, nicht zugeteilt worden war, hätte es irgendetwas verändert, wäre es vielleicht ein unvorstellbarer Junge geworden, ein Zukunftsmensch, Raumfahrer, Gitarrenspieler, der Ashley jetzt vom Feldesrand luppen und mit ihr auf einer Melodientreppe zum Mond emporsteigen würde, um dort die Fahne des Aquarius oder der Vereinten Nationen zu hissen?

›Amanda‹, schluchzte Ashy an Elizabeths Schulter, ›ist fast richtig. Amelia will ich heißen. Nach Amelia Mushkin, meiner Urgroßmutter.‹

›Dann sollst du auch so heißen‹, sagte Elizabeth und bedeutete mir warnenden Blicks, mich jeder unheiligen Bemerkung zu enthalten.

›Ich will nach Hause‹, sagte Ashy.

›Sie zittert am ganzen Körper, Sam. Sie hat einen Nervenzusammenbruch.‹

Plötzlich erinnerte ich mich an einen anderen Nervenzusammenbruch Ashleys, den ich vergessen hatte. Die Fahrt von Piriapolis zurück nach Montevideo unter einem spektakulären Sonnenuntergang, Meer und Land in blutorangener Bestform, und wie der Eukalyptus duftete und die Hornerovögel flöteten zum Abschied, kurz bevor wir auswanderten nach Paris. Der Mond erschien, zum Greifen nah hing er über dem Rio de la Plata, und wir hielten an und gingen hinunter zum Strand. *Luna, lunita, dame platita!* sang Ashy, die noch nicht wissen konnte, was Abschied bedeutete, was Europa bedeutete. Zwei ärmliche Fischer, Vater und Sohn, zogen unter den Anfeuerungsrufen der Sommergäste und Liebespaare ein Netz aus dem Wasser, eine langwierige, mühselige Arbeit, denn das Netz wollte und wollte nicht enden. Es sei das beste Netz in ganz Uruguay, erklärte uns der fast zahnlose Vater, ein englisches Netz, mit dem schon sein Großvater gefischt hatte. Aber als sie es endlich geschafft hatten, war das Netz leer. Nur eine Riesenschildkröte hatte sich darin verfangen, eines jener sanften, vorzeitlichen Südseewesen, die hin und wieder ungünstigen Strömungen zum Opfer fallen und sich in den Weltmeeren zu Tode strampeln und an irgendeinem Gestade fern ihrer Heimat als Kadaver angespült werden. Weinend kniete Ashy neben dem angeknabberten, fast schon hohlen Tier und war nicht zu trösten. So viele Tränen in so einem kleinen Kind. Wir redeten uns die Münder fusselig, Leti erzählte ihr eine zu Herzen gehende, wunderschöne Geschichte vom Wiedergeburtszyklus der Riesenschildkröten, an die ich mich noch Jahre später erinnerte, wann immer ich ihre kleinen Artgenossen aufgestapelt in den Glaskästen am Quai de Gesvres sah. Aber es half alles nichts, sie weinte die ganze Nacht und umklammerte den aufblasbaren Walfisch, den Meyer aus Philadelphia mitgebracht hatte und der ihr ein und alles war. Kurz darauf, wir hatten das Haus an der

Plaza Gomensoro verkauft und schliefen zwischen unseren Koffern in Ludovicos Hafenkontor, brannten die Blumenmädchen mit ihren Zigaretten Löcher in den Walfisch. Wie hatte sie die Gören aus dem Barrio Sur angeschmachtet, die in Ashys Phantasie die Blumensprache beherrschten und im Rodó Park bis zur Erschöpfung auf die betuchten Spaziergänger einredeten, um ihnen welke Vergißmeinnicht zu verkaufen. Sie hatte eine von ihnen werden wollen, Blumenverkäuferin war Ashleys erster Berufswunsch gewesen. Nach dem Walfischdesaster sprach sie nie mehr davon.

›Wir fahren zurück‹, sagte Elizabeth.

›Kommt nicht in Frage‹, sagte ich. ›Ich schaue mal in der Reiseapotheke nach.‹ Doch außer Marihuana, Valium und Codein fand ich nichts. Zab trat zur mir. ›Willst du das arme Kind unter Drogen setzen? Wir verschieben unsere Reise auf die Weihnachtsferien. Dann verpaßt sie auch nicht den Schulunterricht.‹

›So was wie Weihnachten kennen wir gar nicht in unserer Familie.‹

›Dann eben Chanukah, sei doch nicht so spitzfindig, Sam.‹

›Kennen wir ebenfalls nicht.‹

›Na, toll‹, sagte sie. ›Du kannst gerne nach Bayonne trampen. Ashy und ich nehmen Rosinante und fahren zurück.‹

Ich sah mich mit ausgestrecktem Daumen, ein Pappschild um den Hals, am Straßenrand stehen, noch einmal jung und zornig und kinderlos, die Liebe verfluchend, den ›Taugenichts‹ und den ›Werther‹ im Rucksack. Die Vorstellung besaß ihren Reiz. Ich würde mich bis zu den Pyrenäen durchschlagen und einem alten Weisen vom Berge begegnen, der mir halluzinogenen Kräutertee kochte und Spanisch beibrachte und das Leben erklärte. Nach Jahren und Jahren würde ich unter falschem Namen zurückkehren in die große Stadt und schauen, was aus ihnen allen geworden war, ob sie ihre Knäuel gelöst, den Faden gefunden hatten. Ashley hätte ein eigenes Kind, Elizabeth wahrscheinlich vier oder fünf, Leti wäre, einem von ihr selbst erfundenen Trend folgend, in Afrika oder in der Antarktis, Vater lange tot, Paul Perrone vergessen und eingestampft. Dann stünde ich wie einst Rastignac auf dem Père Lachaise, die Hand zum Schwur erhoben, endlich bereit für die Übernahme, die Eroberung der Welt.

›Was sagst du?‹ fragte Ashley, die, den Handrücken gegen ihre Stirn gepreßt, eine Ohnmächtige des achtzehnten Jahrhunderts, wie hingegossen auf dem Rücksitz lagerte.

›Ich sage: Sie kamen bis nach Chartres. Guter Filmtitel, findet ihr nicht? Für die letzte Filmspule meines Lebens.‹

Elizabeth lächelte hinter dem Steuer. Sie war mir wieder gut. Unglaublich, wie die beiden mich im Griff hatten. Man ließ sich das spielerisch gefallen, wenn man eigene Trümpfe im Ärmel oder wie Meyer ein Kreuz-As im Hutband wußte. Aber mit meiner Herrschaft ging es rapide zu Ende. Ich durfte gerade noch die Unkosten tragen und Schlösser austauschen lassen.

›Ich meine die Namensänderung‹, sagte Ashley.

›Ich weiß schon, was du meinst. Werde erst mal gesund.‹

›Ich will ein klares Ja oder Nein‹, sagte sie. ›Immerhin geht es um eine Änderung in allen meinen Dokumenten.‹

›Okay. Die Antwort lautet: Nein. Und bitte rede nicht so geschwollen.‹

›Sam ist nur traurig, weil wir unsere Reise auf Weihnachten verschieben‹, sagte Elizabeth. ›Du und ich, wir werden ihn überzeugen, *corazón*.‹

Ich drehte den Kopf zu Ashy. Täuschte ich mich, oder lächelte unsere kranke Hinterbänklerin leise?

›So eine tolle Frau wie Zab verdienst du gar nicht‹, sagte sie.

›Und jetzt alle festhalten!‹ rief Zab und trat aufs Gaspedal. ›Ich überhole!‹

◆◆◆

Elizabeth wollte sichergehen und einen Arzt konsultieren. Ashy hatte sich während der Rückfahrt noch ein zweites Mal übergeben und sah jetzt wirklich käsig und krank aus. Aber ihr alter Kinderarzt Dr. Sonné (*né* Saul Sonne) lag betrüblicherweise im Sterben, und es dauerte, bis Madame Sonné und die versammelten Anverwandten uns ziehen ließen, nicht ohne einen Topf ihrer berühmten Hühnersuppe, von der sie ganze Gallonen zu horten schien, und etliche mystische Vorschläge zur Errettung Ashleys vor Leibschmerzen, Schwermut und dem entsetzlichen Moloch Paris. In diesem Alter seien es die französischen Verehrer, meinten die Anverwandten, die Luftikusse, die einem anständigen jüdischen Mädchen Herz, Magen und Sinne vergifteten. Ashley habe es momentan mehr mit Gespenstern als mit der küssenden Jugend, beruhigte ich sie, und sie nickten wissend.

Am Hospital Cochin machten wir gleich wieder kehrt, weil es an der Porte d'Orléans eine Massenkarambolage gegeben hatte und eine Armada von Rettungswagen unserer Rosinante den Weg versperrte. Es war schon fast zehn Uhr abends, als wir endlich einen vollbärtigen Medizinstudenten im dreißigsten Semester auftrieben, den Elizabeth aus der Mensa kannte und der in dem Ruf stand, ein so gnadenlos guter Diagnostiker zu sein, daß er wegen des Andrangs in seinem Stammcafé kaum mehr zum Studieren kam. Er ließ sich von uns eine Inhaltsangabe des Kühlschranks geben und hakte sie mit Ashy Lebensmittel für Lebensmittel ab. Sie würgte bei

›Wachteleier‹, von denen sie, wie der genialische Student ihr auf den Kopf zusagte, vor unserer Abreise heimlich ein ganzes Glas verputzt hatte. Damit war der Fall geklärt. Aber Elizabeth ließ nicht locker. Der Wunsch nach Namensänderung lasse auf eine tiefere, psychologische Störung schließen und erfordere baldige, professionelle Intervention, beschwor sie mich. Ich zeigte ihr einen Vogel. Eher würde ich mit Ashley nach Lourdes pilgern, als sie einem Psychologen zum Fraß vorzuwerfen. Der Disput schwelte weiter. Wir hatten Ashy vor der Tür abgesetzt und den Wagen in die Garage gebracht und kämpften uns jetzt gegen tückische Windböen zurück in die Denfert-Rochereau.

›Du hast völlig recht, Psychotherapie ist für die Katz‹, sagte Zab.

›Sag ich doch.‹

›Auch die Kirche kann wohl nicht helfen‹, sinnierte sie.

›Die Kirche? Lach.‹

›Aber es gibt andere Formen des Glaubens, Sam.‹

›Zab, hör auf. Ich brauche dich, ich will dich, laß es uns treiben, wie wir es noch nie getrieben haben.‹ Ich blieb stehen und umarmte sie und suchte unter dem Wollschal, unter dem Anorak, unter dem Pullover, unter dem Hemd nach ihren Brüsten.

›Wenn doch Sommer wäre‹, seufzte sie.

›Zabisticou, wo wir sind, ist immer Sommer. Sag mir, daß du mich liebst.‹

Sie schob meine Hand weg und zog den Reißverschluß zu. ›Ich kann nicht alles für dich sein, Sammy. Hure, Heilige, Freundin, Ashys Mutter, deine Mutter …‹

›*Meine Mutter*? Wie geschmacklos. Bist du noch bei Trost?‹

Ich nahm ihr Gesicht in meine Hände. Sie wich meinem Blick aus. Was ging in ihrem Kopf vor? Ich zuckte die Achseln. Ich wollte es gar nicht wissen. So wie es ein Zuviel an Zeichen und Menetekeln geben kann, das die Bedeutungen und Botschaften verwischt, unkenntlich macht, gibt es manchmal auch ein Zuviel an Weiblichkeit, dieser gerundeten Sensibilität, diesem Denken in Kreisen und Kugeln, das einen Mann dazu bringt, sich nach Keilen und Pfeilen und Speeren und Maschinengewehren zu sehnen. Kein Wunder, daß der Planet im Eimer war.

›In der Uni kenne ich eine Buddhistin‹, sagte sie, als wir unseren Weg fortsetzten, ›die sagt, daß wir alle einem Denkfehler unterliegen.‹

›Wie neu‹, sagte ich, meine Erektion bedenkend, mich beinahe schon nach der nächstbesten fremden Muschi in irgendeinem Café, irgendeiner schäbigen Wohnung sehnend.

›Für mich war es aber neu‹, sagte Elizabeth, ›daß wir in unserem Kulturkreis überzeugt sind, Leiden und Unglück gehörten zum Leben. Die Buddhisten sehen das anders.‹

›Buddhisten, Shmuddhisten.‹

›Wie bitte?‹

›Nur eine Redewendung. *Nazi, Shmazi, says Wernher von Braun.*‹

›Was?‹

›Nur ein altes Lied.‹

›Für dich gehört das Unglück zum Leben, Sam. Und Ashy hat es von dir übernommen. Ich weiß ja nicht, wie deine Frau drauf ist ...‹

›Oh, Leti liebt das Unglück. Kann gar nicht genug davon kriegen. – Und du?‹

Wir näherten uns dem Haus. Audrain stand in der Tür seines leeren Restaurants und schaute zu, wie der Wind in die Passanten fuhr. Ich fragte, ob er Meyer und seine Leute gesehen habe. Ja, sie seien auf einen Cognac dagewesen und wieder gegangen. Wir sind weiterhin verreist, bleute ich ihm ein. Zab packte den fauchenden

Kater in die Tasche. Unsere Fenster waren dunkel, wo steckte Ashy? Ich drückte den Summer und schob unser Gepäck in die Halle. Elizabeth nahm meinen Arm.

›Mach dich nur lustig. Aber ich träume davon, daß wir uns aus dieser Falle befreien und neu und frei miteinander sind. Hörst du, ich träume davon.‹

›Das sind Phantome‹, sagte ich und steckte meinen kleinen Finger einen halben Zentimeter in die Katzentasche. Sofort begann das Viech zu knurren. ›Die Freiheit ist ein bürgerliches Vorurteil. Sagt Lenin.‹

Elizabeth schüttelte stumm den Kopf. Sie sah mich fast flehend an. Aber ich war auf einem anderen Trip.

›Freiheit ist einfach nicht unser Ding‹, sagte ich. ›Unglück ist unser Ding. Worüber sollte man sonst lachen können? Außerdem macht Unglück sexy. Poe, Dostojewski, Jesus, Kafka, Jimmy Dean. Weltweit inbrünstig geliebte Unglücksraben.‹

Sie nahm wortlos ihre Reisetasche und stieg langsam die Treppe hoch. Wieder sah sie aus wie eine alte, alte Doña aus dem Süden. Plötzlich blieb sie stehen. ›Hast du deine Schlüssel vergessen, Ashy?‹ sagte sie. Jetzt sah auch ich, daß Ashy auf dem Treppenabsatz vor unserer Wohnung hockte. Aber sie war nicht allein. Neben ihr saß eine Frau mittleren Alters. Sie kam mir irgendwie bekannt vor. Ashy sprang auf und verschwand in der Wohnung.

›Ich wußte nicht, daß ihr verreisen wolltet‹, sagte die Frau auf Englisch. Mittlerer Westen, tippte ich. ›Da hätte ich ja lange sitzen und warten können. Na, Glück gehabt.‹ Sie lächelte. ›Ach, Sam, Sam …‹ Sie stand auf, strich ihr dunkelbraunes, sackförmiges Wollkleid unter dem fleckigen Regenmantel glatt und kam die Treppe zu mir herunter und umarmte mich. Sie duftete stark nach einem billigen, bittersüßen Parfum. ›Mein lieber, lieber Sam …‹

›Entschuldigt, ich bin müde, ich hau mich hin‹, sagte Zab. Sie raffte das Gepäck zusammen und verschwand in der Wohnung.

›Süße Träume, Kleines‹, rief die Frau ihr nach. ›Komm, Sam, wir gehen rüber ins Belfort und lernen uns endlich kennen.‹

›Das Belfort schließt gleich.‹

Ich wußte jetzt, wer sie war, denn ich hatte sie wiedererkannt. Von all den sonderbaren Gästen und Erscheinungen, die unsere Türschwelle in diesen Wochen heimsuchten, war sie die Sonderbarste. Was führte sie nach Paris, was wollte sie von mir, wer hatte sie geschickt?

›Nicht, wenn ich den Wirt lieb bitte‹, sagte sie. Ich glaubte ihr aufs Wort. Lieb bitten war ihr Ding. Sie hakte sich bei mir unter. Als wir das Belfort betraten, löste sie sich und stand breitbeinig, mit herabhängenden Armen, die Handflächen nach außen gekehrt, *love me or leave me,* in der Mitte des Lokals und tönte im schlechtesten Französisch, das ich je gehört hatte, aus den bewegten Tiefen ihres nicht unbeträchtlichen Busens: ›Mister Barman, ihr lieben, guten Leute, heute ist ein besonderer Tag in eurer besonderen Stadt, und ich gebe für alle einen aus!‹

Wir nahmen an *Père* Sevensters Lieblingsfenstertisch Platz.

›Sie haben hier vor ein paar Tagen gesessen und das Haus beobachtet, stimmt's?‹ sagte ich.

›Stimmt‹, sagte sie. ›Ich war noch nie sehr mutig.‹ Sie hob ihr Glas. ›*Mud in your eye.* Sag Rachel zu mir.‹

Wie bereits das ein oder andere Mal erwähnt, befand sich Rachel Birnbaum damals auf der Höhe ihres Ruhms. Glaubte man den Buchumschlägen, war sie Anfang Vierzig. Aber die Frau, die mir gegenübersaß, ging eher auf die sechzig zu. Ich erinnerte mich, daß sie in irgendeinem Interview gesagt hatte: ›Ich werde nicht älter, ich werde nur besser.‹ Wirkte sie auf Photos aufgetakelt und primadonnenhaft, so schien ihr im privaten Leben die äußere Erscheinung herzlich egal zu sein. Ihr mausgraues, ungewaschenes Haar hing schlaff und strähnig herab, eine Art Pony, schief geschnitten, fiel ihr in die haselnußfarbenen Augen, und wenn sie den nachlässig rosa geschminkten, froschartig breiten Mund zu einem ihrer donnernden Bierkutschergelächter öffnete, kündeten die schadhaften Zähne, ebenso wie das Bäuchlein, das ihr braunes Wollkleid wölbte, von lebenslangem Fastfood- und Süßigkeitenmißbrauch.

Und dennoch war sie schön. Ihre Präsenz war enorm. Sie kämpfte um jeden Augenblick und gewann und verleibte sich den Gewinn ein. Sie glühte, charmierte, verzauberte, mit Worten, ohne Worte. Ein guter Geist, der keine Arglist, keine Zweifel, keine falschen Töne kannte, schien in Rachel Birnbaum gefahren zu sein und sich bei ihr wohl zu fühlen. Sie liebte das Leben. Und von dieser Frau sagte Vater: *Her books are a snoozefest.* Er hatte leider recht, ihre Bücher waren eine Schnarchparty, immerfort klopfte der Regen wie *tausend kleine Finger* gegen die Fenster, und auf jeder zweiten Seite wurde so unglaublich kreatürlich geliebt, daß die Druckerschwärze eigentlich hätte zerfließen müssen. Ich würde mir Handschuhe anschaffen, für meine schweißfeuchten Hände beim Übersetzen.

›Randolf Steinböck hat also den großen Coup gelandet‹, sagte ich baff.

›Randolf wer?‹

›Oder werden Sie in Deutschland immer noch von Kampmann verlegt? Ich würde mich jedenfalls freuen, Sie zu übersetzen. Wem verdanke ich denn die Ehre, dem alten Kampmann persönlich?‹

›Sag Rachel zu mir. Ach, wenn du wüßtest. Ach, es ist doch nicht so einfach. Halt meine Hand.‹

Man konnte ihr nichts abschlagen. Ich nahm ihre kleine, schmale, ringlose Hand. Hatte ich eben noch kühl im Kopf überschlagen, wie pyramidonal mein Einkommen mit dieser permanenten Nummer eins der Bestsellerlisten emporschnellen würde, war mir jetzt einfach danach, ihre Hand mit Küssen zu bedecken wie ein verliebter Jüngling. Ein wenig Schmutz unter ihren unlackierten Fingernägeln machte sie für mich zur wundervollsten, natürlichsten Frau der Welt, gleich nach Elizabeth.

›Du fühlst es auch, Sam, oder? Ach, ich platze vor Glück.‹

›Ja, ich fühle es. Du bist die rettende Göttin, die mir in meiner Pein geschickt wurde.‹

›Pein? Was bedrückt meinen lieben, kleinen Sam? Sag es mir. Rachel weiß, was zu tun ist.‹

›Ich will dich nicht langweilen, Göttin.‹

›Verfüge über mich. Belaste mich. Ich bin belastbar bis ans Ende der Welt, du glaubst es nicht. Jeden Wunsch werde ich dir von den Augen ablesen. *Mi casa es su casa.*‹

Ich seufzte. Es war zu schön, um wahr zu sein.

›Meine Tochter macht mir Sorgen. Meine Geliebte versteht mich nicht. Mein Vater ist ein Sadist. Meine Mutter ist verschollen. Dafür ist die Mutter meiner Tochter in der Stadt und zeigt sich nicht. Habe ich was vergessen? Ach ja, ich hinke mit meiner Arbeit hinterher.‹

›Der gute alte Paul Perrone‹, sagte sie.

›Der gute alte Paul Perrone. Hast du mal einen gelesen?‹

›Alle habe ich gelesen. Brillant, aber repressiv.‹

Jetzt gab es kein Halten mehr: Ich verabreichte ihrer Hand eine Runde Küsse.

›Erzähl mir von deiner Mutter, Schatz‹, sagte sie.

›Meine Mutter und mein Vater – aber das bleibt unter uns – waren nie verheiratet. Ich bin ein Bastard, meine Tochter übrigens auch. Sie lebten in Weimar, in Deutschland, man stelle sich vor, am Ende einer unsäglichen kleinen Gasse, in wilder Ehe wie die Wildschweine. Sie waren modern.‹

›Davon hat er mir gar nichts erzählt‹, sagte Rachel Birnbaum nachdenklich.

›Wer?‹ fragte ich noch blöde. Aber es dämmerte mir bereits. Ich war umzingelt. In diesem Moment hätte ich in Bayonne sitzen können, bei einem *cortado* unter spanischen Anarchisten, sorglos wie La Fontaines Grille, doch Ashley war Teil der Umzingelung. Sogar Zab, voller Verständnis für meine Tochter, machte mit, ohne es zu wissen oder zu wollen. Das Belfort begann sich um mich zu drehen. Ich hielt mich mit beiden Händen an der Tischplatte fest.

›Wer schon? Yehuda. Dein Vater und ich, es muß ja doch einmal heraus, wir sind ein Paar.‹

›Seit wann?‹

›Chanukah feiern wir Einjähriges.‹

›Vater feiert Chanukah? Seit wann?‹

›Na, seit letztem Jahr. *Don't be such a Klotz.*‹

›Und du darfst ihn Yehuda nennen?‹

›Bin ich abartig? Ich nenne meinen Liebsten doch nicht bei seinem Künstlernamen.‹

›Sogar in seinem Paß steht *Jonathan Still.*‹

›Paß, Shmaß. Sam, mein großer Kleiner, guck nicht so belämmert, es wird alles gut. Weißt du, ich habe keine Kinder. Ich war immer viel zu verliebt. Das ist keine gute Voraussetzung für eine Ehe und für Kinder. Aber jetzt habe ich ja dich, und du wirst auf*blühen*, das verspreche ich dir.‹

Ich begriff. Rachel Birnbaum wollte den Laden übernehmen, der leicht angeschlagenen Firma neues Leben einhauchen, den Chef ein wenig aufpeppen. Perrones *ewige Ostern des Herzens*, hier saßen sie mir leibhaftig gegenüber. Mit keiner Frau hatte Vater bisher ›Einjähriges‹ gefeiert. Und es kam noch toller.

›Wir werden heiraten. Wir wissen nur noch nicht, ziehe ich nach Philadelphia, oder zieht er nach Milwaukee?‹

›Sag bloß.‹

›Es hat ein bißchen gedauert, bis ich deinen Vater soweit hatte, ihr beide seid ja solche Schlingel.‹

›Rachel, das wird nie passieren. Er ist ein erbitterter Gegner der Ehe.‹

›Gewesen. Gestern haben wir uns bei Van Cleef Ringe angeschaut.‹

›Vergiß nicht, alle frisch Verheirateten werden in seinen Romanen Opfer viehischster Morde.‹

Sie drohte mir scherzhaft mit dem Zeigefinger.

›Yehuda ist tatsächlich ein bißchen gnatschig, weil du mit der Übersetzung immer noch nicht fertig bist.‹

›Er ist immer gnatschig. Gnatschig ist seine Grundstimmung.‹

›Das werden wir ändern. Aber zuerst setzt du dich auf deinen Hosenboden und bringst das zu Ende, so schwer kann es ja nicht sein: Perrone holte weit aus und hackte Mr. Black die linke Hand ab.‹ Sie lachte wiehernd. ›Ihr kleinen Jungs, also wirklich!‹

Welches neue Spiel hatte Vater sich ausgedacht? Oder war es gar Altshulds Idee gewesen? Die Heirat des Thriller-Königs mit der Kitsch-Queen als Publicity-Coup, Scheidung nach drei Wochen in aller Stille? Nein, bei Vaters Rätseln und *practical jokes* steckte immer etwas lange Zurückreichendes, Finsteres dahinter. Eine alte Rechnung? Altshuld hatte mir berichtet, wie sehr Vater sich vom Schreiben, ja von der schieren Existenz Rachel Birnbaums belästigt fühlte. Ich selbst hatte ihn am Telefon höhnend von ihren Büchern sprechen hören. Heiratete er sie nur zum Schein, um die lästige

Konkurrentin für ihre Stilblüten zu bestrafen? Wollte er Rachel demontieren, vernichten?

›Ich muß dich warnen, Rachel‹, sagte ich. ›Vater ist ein Mann mit sehr vielen doppelten Böden.‹

›Alle Menschen, mein Schatz, alle Menschen.‹ Sie legte ihre Melonen auf dem Tisch ab, beugte sich weit vor und starrte mich aus ihren blanken, haselnußfarbenen Augen kuhartig an. ›Ich weiß, wie ihr beide über meine Bücher denkt. Aber ihr werdet noch lernen. Ich schreibe über das Vergehen der Zeit und das Glück der Liebe. Was ist so falsch daran?‹

Ich überlegte. Was war so falsch daran?

›Die Zeit und die Liebe vergehen, und unser Blick auf die Vergangenheit und die Zukunft ändert sich. Gleichzeitig ändert sich der Blick unserer Mitmenschen auf uns. In diesen Blickwechseln liegt das Geheimnis des Lebens, mein lieber Sam.‹

›Was sagt Meyer dazu?‹ fiel mir plötzlich ein.

›Der knubblige Glatzkopf mit den lächerlichen T-Shirts? Er wird Trauzeuge.‹ Sie beugte sich noch weiter vor und zwinkerte mir zu. ›Mal ehrlich, so einen haben wir doch alle in der Familie. Mein Onkel Herb glaubte, er sei ein berühmter Broadwayproduzent. Immerfort telefonierte er aus Manny's Deli mit Bankiers und Cole Porter. Aber wenn das Gespräch zu Ende war, fiel die Telefonmünze zurück in die Schale. Was für ein trauriges Geräusch. Erinnere mich daran, daß ich dir mehr von meinem Onkel Herb erzähle. Zurück zu deiner Mutter ...‹

›Rachel, ich kann nicht.‹

Sie gab mir einen Kuß auf den Mund. Obwohl sie Orangensaft bestellt hatte, schmeckte sie nach Cookies in Milchtunke. Ich sah die beiden vor mir in ihrer Ritz-Suite (die Vater bestimmt längst in eine Dépendance von Lenin Castle umgemodelt hatte), Kekse mümmelnd, ihren mitgebrachten Kaffee kochend, einer Quiz-Show im AFN Europe lauschend.

›Deine Tochter sieht aus wie eine Sabra‹, sagte sie. ›Unglaublich, wie weit unsere Seelen gewandert sind‹, fügte sie hinzu.

›Hat Ashley heimlich ihren Großvater besucht?‹ fragte ich.

Sie ließ sich zurückfallen. Der Stuhl knarrte bedenklich. Die paar anderen Gäste schauten mokant zu uns herüber, stilkritische Pariser eben. Das war diesem Prachtgeschöpf völlig gleichgültig.

›Wenn ein kleiner Junge verraten wurde, sieht er auch im späteren Leben überall Verrat‹, sagte sie. ›Nein, ich habe Ashley heute zum ersten Mal getroffen. Gib gut auf sie acht. Dieses Mädchen bebt vor Ungeduld. Yehuda hat ihr eine kleine Botschaft geschickt in seinem Interview mit *Paris Match*, irgendein Moby-Dick-Zitat, über das sie sich Briefe geschrieben haben.‹

›Wie kommst du darauf, daß ich verraten wurde?‹ sagte ich mit belegter Stimme.

›Das ist alles,was er mir von deiner Mutter erzählt hat. Daß sie dich verriet, als du klein warst. Er ist ja immer so zugeknöpft und tut so geheimnisvoll. Perrone schwieg, denn sein Innenleben ging niemanden etwas an. Heinrich bellte, er hatte sein Herrchen instinktiv verstanden. *Crucify me with Sauerkraut!* Da fühlen sich die Herrchen Leser gut aufgehoben. Aber die Zeiten ändern sich. Frauchen ist zurück.‹

›*L'addition, s'il vous plaît*‹, rief ich dem Wirt zu. ›Entschuldige, Rachel, ich muß das alles erst mal verarbeiten.‹

›Verarbeite ruhig. Himmel, wie ähnlich ihr euch seid! Wenn ich ein paar Monate jünger wäre, würde ich dich auf der Stelle vernaschen.‹

Wir standen auf, und wieder knutschte sie sich an mir fest. Es war nicht unangenehm, im Gegenteil, es war, als würde man kostenlos in eines ihrer Bücher gesaugt und dürfte nach Herzenslust darin herumsuhlen. Welche garstigen Pläne Vater auch immer verfolgte, ich würde nicht zulassen, daß Rachel ein Leid geschah.

›Du verarbeitest schön und übersetzt brav. Yehuda und ich reisen übermorgen an die Riviera‹, sagte sie draußen auf der Avenue. ›Ich werde ihm einen Geburtstag schenken, den er nie vergessen wird. Und wenn wir zurückkommen, sorge ich dafür, daß ihr Kindsköpfe euch endlich vertragt. Der Sechstagekrieg, also wirklich, Sam!‹ Sie pfiff auf zwei Fingern einem Taxi hinterher wie einst Holly Golightly. Das Taxi bremste mit quietschenden Reifen und setzte tatsächlich zurück. Sogar Paris gehorchte Rachel Birnbaum.

›Welcher Krieg?‹

›Daß du's weißt: Ich gebe deinem Vater hundertprozentig recht. Wenn ich damals schon bei euch gewesen wäre, ich hätte dich übers Knie gelegt.‹

›Rachel, ich habe keine Ahnung, wovon du redest.‹

›Ich rede davon, daß du dich auf den Golanhöhen totschießen lassen wolltest. Sein einziger Sohn. Wie gut, daß er es dir verboten hat. Aber muß man sich deswegen gleich entzweien und jahrelang nicht mehr miteinander sprechen?‹

›Er hat es mir also verboten ...‹ murmelte ich. Was für eine unfaßbare Geschichte. Welche unglaublichen, monströsen Implikationen. Weiter kam ich nicht in meinen Gedanken, denn Rachel verlangte es nach heftiger, inniger Abschiedsumarmung.

›Du machst dir Sorgen, wo du dir keine machen mußt‹, sagte sie. ›Deshalb stehst du neben dir und hast die längste Leitung, die ich je erlebt habe. Deine Tochter muß mehr essen, hörst du? Wenn ich zurückkomme, hat sie mindestens zwei Kilo zugenommen, oder es setzt was. Deine Geliebte ist zu jung für dich, aber so seid ihr eben.

Deine Ex-Frau will sich wichtig machen: Einfach mit knallharter Toleranz ignorieren. Und wenn du noch einmal behauptest, dein Vater sei ein Sadist, entziehe ich dir meine Liebe.‹

Sie öffnete die Taxitür und warf dem Gallier am Steuer eine Kußhand zu und bereitete ihn schon mal auf die Wonnen der Fahrt vor: ›Bin gleich für dich da, Cabbie!‹

›Rachel, meine Freundin‹, sagte ich, ›ich werde alle deine Bücher lesen, ich schwöre. Gute Reise, bleib dir treu, *mazel tov*.‹

Sie stieg ein. Ich fragte so beiläufig, wie ich konnte:

›Übrigens, hat Vater dir je von Hargensee erzählt?‹

›Seinem Städtchen? Das scheint überhaupt nie existiert zu haben. Ich konnte es jedenfalls nirgendwo finden.‹

›Es gab Städtchen, die gibt es jetzt nicht mehr …‹, sagte ich.

›Ach, was!‹ sagte sie. ›Das Schwindeln werde ich euch auch noch austreiben.‹

Ich schaute dem davonfahrenden Taxi nach. Wir winkten und legten die Hände auf die Herzen wie alte Familie. ›Ach, Rachel‹, hörte ich mich seufzen, ›Rachel, Rachel, nimm dich in acht vor dem großen, bösen Wolf.‹

Ich schaute zu unserem dritten Stock empor. Die hohen, alten Fenster sahen aus wie … ja, wie sahen sie aus, was hätte Rachel jetzt gedichtet? Die Augen der Verheißung? Vierecke der Leidenschaft, die ihre Geheimnisse noch nicht preisgeben wollten? Wenn ich mich recht erinnerte, hatte ich nur einen einzigen ihrer Romane überflogen, ich Banause, und der Titel war mir auch entfallen. Trotz der neuen Ungeheuerlichkeiten, die heute aus dem Dunstkreis des Alten zu mir geweht worden waren, fühlte ich mich seltsam unbeschwert, fast albern, wie der kichernde Zaungast einer Geschichte, die nur den Beteiligten Kopfschmerzen, mir jedoch das reine Vergnügen bereitete. Was würde als nächstes passieren dort oben hinter den dunklen Fenstern? Vor gar nicht allzu langer Zeit hatten sie unseren Helden Sam The Kid nur öde angeglotzt, wenn er einsam, alleine und gedankenarm die Avenue entlanggeschlichen kam, sich einem weiteren Abend mit den schwermütigen Soli von Bill Evans entgegenlangweilend. Und heute? Das Vergehen der Zeit, das Glück der Liebe, die Blickwechsel des Lebens in Hülle und Fülle. Er durfte sich wirklich nicht beklagen. Überraschenderweise war er sogar befördert worden, zum Condottiere der israelischen Armee, Beinahe-Helden des Sechstagekriegs.

Ich rannte zweimal um den Platz, denn mir war nach Rennen im Herbstlaub zumute. Unverwandt starrte der steinerne Löwe von seinem Sockel dem längst entschwundenen Taxi nach, als wachte er über Rachel Birnbaums Ziele und Wege.

◆◆◆

Die kleine Leselampe brannte noch. Elizabeth war am äußersten Rand der Matratze eingeschlafen, ihr Kopf lag zwischen Rand und Wand. Behutsam robbte ich zu ihr, meinen Atem für mich behaltend, denn ich hatte im Büro noch den Rest des Smirnoffs niedergemacht. Aha, sie hatte gelesen, ihr Kinn ruhte auf meiner englischen Ausgabe von Kafkas *Verwandlung*, nicht gerade die allerheiterste Gutenachtlektüre. Im Stil des untreuen, weil vermutlich bei Ashy nächtigenden Katers gnippte ich mit den Zähnen ihr langes, katholisches Nachthemd und zog es Zentimeter für Zentimeter nach oben. Ich küßte ihren Po. Noch nie hatte ich solch eine Lust auf meine entschieden zu junge Geliebte verspürt, aber so waren wir eben. Offensichtlich hatte die Liebesromanautorin meiner erotomanen Natur, an der ich zuweilen Qualen litt, den letzten Kick gegeben. Zab schlug die Augen auf und fixierte inbrünstig die Zimmerdecke, als sei sie nicht aus einem Schlaf, sondern aus tiefer Andacht erwacht.

›Frauchen ist zurück‹, sagte ich, ohne zu wissen, warum.

Sie schob meinen Kopf weg und rollte das Nachthemd schamhaft hinunter bis zu den Knöcheln. Ich flüsterte süßen Irrsinn in ihr Ohr und zeichnete mit dem Zeigefinger Warteschleifen um ihre Brüste. Sie flüsterte, es fühle sich falsch an. Ein krankes Kind liege nicht weit von hier und leide. Was würde aus Ashley werden ohne richtigen Vater, richtige Mutter? Ich scherzte, meinetwegen könne sie die Mutterstelle übernehmen. Sie schaute mich an, als sei ich der Weihnachtsmann, aber ein böser und hinterlistiger, dessen Geschenke sich, kaum öffnete man sie, in Stinkbomben verwandelten. Sie rückte ab von mir. Ich rückte nach.

›Bei Kafka hast du übrigens recht‹, sagte sie. Wollte sie mich triefenden, priapischen, alten Bock mit sublimer Konversation besänftigen? ›Er war wirklich unglücklich und hat nicht nur so getan, wie die anderen‹, fuhr sie fort. ›Aber er hätte gerettet werden können.‹

›Heute sah ich einen Stadtplan von Paris‹, gab ich zur Antwort, ihre Füße leckend. ›Einen Augenblick schien es mir unverständlich, daß man eine so große Stadt aufgebaut hat, während du doch nur ein Zimmer brauchst …‹

Das wirkte. Sie schenkte mir ein trauriges Lächeln.

›Wie schön. Ich liebe dich, Sam. Ich habe noch nie einen Menschen so geliebt wie dich.‹ Wie alle jungen, sinnsuchenden, zu mitternächtlicher Stunde Kafka lesenden Frauen übertrieb sie maßlos. Hatte Rachel gesagt, daß sie Vater liebte? Ich wußte es nicht mehr. Sie hatte so vieles gesagt.

›Ist nicht von mir‹, deckte ich meine Karten auf. ›Das hat Kafka an Milena geschrieben. Die er natürlich, wie den Rest, nie geheiratet hat.‹

›Ich muß dir was beichten‹, sagte sie.

›Nur zu. Heute ist Beichttag. Weißt du, wer die Frau auf der Treppe war? Rachel Birnbaum, die du so gerne in der Badewanne liest. Sie hat es sich in den Kopf gesetzt, meinen Vater glücklich zu machen, die Arme. Was wolltest du mir beichten?‹

›Ach, nichts.‹

›Raus damit.‹

›Die Wachteleier sind meine Schuld‹, log sie, ›die habe ich gekauft.‹ Vermutlich hatte *Père* Sevenster ihr aufgelauert, und sie traute sich nicht, mich einzuweihen in dieses düstere, spanische Familiendrama, von dem ich sowieso nichts, aber auch gar nichts hören und wissen wollte. Was ich wollte, war Inbesitznahme und sexueller Wahnsinn, bis der Milchmann kam. Wieder zerrte ich an dem vermaledeiten Nachthemd, wieder bekam ich eine Abfuhr. Ich versuchte es mit Prahlerei.

›Wußtest du, daß ich um ein Haar Held im Sechstagekrieg geworden wäre?‹

›Du warst dabei? Aber du bist doch kein Israeli.‹

›Um ein Haar‹, sagte ich und ringelte eine ihrer schwarzen Locken um meinen Finger. Sie reagierte nicht. Ich mußte es auf die sanfte Tour versuchen, an ihr Verständnis, ihr Mitgefühl appellieren.

›Stell dir vor, mein Vater hat Rachel Birnbaum erzählt, wir hätten uns wegen des Krieges da unten entzweit …‹

›Was du ›da unten‹ nennst, ist immerhin die Heimat deines Volkes‹, sagte sie.

›Wie bitte? Ja. Nein. Das ist eine andere Geschichte, Zab. Entscheidend ist doch, daß der Mistkerl mal wieder auf meine Kosten gelogen hat. Ich bin Kriegsdienstverweigerer und werde bis an mein Lebensende Kriegsdienstverweigerer sein.‹

›Was ist denn der Grund, warum ihr euch entzweit habt?‹

›Wir sind einander fremd geworden‹, formulierte ich vage.

›Er liebt dich, Sammy, wenn er so eine Geschichte erfindet.‹

›Merkwürdige Logik.‹

›Ist doch ganz einfach. Er stellt sich vor, wie du verwundet wirst und leidest und stirbst. Und das will er nicht, weil er dich liebt. Dein Vater ist Schriftsteller, das muß ich dir doch nicht erklären. Er hat mehr Phantasie als andere Leute.‹

Sie gestattete mir noch ein paar keusche Küsse, dann rollte sie sich in meinen Armen zusammen und schlief seufzend ein. Irgendwann bettete ich sie um und ging in mein Büro und las *Perrone Has No Clue* auf einen Sitz zu Ende. Dann blätterte ich, ganz gegen meine Gewohnheit, in den von Altshuld junior wie üblich beigelegten amerikanischen und britischen Rezensionen. Die des alljährlichen Perrone allmählich überdrüssig gewordenen, fast schon eingeschlafenen Kritiker waren aufgewacht und jubelten einmütig. Ich pflichtete ihnen bei. Jonathan Still war eine ergreifende, japanisch-amerikanische Liebesgeschichte gelungen, die Figur Perrone um mehrere Dimensionen erweitert, die Umwertung aller Werte in Gang gesetzt worden. Es konnte keinen Zweifel mehr geben: Rachel Birnbaum schickte sich an, Licht und Klärung in unser verwunschenes Reich zu bringen.

Reflexartig, beinahe mechanisch griff ich zu Kiplings Dschungelbuch und suchte nach meinem Freund Toomai und wanderte den Rest dieser langen Nacht mit ihm zurück in meine Kindheit. Die klugen, einfühlsamen Augen des Elefanten, der mir den Vater ersetzt hatte, maßen mich mit einem langen, langen Blick. ›Kala Nag! Kala Nag! Nimm mich bitte mit, o Kala Nag!‹

›Wenn du willst, tun wir's gleich oben auf der Toilette‹, sagte sie auf Deutsch.

›Nein, danke. Hast du *The Pharmacist's Daughter* gelesen? Ist es empfehlenswert?‹

›Ach, Gottchen, das ist derartig schrottig, ich raff' es nicht, daß du so was auch nur anrührst. Laß dir lieber einen blasen.‹

Hildegard, die neuerdings jeden zweiten Satz mit ›Ach, Gottchen‹ begann, zog mich zur Treppe. Ich gebot der liebestollen Germanin Einhalt. Dafür war ich, obschon vor Verlangen immer noch weich in den Knien, nicht zu Shakespeare & Company gepilgert. Sondern um Rachel Birnbaums Romane, möglichst als gebrauchte Paperbacks, zu kaufen, mich in ihre Welt zu vertiefen, ihre Denkweise, ihre Vorgehensweise zu studieren. Jedoch, nur die *Tochter des Apothekers* war noch vorrätig, die anderen acht ausverkauft. Der Grund hierfür prangte gleich neben dem Eingang des Buchladens in Form zweier Anschläge. Unter einem Pfeil mit der Aufschrift ›Zu Gast bei uns‹ lächelte die divenhafte, also die verfälschte Rachel von einer Fanpostkarte. Da Vater Fanpostkarten als koketten Firlefanz abtat, hatten sie das Photo aus *Paris Match* danebengepinnt, auf dem er dem Betrachter mit seinem langen Zeigefinger drohte. Die Signierstunde war gestern gewesen, zur gleichen Zeit, als Zab, Ashley und ich uns Chartres genähert hatten. Wie sagte Rachel, der Blick auf Vergangenheit und Zukunft änderte sich, und mit ihm der Blick unserer Mitmenschen auf uns?

›Die Schnepfe, mit der du bei Bill Evans warst, bringt's nicht, das sehe ich dir an‹, quälte mich Hildegard weiter.

›Haben mein Vater und Rachel Birnbaum nur signiert oder auch gelesen?‹ fragte ich.

›Ich hatte gestern keinen Dienst‹, sagte sie. ›Die Birnbaum hat wohl gelesen, dein alter Herr nicht. Ist mir schleierhaft, warum du dich immer noch mit diesem trivialen Zeug abgibst. Anstatt mal ein bißchen mehr in die Tiefe zu gehen und meine Gedichte ins Englische zu übersetzen. Ach, Gottchen, bin ich scharf auf dich, du mieses Millionärssöhnchen.‹

Ich floh mit der *Tochter des Apothekers* auf die Straße, fand eine Telefonzelle und versuchte erneut, Leti in der Avenue Montaigne zu erreichen. Ashy hatte bald Geburtstag, und ich wollte vermeiden, daß es in der Wohnung zu irgendwelchen unvorhergesehenen Volksaufläufen und Gegenüberstellungen und Vereinigungen kam. Noch war ich der *Master of Ceremonies* (glaubte ich). Jetzt weilten Leti und Ringold angeblich in Rom, schon wieder mit neuen Produzenten verhandelnd, es war wirklich zum Auswachsen mit diesen Filmleuten.

Endlich hatte sich das Pariser Wetter daran erinnert, daß es noch andere Himmelsbettwäsche gab als die wehrmachtsgraue Felddecke, in die es uns seit Wochen hüllte. Ich folgte den vereinzelt dahinjagenden, verschiedene Szenen der Evolution nachspielenden Wolken über die Seine und lief weiter bis zu den Tuilerien. Dort verharrte ich, anscheinend verloren wirkend, denn eine japanische Touristin legte eine Münze für mich auf die Terrassenbrüstung und entfernte sich unter winzigen Verbeugungen, als wollte sie mir nicht weiter zur Last fallen. Hatte ich je ein deutlicheres Zeichen erhalten? War nicht soeben Perrones große Liebe, die kleine Makiko, geradewegs aus dem Roman geklettert, um den Säumigen an seine Arbeit zu gemahnen? Und hatte auch noch einen Obolus entrichtet, wofür sie sich bei ihrer Rückkehr in das Buch von Perrone einiges würde anhören müssen.

Ich steckte den Talisman in die Tasche und lenkte meine Schritte ein zweites Mal zur Place Vendôme und zum Hotel Ritz. Ich redete mir ein, ein rascher Blick auf Vater (und Rachel) aus sicherer

Entfernung würde genügen, um meine Übersetzungsblockade zu lösen. Daß ich den neuen Roman, diese meisterhafte Melange von Thriller und illusionsloser, nahezu existenzialistischer Liebesgeschichte noch immer nicht für Vaters treue deutsche Leserschaft übertragen hatte, schien mir die Wurzel allen Übels zu sein, die wahre Ursache für verwirrte Töchter, verschwundene Celli, vergrämte Geliebte.

Ich bezog erneut Posten vor den schwarzen Fensterscheiben von Van Cleef & Arpels. Die Ringe und Geschmeide dieser Firma waren offenbar so teuer, daß man die Preisschilder aus Scham gleich weggelassen hatte. Andererseits war einer Frau, dic noch nie in ihrem Leben einen Frisör aufgesucht hatte, das bißchen Luxus zu gönnen. Noch jetzt vermeinte ich den Nachhall von Vaters Schlucken zu hören, er knauserte an allem außer an wohltätigen Spenden und seiner eigenen, exquisiten Garderobe.

Ich wartete etwa eine Stunde, aber sie ließen sich nicht blicken. Das Ritz zu betreten wäre mir nicht im Traum eingefallen, es gab darin Ecken, in die ich gedrängt hätte werden können. Außerdem mochte ich Luxushotels nicht, sie erinnerten mich alle an das Rittenhouse und das Mädchen aus Montevideo und die verlorene Liebe meines Lebens.

Die eine oder andere Japanerin kreuzte noch meinen Rückweg, aber sie wollten mir kein neues Zeichen geben. Der Spätoktobertag fuhr die Beleuchtung herunter wie in einem Kinosaal, an diese abrupten Tagesenden mußte man sich nun wieder gewöhnen, und an die grellen, blendenden Ersatzlichter der Großstadt. Ich genehmigte mir einen Ricard und rief zu Hause an. Elizabeth gefiel die japanische Münzengeschichte, sie riet mir, umzukehren und am Nebeneingang Stellung zu beziehen, wo die prominenten Gäste, wie sie meinte, unerkannt das Hotel verließen. Ich staunte, was Studentinnen der mittelalterlichen Klagetumba heutzutage alles wußten. Ashley war gleich nach der Schule zu einem ihrer langen Spaziergänge aufgebrochen, die in letzer Zeit überhand nahmen. Rachel hatte mir gut geraten. Ich mußte meine vor Ungeduld bebende Tochter im Auge behalten, bevor ein junger Philippe oder Philibert ihrer schwächelnden Seele den Rest gab. Ich bat Elizabeth, alles Bodenständige, nicht Wachteleierartige, das sich in der Küche noch finden lasse, zusammenzukochen, damit Ashy wenigstens ein paar Pfund mehr auf die Rippen bekomme, und kündigte an, diese Nacht in meinem Büro durchzuarbeiten.

Ich bestellte einen zweiten Ricard und vertiefte mich in Rachels Roman. *Die Tochter des Apothekers* war schwer verdauliche Kost. Keine Tinktur des titelgebenden Apothekers hätte die lastende Süße dieser Prosa von der Zunge und aus dem Hirn ätzen können, es schien, als hätte Rachel jeden Satz vor der Niederschrift in Puderzucker gewälzt. Und dennoch war es, auf seine Weise, ein grandioses Buch. Wie seine Autorin setzte es sich über bildungsbürgerliche Ansprüche mit ›knallharter Toleranz‹ hinweg und drückte den Leser von der ersten bis zur letzten Seite an den prallen Busen des Plots, der es wahrlich in sich hatte.

Nachdem sie versehentlich ein Elixier ihres dem Wahnsinn anheimgefallenen Pillendrehervaters geschluckt hatte, war die Heldin, eine College-Studentin mit dem hübschen Namen ›Inez Cortez‹, nun dazu verdammt, in nicht weniger als fünf Epochen der Menschheitsgeschichte (inklusive amerikanischem Bürgerkrieg) herumzuirren und nach ihrem Erlöser zu suchen, einem hinter wechselnden Masken schwer zu fassenden Urgeliebten, welcher sich am dramatischen Ende als der von einer Narbe entstellte, schweigsame, auch von Inez Cortez stets gehänselte Quarterback der College-Footballmannschaft herausstellte. *En passant* drehte die Heldin natürlich kräfig an den Rädern der Welthistorie, die daraufhin anders, nämlich unter weiblichen Vorzeichen verlief. Die Frage, was eigentlich in den Geschichtsbüchern dieses gefühlsgeladenen College geschrieben stand, schien Rachel einen feuchten Kehricht zu interessieren. Bravo, dachte ich fast neidisch, ab ins Reich Geschichten-mischender Möglichkeiten mit unseren Leidenskoffern, Rucksäcken, den Packlasten der alten Zeit. Keine faßbare, dem Menschenverstand begreifliche, der Seele erträgliche Kunde erreichte uns je von den Vergangenen.

Noch ganz benommen kaufte ich im öden Hier und Jetzt ein Baguette und überquerte den Pont Neuf Richtung Metro St. Michel. Etwa in der Mitte dieser eitlen Brücke blieb ich wie angewurzelt stehen. Der elegante, alle anderen Passanten überragende Herr, der schleppenden Schritts auf der gegenüberliegenden Seite näher kam, war niemand anderes als Jonathan Still. Auch er trug ein in Bäckerpapier gewickeltes Baguette unter dem Arm. Er schien mich nicht bemerkt zu haben, denn er setzte seinen Weg unbeirrt fort. Im Schein der Brückenlampen sah ich sein langes Gesicht. ›Lang wie ein russischer Roman ist das Gesicht des Schriftstellers‹, hatte Hutbinder in einem Aufsatz ergriffen formuliert. Die neue, herztränenförmig gerundete Brille verlieh ihm das Aussehen eines jugendbewegten Berkeley-Professors für Halluzinogenese. Aber der Gang war schwerfällig, tapernd, fast greisenhaft. Oder hing er einfach nur seinen Gedanken nach, seinen Plänen zur Vernichtung Rachels? Es hatte niemals etwas Gutes bedeutet, wenn er die Treppe herunterkam, plötzlich innehielt und minutenlang mit gesenktem Kopf auf der Stufe stehenblieb, erinnerte ich mich.

Nun geschahen zwei Dinge gleichzeitig.

›Gut, daß ich Sie endlich einmal treffe, Monsieur Leiser‹, sagte Madame Hirondelle.

Die Hirondelle war unsere seltsam flüchtige Concierge. Im Haus sah und traf man sie nie, nur an allen möglichen und unmöglichen Orten der Stadt. Sie umklammerte meinen Arm.

›Ich bereite eine Petition vor und hoffe, daß auch Sie unterschreiben‹, sagte sie. ›Wir jagen die Karatemenschen aus dem Haus, diese Asozialen. Schauen Sie mal, der Idiot da drüben …‹

Ich hatte die Vorgänge auf der gegenüberliegenden Seite der Brücke mit einem Auge weiterverfolgt. Ein eiliger, ledriger Lümmel war in Jonathan Still hineingerannt, das Baguette war zu Boden gefallen, der Alte hatte den Jungen gemaßregelt, woraufhin dieser das Baguette (aber es war kein Baguette, sondern eine Angel) kurzerhand über die Brüstung in den Fluß geworfen und sich verdünnisiert hatte. ›*My brandnew rod!*‹ rief Vater. Und zu den Passanten: ›*Did you see that?*‹ Aber keiner nahm Notiz von ihm. ›Meine Angel!‹ rief er, völlig außer sich, auf Deutsch. ›Meine schöne Angel! Haben Sie das gesehen? Helfen Sie mir doch!‹ Er lehnte jetzt zusammengesunken an der Brüstung.

›Diese *boches*! Bringen Millionen um. Aber ihre Angeln sind ihnen heilig‹, sagte die Hirondelle, die peinlicherweise Deutsch verstand. ›Sieg Heil!‹ rief sie hinüber zu Vater, ›geh zurück, wo du hergekommen bist!‹

In diesem Augenblick erkannte er mich.

›Sam! Hilf mir!‹

Aber ich tat so, als hätte ich ihn noch nie gesehen. Ich packte die Hirondelle und verlor mich mit ihr in den Straßen.

◆◆◆

Elizabeth und Ashley hatten im Mittelzimmer ein kleines Festmahl vorbereitet. Wir saßen um Letis alte Arbeitsplatte herum, aßen Krabbencocktail, Paella, Karamelflan und tranken spanischen Rotwein. Ashy wünschte mir ›*Joyeux Rosh Hashanah*‹. Die Paella bekam mir nicht, ich übergab mich auf der Toilette und blieb gleich dort und zählte die Fliesen, bis ich Ashleys und Elizabeths Türen zufallen hörte. Ich schlich in mein Büro und schaute durch das Loch im Wandschrank. Die Teller waren abgeräumt und hatten Elizabeths Büchern und Ringordnern Platz gemacht. Sie hielt ihr Rotweinglas gegen das Licht der Lampe. Dann atmete sie tief durch und schlug ihren dicken Bildband über Matthias Grünewald und den Isenheimer Altar auf. Sie fing an zu weinen und näßte das Buch mit ihren Tränen.

In dieser Nacht übersetzte ich zwölf Seiten Perrone, ohne auch nur einmal innezuhalten. Am Ende wußte ich zwar nicht, was ich eigentlich übersetzt hatte, aber die Abfolge der Worte schien korrekt zu sein und klang einigermaßen. Jemanden gut und gerecht zu übersetzen, den man persönlich kannte, war nur möglich, indem man alles Intime ausblendete und Abstand nahm und sich zu größter Sachlichkeit zwang.

Ich schaute nach meiner schlafenden Tochter. Sie hatte eine dieser kleinen Menorahs aus Katzengold, die die Araber in der Rue de la Huchette verkauften, in ihr Fenster gestellt. Die Kerzen waren heruntergebrannt.

Ashley war im Hospital Pereira Rossell am Boulevard Artigas in Montevideo zur Welt gekommen, eine schnelle Geburt, das Baby habe es kaum erwarten können, erzählte Leti gerne. Ludovico hatte mich beiseite genommen und gesagt: ›Ich weiß es, dein Vater weiß es, und du wirst es auch bald wissen. Für jeden jüdischen Vater kommt der Moment, da fühlt er sich wie Abraham auf dieser unvorstellbaren Dreitagesreise zum Tempelberg. Er weiß, daß er sein Kind größten Qualen aussetzen könnte. Also beschützt er es, solange er kann, mehr als jeder andere Vater auf der Welt.‹ Große, schreckliche Worte, die Ludo in seinem erratischen, egomanen Leben nicht unbedingt befolgt hatte. Auserwähltsein und Brandmarkung bestimmten laut Jakob Wassermann unentrinnbar unsere Leben. Identität bedeutete Schuld, sagte Meyer, das brauchte uns keiner zu erklären. Wie gut, daß ich alles vergessen hatte und mich nicht weiter zurückerinnern mußte als bis zu einem weinenden amerikanischen Zeitungsjungen im Hafen von New York.

Ich ließ mich auf dem Fußboden der Kapelle nieder und hielt den Rest der Nacht Wache vor der Tür meines Kindes.

◆◆◆

Die nächsten Tage waren wir alle sehr fleißig. Elizabeth ließ ›Rosinante‹ auftanken und besuchte die Kathedralen von Reims und Amiens. Ashy sah das Licht am Ende des Tunnels der Französischen Revolution, brillierte in Mathematik und freute sich auf ihren Geburtstag. Da ich viele Stunden zu Hause hockte und übersetzte und sie danach von der Schule abholte, konnte ich ihren spätnachmittäglichen Solo-Promenaden einen Riegel vorschieben. Statt dessen fuhren wir endlich nach Herzenslust Metro und stiegen an entlegenen Stationen aus, die wir noch nicht kannten. Wir tranken Diabolo und aßen Choucroute und beobachteten und kommentierten die Gehweisen der Gattung Mensch. Abends telefonierten wir mit Elizabeth und zogen Kater Rodrigo am Schwanz, bis er sie lautstark grüßen ließ. Leti schien immer noch in Rom zu verhandeln. Der BBC World Service brachte eine halbstündige Sendung mit dem Titel *The Cinema of Letitia Weintraub*, die Ashley sehr aufwühlte, die sie aus- und wieder einschaltete. Eine von den James Bonds der DDR vermutlich auf geheime Botschaften und Mikrofilmpunkte peinlichst abgeklopfte Weimarer Postkarte Fetterlys vermeldete, daß man ihn überall mit offenen Armen empfange und er sich pudelwohl fühle. Ich hoffte, daß es Rachel gutging und sie an der Riviera den narbigen, herzensguten Quarterback aus ihrem Roman treffen und vom Fleck weg heiraten würde. Zu meiner Begegnung mit Vater am Pont Neuf fiel mir nur ein weiteres Shakespeare-Zitat ein: *Men shut their doors against a setting sun.* Inzwischen war ich im letzten, traurigen Teil des Perrone-Romans angelangt. Perrones Feststellung, daß er sich in dieser Welt nicht mehr heimisch fühle, bezog sich auf den Verlust Makikos, die ermordet worden war. Elizabeth hatte recht: Man durfte die Phantastercien eines Mannes, der mit seinen Lügen und Fiktionen Millionen scheffelte, nicht ernst nehmen, sonst war man verloren.

Von dem Bayonne-Geld kaufte ich als Geburtstagsgeschenk ein neues Cello und schleppte es in seinem Futteral durch die halbe Stadt. Musische junge Frauen folgten mir wie dem Rattenfänger von Hameln. Elizabeths anhaltende Keusch- und nun auch Abwesenheit machte mir zu schaffen. Unsere Geschichte hatte so leidenschaftlich begonnen, die Stimmgabel so erregend gezittert und geklungen. Der Mutterinstinkt, den Ashy in ihr erweckte, war unserer jungen Liebe abträglich. Vielleicht mußte ich Zab auf den Boden der niederen Triebtatsachen zurückholen, indem ich sie mal wieder ins Stundenhotel entführte.

Meyer und seine Bodyguards schienen vom Erdboden verschluckt worden zu sein. Wahrscheinlich machten sie Montmartre und Pigalle unsicher, gaben dort ihre skurrile Gangsterballade zum besten. Inzwischen tat es mir leid, es tat mir weh, daß ich meinen ältesten und treusten Freund so abgekanzelt hatte. Noch immer waren mir Meyers gegenwärtige Lebensumstände und Einkommensverhältnisse nicht ganz klar. Zahlten Leute wie Boss Neidelman

Renten? Aber Meyer war ja in Ungnade gefallen. Ein Gerücht besagte, er hätte Neidelmans cholerischem Sohn Reuben (mit dem ich das Mißvergnügen gehabt hatte, einen Winter lang an der Central High das Musical ›Oklahoma‹ zu proben, natürlich als Statist) irgendein Geschäft, irgendeinen Coup vermasselt. Jedenfalls war er mit Vater (und Rachel) nach Paris gereist, wohnte aber nicht im Ritz. Was darauf schließen ließ, daß Vater bezahlte, ihn jedoch an der kurzen Leine hielt. Ein Meyer unter vollen Segeln wäre morgens im Ritz und abends im Georges V eingelaufen und hätte zwischendrin noch das Crazy Horse gemietet. Ich war gespannt, was er Ashy zum Geburtstag schenken würde, das zweite Cello?

In der Nacht vor dieser bis ins kleinste Detail geplanten Festivität kam Zab müde, mürrisch und leicht vergrippt zurück und konnte mir gerade noch dabei helfen, Küche und Flur mit bunten Lampions zu schmücken, bevor sie sich auf die Matratze warf. Ohne Ashys Wissen hatte ich fünf Klassenkameradinnen angerufen und zu einer frühabendlichen *surprise*-Party eingeladen. Dieser schöne amerikanische Brauch war in Frankreich unbekannt, dafür gaben französische Mütter ihren Töchtern schallende, angeblich glückbringende Ohrfeigen, wenn diese ihre erste Regelblutung hatten (was laut Elizabeth vor kurzem bei Ashy eingetreten war). Die Lampions entsprachen guter, alter Montevideo-Sitte, sie würden am nächsten Morgen dreizehnfach leuchten. Den Rest der Aufbauten mußte ich erledigen, bevor Ashy aus der Schule kam. Zab sollte die anderen Mädchen mit dem Auto in die Denfert-Rochereau bringen, wo sie dann der zu Fuß eintrudelnden Ashley im Dunkeln auflauern und ›*Suprise, suprise!*‹ kreischen würden, während ich es Licht werden ließe. (Kaum nötig zu erwähnen, daß man mir einen solchen Kindergeburtstag nie ausgerichtet hatte.)

Algebraische Formeln vor sich hin murmelnd erschien das Geburtstagskind pünktlich um sieben in der Früh im Flur, wo es unter den Lampions ausgiebig gehalst und geherzt und zu seinem fortgeschrittenen Alter beglückwünscht wurde. Wir frühstückten French Toast und Fried Eggs und knusprigen Bacon von Marks & Spencer, die Eier nach Ashy-Art *sunny side up*. Zab schniefte und hüstelte und hatte wieder einen schlechten Geschmack im Mund, und wir verabreichten ihr zwei Codein-Tabletten. Auch das Wetter war unfestlich gestimmt, es regnete.

Zu den Klängen von Paul Desmonds (*né* Paul Emil Breitenfeld) ›These Foolish Things‹, mit jenem fast unwirklich lyrischen Saxophonsolo, aufgenommen in irgendeinem gottverlassenen, mittelwestlichen Junior College, welches der Menschheit, hätte sie Paul nur lange genug gelauscht, den Glauben an ein Jenseits zurückzugeben imstande gewesen wäre, dekorierten Zab und ich Ashys Zimmer, stellten Blumen und das Cello auf und hängten die uruguayische Flagge an die Wand, nachdem ich den verschlafenen urugayischen Dichter um eine Verlängerung der Ausleihfrist gebeten hatte. Wie bereits erwähnt, müssen Zeichen gegen Zeichen gesetzt, kleine Altäre gegen die Menetekel errichtet werden, um die dunklen Mächte daran zu erinnern, daß wir uns nicht alles gefallen lassen.

Ich zog die verfluchte, bereits x-mal verrutschte Sisyphusflagge gerade wieder in die richtige Position, als das Telefon klingelte. Kurz darauf kam Zab, die im Mittelzimmer den Tisch für das Buffet gescheuert hatte, hustend herein und meldete:

›Es ist deine Frau.‹

Ich stieg von der Leiter und rannte ins Büro. Wenigstens hatte Leti über ihren Verhandlungen den Geburtstag unserer Tochter nicht vergessen. Sie hielt sich tatsächlich immer noch in Rom auf und war der irrigen Meinung, daß Ashley vom Lycée St. Louis ›geburtstagsfrei‹ bekommen hätte. So verfuhr Leti mit der Welt, die Objekte hatten sich dem Subjekt anzupassen, sonst gab es Schelte aus dem Regiestuhl. Seit Monaten versuche ich, dich zu erreichen, warf ich ihr vor. Warum denn? wollte sie wissen. Ja, warum eigentlich? dachte ich.

Es hatte sich alles von selbst erledigt, mein Schatten, der vermeintliche Detektiv, die Reise nach Bayonne. Nur Elizabeth natürlich nicht, aber von Elizabeth würde ich ihr ein anderes Mal erzählen. Leti klang angespannt und ungeduldig, mit ihr war heute nicht gut Kirschen essen. Sie würde noch einmal nach Paris kommen, um mit Lord Wade nachzuverhandeln. Sie wollte abends wieder anrufen.

Ich fand Elizabeth in der Küche, unter einem Handtuch ätherische Öle inhalierend. Sie sprach in den Topf und war kaum zu verstehen.

›Na, hat sie dich fertiggemacht?‹

›Warum sollte sie?‹

›Ich dachte nur.‹

›Dann denkst du falsch.‹

›Du liebst sie immer noch.‹

›Ach, Gottchen, Zab. Dieser Satz hat nun wirklich so einen Bart!‹ Ich streichelte ihren Kopf. ›Wenn er allerdings unter diesem aufregenden Handtuch von einer über alle Maßen begehrenswerten und dazu noch hilflosen Frau gesagt wird …‹

Sie lüftete das Handtuch und lächelte mich aus überströmtem Gesicht an. Die Dämpfe hatten ihre Züge noch einmal um fünf Jahre verjüngt. Ich nahm sie in die Arme und trug sie ins Schlafzimmer, als das Telefon erneut bimmelte.

›Du mußt rangehen, es ist sicher für Ashy‹, sagte Zab.

›Du rührst dich nicht von der Stelle.‹

›Er bittet Sie beide zum Brunch in die C-C-Coupole, jetzt gleich‹, sagte eine sehr britische Männerstimme am Telefon.

›Wer?‹

›Mr. Schneider. Soll ich Ihnen einen W-W-Wagen schicken?‹

›Sie können mich mal‹, sagte ich und knallte den Hörer auf die Gabel.

Als ich ins Schlafzimmer zurückkam, war mein sensibles Liebchen schon nicht mehr in Stimmung, sondern hatte sich angezogen und studierte ihren Einkaufszettel. Anstatt mir Unanständigkeiten ins Ohr zu hauchen, fragte sie, ob nun Salzgebäck oder Gummibärchen oder beides besorgt werden sollten. Ringold, der Hundesohn. Er litt ja keine Not, hatte seine amerikanischen Hippiemädchen und die wilde Leti obendrauf.

Ein paar Stunden später, Zab inhalierte wieder in der Küche, ich übersetzte das vorletzte Kapitel von *Perrone weiß nicht weiter*, stand er wahrhaftig in eigener Person vor der Tür. Oben aus dem *Golden Fist* hallten die Schreie der Bekloppten, und Ringold hatte die Haltung eines Karatekämpfers eingenommen, um mich zu belustigen. Neben ihm harrte einer seiner jungen Doppelgänger der Dinge, die da kommen sollten. Aber welche Dinge waren das? Wir warteten geduldig, bis der Schauspieler geruhte, sein lebendes Bild zu beenden, den Kamelhaarmantel abstreifte und ihn seinem Double überreichte, welches das edle Stück sorgsam faltete und über den Arm legte, um sich dann geflissentlich zu entfernen.

Mit den Worten ›Titia weiß nichts und darf auch nichts erfahren‹ betrat Ringold, ohne daß ich ihn hereingebeten hätte, unsere bescheidene Hütte, die er sogleich über den grünen Klee lobte, wie es bei Zwanzig-Zimmer-Bewohnern Sitte war. ›Hübsch, Sam, sehr hübsch.‹ Er trug heute Maßanzug und genialisch nachlässig gebundene Krawatte, doch trotz Kälte und Regen waren seine Füße in den Gucci-Loafers immer noch pennerhaft sockenlos, vermutlich die neueste Marotte in seinen Kreisen.

›Wo können zwei Männer hier ungestört reden?‹ wollte er wissen, als quelle meine Behausung über vor lästigen schlüpferlosen Studentinnen und Pariserinnen in hochhackigen Lacklederstiefeln. Immerhin war ich in seiner Einschätzung vom Rang des Sohnes zum Rang des Mannes aufgestiegen.

In diesem Augenblick kam Elizabeth, nur mit Handtuch und weißem Slip bekleidet, aus der Küche und erstarrte zur Salzsäule. Vergessen war das Männergespräch, Ringold wechselte ansatzlos in die Balzhaltung über. Ich war sicher, er merkte es gar nicht mehr, es geschah automatisch. Leti hatte mir erzählt, daß Weltstars von seinem Format noch im Schlaf die richtigen Gesichtsausdrücke hinbekamen, wenn sie nur von ferne, gleichsam im Unterbewußtsein, eine Kamera surren hörten. Sie brauchten keine Kreidemarkierungen, die ihnen zeigten, wo sie ihre hochbezahlten Gliedmaßen aufzupflanzen hatten, weil ihnen ein besonderer, nicht erlernbarer Instinkt des Blendens und Wirkens angeboren war.

›Ich bin Ringold‹, stellte er sich, die Distanz mit wenigen, klugen Schritten verringernd, der zitternden Elizabeth vor. (Ich hoffte inständig, sie zitterte vor Kälte.) ›Ringold Schneider‹, fügte er hinzu, den Bescheidenen und nur versehentlich zu Weltruhm Gelangten darstellend, dem die eigene Person geradezu peinlich war.

›Sie sehen aus wie der Schauspieler‹, sagte die Wundervolle auf Englisch. Sie huschte an ihm vorbei ins Mittelzimmer und schlug die Tür zu. In Ringolds Gesicht arbeitete es. Mit was für merkwürdigen Menschen er den Planeten doch teilen mußte. ›Titia darf nicht wissen, daß ich hier bin‹, wiederholte er. Ich schubste ihn in die Küche und befahl ihm, Zabs Grippelauge wegzuschütten und die Schüssel auszuspülen, während ich uns einen Whisky einschenkte. Er verdiente sich den ersten Pluspunkt, indem er es mit spitzen Fingern tatsächlich tat. Dann verspielte er die kleine Sympathie gleich wieder.

›Ich werde Titia heiraten, Sam. Sie ist die Liebe meines Lebens.‹

›Hals- und Beinbruch. Ist sie informiert?‹

›Darüber wollte ich mit dir sprechen. Und über Ashley.‹

›Ashley ist tabu, Ringold. Sie besucht Schulen, sie kann lesen und schreiben, kurzum: sie lebt in einer anderen Welt als du. Wenn du sie mit dem Schauspielvirus infizierst, rücke ich dir auf die Pelle.‹

›Deutsche sind keine Schauspieler. Sie tun nur so.‹

›Ashy ist keine Deutsche.‹

›Hast du eine Ahnung. Ich habe deinen Vater in der *Tonight Show* gesehen. Ashley ist die jüngere Ausgabe. Sehr preußisch, sehr militant.‹

›Das Mousehole-Fenstermassaker‹, sagte ich. ›Was ist da passiert, was hast du verbrochen?‹

Er betrachtete versonnen seine Hände. Mir schwante, daß Ashy sich diesen Tick bei ihm abgeguckt hatte. Ich war zwar kein Leser von Filmzeitschriften, doch in jenen Tagen wäre es selbst einem Diogenes in der Tonne schwergefallen, dem neuesten Klatsch über Ringold Schneider zu entgehen. Viermal war er bereits in den Hafen der Ehe eingelaufen, um sich wenig später bei Nacht und Nebel wieder davonzumachen. Sollte Leti ihn wirklich heiraten, aus welchem Kalkül auch immer, könnte ich sie fortan chanelgleich mit ›Nummer 5‹ anreden.

›Es ging um dich, nicht um mich‹, sagte er. ›Titia machte einen Witz. Ashley flippte aus, sie hat so gar keinen Sinn für Humor. Ich kam Titia zu Hilfe. Die beiden stritten die halbe Nacht, deine Tochter wurde vulgär wie Liz Taylor, Titia sperrte sie ein. Und was tut das Luder? Klettert am Efeu in den Garten und holt Wackersteine!‹

Ich sah Ashley im Nachthemd vor mir, unterwegs zu den Steinen in Ringolds gemietetem Garten, seinem Garten auf Zeit. Die Vorstellung machte mich traurig. Ich mußte mein Kind retten, ihr Frieden bringen, aber wie?

›Einen Witz über mich? Darf man wissen, welchen?‹

Ringold schüttelte stumm den Kopf. Täuschte ich mich, oder wurden seine dunkelblauen Augen feucht? Unmöglich, die Gefühle eines Menschen zu erraten, von dem Frauen und Männer überall auf der Welt träumten, dessen Bildnis über ihren Betten hing und sie morgens in der Zeitung begrüßte. Der unheimliche Umstand, daß keiner von uns ahnen kann, wer gerade von wem träumt, läßt mich noch heute nicht zur Ruhe kommen. In unseren Träumen sind wir Verfolger und Heimsucher, aber die Heimgesuchten wissen nichts davon, ahnungslos gehen sie ihrer Wege oder suchen ihrerseits heim, die Frau aus der Metro, den Schornsteinfeger, den unschuldigen Bäcker. Die ganze Welt ist eine Traumfabrik.

Zab schaute zur Tür herein. ›Ich gehe zum Bäcker und hole Petits fours und dann die Mädels.‹ Obwohl sie doch vor nicht allzu langer Zeit einen alten Western mit Ringold gesehen haben wollte, blieb sie unbeeindruckt von der Anwesenheit des Mimen. Sie lebte in ihrem eigenen mittelalterlichen Kosmos, andere, schamhaftere, dem Tode sehr anheimgefallene Wesen und Erscheinungen waren dort Gegenstand der Verklärung gewesen. Auch Ringold schien begriffen zu haben, daß Zab für ihn verloren war, und er strafte sie mit Nichtachtung.

›Warum habe ich noch keinen Oscar?‹ wollte er wissen, als sie gegangen war. ›Hast du schon mal darüber nachgedacht, Sam?‹ Wieder die feuchten Augen.

›Ehrlich gesagt, nein.‹

Im Büro klingelte das Telefon. Nur ungern ließ ich Ringold in der Küche allein. Es war Armands Mutter, die offenbar Gefallen an der Rolle des Impresarios gefunden hatte und mir eine ›letzte Chance‹ geben wollte. Schon wieder stehe eine Messe bevor, die Messe der Optikmaschinenfabrikanten, doch Armand liege weiterhin mit Bronchitis zu Bett. Ob ich den Auftrag ›retten‹ könne? Da ich mit tausend Dollar in der Kreide stand und Steinböck wegen meiner Verspätung Auge um Auge, Zahn für Zahn schleppend zahlen würde, sagte ich zu und versprach Lieferung binnen einer Woche, sofern man mir das Manuskript rasch schickte.

›Ich habe noch keinen Oscar, weil ich Little Robin habe‹, nahm Ringold seinen Faden wieder auf. Er setzte eine dramatische Pause und wartete auf meine Frage, wer oder was Little Robin wohl sein mochte. Ich schaute auf meine Uhr. Bald würde Elizabeth die Mädels bringen, und ich wollte vermeiden, daß es in meiner Wohnung zu hysterischen Szenen um und mit Ringold Schneider kam. Ganz zu schweigen von Ashy, der ich diese peinliche Geburtstagszusatzüberraschung unbedingt ersparen mußte.

›Little Robin ist jetzt zwanzig‹, sagte Ringold. Eine Träne kullerte aus seinem linken Auge. Vorsicht, dachte ich, dir sitzt ein Meister der Verstellung gegenüber, der seine Tränendrüsen im Griff hat. Getreu dem Grundgesetz Hollywoods, nicht der Held habe zu heulen, sondern das Publikum, läßt er dieses kleine Naß los, um dich aufzulösen wie ein Stück Zucker.

›Little Robin ist mein Sohn‹, sagte er. ›Der Sohn, Sam, den ich mein Leben lang verleugnet habe. Die Mutter, ach …‹ Hier brach er ab, durchwühlte ratlos seine Platinmähne, kippte mit dem Stuhl leicht nach hinten und schlug beiläufig die Beine übereinander, alles in einer einzigen fließenden Bewegung, man kam aus dem Staunen gar nicht mehr heraus. ›Erste Liebe, dieser schreckliche Spießrutenlauf, vor langer, langer Zeit zu Hause in Hopping Gulch, wir waren Teenager. Und jetzt verachtet er mich, will nichts mit mir zu tun haben, Little Robin. Glaub mir, Sam, ich kenne die Leiden eines Vaters.‹ Ich fragte mich, was diese seifigen Konfessionen mit der Tatsache zu tun hatten, daß ihm der Oscar versagt geblieben war.

›Ich bin in Eile, Ringold‹, sagte ich. ›Du willst wissen, was ich von deiner geplanten Verbindung mit Leti halte? Nichts. Kann ich dir mit Ratschlägen helfen? Nein. Darfst du meine Tochter übernehmen, formen, nach Los Angeles verschleppen? Nein, nein und nochmals nein.‹

Ich stand auf. Er blieb sitzen und lächelte die Konservenbüchsen auf dem Küchenbord an. Er überging meine Einwände derart gekonnt, daß ich im stillen wieder Beifall klatschte. Zu den Konservenbüchsen gewandt sagte er:

›Ich hatte gehofft, wir könnten Freunde werden …‹

›Es gibt kein richtiges Leben im Falschen‹, zitierte ich Theodor Adorno (*né* Wiesengrund).

›*People who need people are the luckiest people in the world*‹, antwortete er mit Barbra Streisand.

Ich zog ihm den Stuhl unterm Hintern weg und drängte ihn zur Tür. Er lachte mir ins Gesicht. ›Du liebst sie noch immer‹, sagte er. ›Aber sie … *no way, José.* Manchmal sitzen wir am Kamin, und wenn uns nichts Besseres einfällt, sprechen wir über dich, und Titia lacht sich halbtot. *Hey presto,* das ist aber nicht das Cello, das ich Ashley geschenkt habe, oder?‹ Schon war er in ihrem Zimmer und zupfte an der roten Schleife, die ich um das Instrument gebunden hatte.

›Dein Cello ist im Eimer, Ringo‹, sagte ich. ›Keine Saite liegt oder sitzt oder steht mehr auf der anderen.‹ Das traf ihn sichtlich.

Er setzte sich auf Ashys Schreibtischstuhl und wühlte wieder in seinen Haaren. ›Der Steg ist durchgesägt‹, fügte ich hinzu. ›Mit einer Laubsäge.‹

›Ich hab mir wirklich Mühe gegeben‹, sagte er. ›Armes Kind. *Un alma en pena.*‹

›Auf Wiedersehen‹, sagte ich und rollte ihn mit dem Schreibtischstuhl hinaus.

Aber es war bereits zu spät. Die Wohnungstür wurde aufgeschlossen, und im Flur erklangen die silberhellen Stimmen der Schülerinnen. Die Klassenletzte, Tochter eines stadtbekannten Psychologen, bildete die Speerspitze. ›Marie-Pierre, komm schnell!‹ Marie-Pierre und die anderen drängten sich in der Tür. Ringold hatte keine Anstalten gemacht, von Ashys Stuhl aufzustehen, so daß sich den lechzenden Fünfzehnjährigen das seltsame Schauspiel eines amerikanischen Leinwandhelden bot, der vom Vater ihrer Klassenkameradin durch ein Kinderzimmer mit riesiger uruguayischer Flagge gerollt wurde.

›Hast du eine Idee, wie wir den Kerl loswerden?‹ fragte ich Zab. Wir hatten uns ins Mittelzimmer zurückgezogen. Nebenan gab Ringold Autogramme und erzählte Schnurren aus seinem Leben.

›Warum soll er Ashy nicht zum Geburtstag gratulieren, wenn er deine Frau doch heiraten will?‹ sagte Zab. Natürlich hatte ich diese Neuigkeit brühwarm an sie weitergegeben, um ihr eifersüchtiges Mütchen zu kühlen. Ich schaute aus dem Fenster. Unten hielt Audrain mit Ringolds Double ein Schwätzchen vor einem weißen Mercedes Benz.

›Wo bleibt denn Ashy? Sie müßte längst hier sein. Bestimmt trödelt sie wieder herum‹, sagte ich.

›Sie weiß ja nicht, daß wir sie überraschen wollen‹, sagte Zab.

Das stimmte. Wieder befiel mich diese Ashley-Traurigkeit. Sie wußte so vieles nicht. Würde ich je den Mut aufbringen, offen mit ihr zu sprechen, über mein eigenes Nichtwissen, die Schuld, meine Angst vor einem eingekerkerten kleinen Jungen?

Marie-Pierre, die Diplomatin der Klasse, klopfte und fragte höflich, ob wir nicht nach nebenan kommen und uns Mr. Schneiders Geschenk für Ashy anschauen wollten. Eine gute Vorbereitung auf das spätere Leben als Mensch bot so eine Schulklasse; sie waren in ihrer Vorform alle bereits da, mit denen man bis zum bitteren Ende zu tun haben würde, die Diplomaten, die Gleichgültigen und die Herzausreißer. Natürlich wäre es hilfreich gewesen, wenn man zufällig gewußt hätte, welches Figürchen man selber darstellte.

Zab bestaunte Ringolds Geschenk, das ich anfangs nicht recht verstand. Es war ein Filmschnipsel unter Glas. Auf Knopfdruck ging eine winzige Glühlampe an, und man konnte die spillrige Mickey Mouse erkennen, in ihrer Frühzeit als Captain Willie auf dem Dampfschiff. ›Das ist ein Stück der Originalkopie‹, sagte Zab ehrfürchtig. ›*Holy Moly*‹, entsetzte sich Ringold, ›was verschenke ich da? *Yes indeedy*‹, zwinkerte er den Schulmädchen zu, ›Onkel Walt hat es mir persönlich geschenkt. Und jetzt schenke ich es Ashley. Wertvoller als alles, was im Louvre hängt. Bestellt das euren verknöcherten Lehrern von Ringold Schneider, Hollywood, Kalifornien.‹

Und sie kam und kam nicht. Wir riefen das Lycée an, dort war keiner mehr. Auch Audrain hatte sie nicht gesehen. Die Apotheke an der Ecke wegen Trauerfall geschlossen, die Concierge wie üblich außerhäusig. Ich versuchte es bei Juliette, machte nach ewigen Telefonrunden ihre frühere Busenfreundin Dingo ausfindig, verhörte die Gäste der *Surprise*-Party, war schon bereit, sie zu foltern, als es endlich klingelte. Sicherlich hatte sie ihre Schlüssel vergessen oder verloren und sich nicht nach Hause getraut, das arme Ding.

Es war die leidige Madame Armand. Wortlos riß ich ihr den Umschlag aus der Hand, warf ihn ins Büro und rannte zurück, um den Teenagern endlich den Namen des Knaben zu entlocken, mit dem Ashy seit Wochen spazierenging. Sie schworen Stein und Bein, daß Ashy ›noch keinen hatte‹. Zab half ihnen, so viele Gummibärchen und Petits fours einzusacken, wie sie tragen konnten. Ringold wußte nicht recht. Er bekam es mit der Angst zu tun, der Abend war umgeschlagen ins Unberechenbare und weder Drehbuch noch Regisseur zur Hand. Kein Wunder, daß Little Robin ihm nicht vertraute. Täuschte ich mich, oder weinte Zab leise im Kreis der Kinder?

Immerhin kamen sie in den Genuß, mit Ringold Schneider samt Double die Treppe hinunterzugehen. ›Ich denke, ich haue mich heute mal früher aufs Ohr‹, sagte er. ›Die letzte Nacht wollte und wollte nicht enden‹, weihte er die Mädels ein. *›Vamos a la cama, que hay que descansar‹*, sang er, *›para que mañana podamos salir a jugar!‹*

›Du sprichst Spanisch?‹ rief ich ihm nach.

›Ist der Papst katholisch?‹ rief er zurück, ›ich nehme jeden Tag zwei Stunden.‹ Er hielt inne und drehte sich um und sagte: ›Wir sind beide Spieler, Sam. Aber ich beherrsche das Spiel, du wirst von ihm beherrscht.‹ Ich überlegte, aus welchem seiner Filme diese Zeile stammte.

Das Telefon klingelte. Es war nur Ludovico, der zum Geburtstag gratulieren und bei dieser Gelegenheit den Bau eines neuen Luftschlosses ankündigen wollte. Ich würgte ihn ab. Zab schlug vor, die Polizei einzuschalten. Der Gedanke, meine Tochter von Uniformierten suchen zu lassen, sie dort überhaupt zur Anzeige zu bringen, widerte mich an. Ich schickte Zab mit dem Auto los, die Cafés abzuklappern. Inzwischen war ich so in Sorge, daß ich jedem Boyfriend, der Ashy wohlbehalten zu Hause abgeliefert hätte, um den Hals gefallen wäre. Ich suchte und fand ihr Tagebuch und fieselte das Telefonschloß mit einer Sicherheitsnadel auf. Wenn sie heimlich verschossen war, würde der Name des Angebeteten in den Ergüssen zu finden sein. Doch als hätte sie mein Herumschnüffeln vorausgeahnt, hatte sie ihre tiefsten und geheimsten Gedanken spanisch verschlüsselt. Es ging um Leti, ihr Name war mal von Totenköpfen, mal von Herzen umkringelt. Auch Goethe fehlte nicht, *Stella: Fülle der Nacht, umgib mich! fasse mich! leite mich! ich weiß nicht, wohin ich trete! Ich muß! ich will hinaus in die weite Welt! Wohin! Ach, wohin? Verbannt aus deiner Schöpfung!* Ich wollte das Buch schon zuschlagen, als ein loses, zusammengefaltes Blatt herausrutschte. Auf meinem Schreibmaschinenpapier und meiner Schreibmaschine hatte sie in Englisch getippt:

Roman ohne Titel
von Mali Weintraub

Nicht ich bin, sondern mein Vater ist der Schriftsteller in der Familie. Aber er schreibt nicht, er hat Angst vor seinem Vater. Er ist wie ein Vogel, der nicht fliegen kann, sondern die ganze Zeit spazierengehen muß.

Handschriftlich hatte sie hinzugefügt: *Wer bin ich in meiner Geschichte? Ich wäre gern jemand.* Nun ja, dachte ich, besser sie schrieb Romane, als mit Philippes und Philiberts in Cafés herumzuknutschen. Kannte sich einer im Seelenleben der Backfische aus!

Es war schon nach neun. Ich rief beim Hospital Cochin an. Ich versuchte es wahllos bei anderen Krankenhäusern. Oben im *Golden Fist* wurde es lauter als gewöhnlich, dann auf einen Schlag sehr still. Das kam mir verdächtig vor. Ich stürmte die Treppe hinauf und bummerte gegen die Tür und brüllte ›Ashley!‹ Lobo öffnete mir, den Zeigefinger an die Lippen gelegt. Ich war noch nie im *Golden Fist* gewesen. Sie hatten alle Wände des Mausoleums, in dem Madame Donzelot unter Stilleben afrikanischer Äffchen gesessen und Likör getrunken hatte, herausgerissen und eine Art Turnhalle oder Tempel mit Matten und fernöstlichen Altären errichtet. Etwa zwanzig weißgewandete Gestalten standen sich paarweise gegenüber, in mystische Weihrauchschwaden gehüllt, die Zeigefinger an die Lippen gelegt. Ich fragte mich, welchem Gott dieses Schweigegelübde galt. Dann sah ich ihn. Ganz hinten an einem Bambustischchen saß Meyer in einem weinroten, seidenen Morgenmantel und telefonierte. Dieser Anblick erschreckte mich über alle Maßen. Existierte in unserem Haus ein bizarres Paralleluniversum, dessen dunkle Sonne Meyer Mushkin war?

›Psst‹, sagte Lobo. ›Er telefoniert mit dem Mann.‹

Ich entdeckte Mo und Randy unter den Paaren und beruhigte mich. Die Anwesenheit der beiden Komiker nahm dem telefonierenden Meyer etwas von seiner sinistren Wirkung. Die drei hatten meinen Schatten enttarnt und festgenagelt, vielleicht konnten sie auch Ashy für mich finden. Meyer beendete sein Telefonat mit ›dem Mann‹. Das war alte Point-Breeze-Mob-Sprache, *talk to the man, he's my man,* und sie paßte nicht in dieses Ambiente. Aber auch Meyer hatte dazugelernt, er befleißigte sich eines neuen, mönchischen Gangs. Vom respektvollen Nicken der Karatejünger begleitet, wandelte er auf mich zu.

›Ich habe gerade dem Vater zum Geburtstag gratuliert‹, sagte er, als sei mein Vater unser aller Vater. ›Wollte später zu euch runterkommen.‹

›Ashy ist verschwunden. Ich dreh durch, Meyer.‹

›Seit wann?‹

Er wartete meine Antwort nicht ab, sondern erteilte schon Befehle. ›Mo, häng dich an die Strippe, sag Michel, er soll seine Leute zusammentrommeln. Treffpunkt Lycée St. Louis. Randy, wir fahren voraus und peilen die Lage. Rico, *if you will, please* …‹ Einer der Jünger half ihm aus dem Morgenmantel.

›Was macht Monsieur Mushkin eigentlich hier, ist er Mitglied?‹ fragte ich Lobo.

›Wieso, er wohnt doch bei uns. Er hat den Laden gekauft.‹ Diese Neuigkeit war so ungeheuerlich, daß ich in meinem angegriffenen Zustand gar nicht erst versuchte, darüber nachzudenken.

›Alles stop!‹ rief Meyer plötzlich. ›Es gibt noch eine andere Möglichkeit.‹ Er wandelte zurück zum Telefon, es wurde wieder mucksmäuschenstill. ›Späte Störung‹, ›das habe ich mir beinahe gedacht‹, ›der Vater sorgt sich‹, vernahm ich Fetzen seines Gesprächs, während ich hilflos und dumm herumstand, nicht mehr der lachende, sondern der an den Nägeln kauende Zaungast meiner Geschichte. Vielleicht hatte Ringold recht, vielleicht wurde ich vom Spiel beherrscht. Dabei hatte ich nichts anderes vorgehabt, als meiner Tochter eine schöne Zeit zu bereiten. Was war so falsch daran? Meyer legte erleichtert den Hörer auf.

›Sie kommt!‹ rief er. ›Sie ist unterwegs!‹

Man klatschte ihm Beifall. Ich ertappte mich dabei, wie ich mitklatschte. Unten klingelte das Telefon. Meyer folgte mir. Zab rief aus einer Telefonzelle an, den Tränen nahe. Ich warf Meyer einen fragenden Blick zu. Er nickte. Ich informierte Zab, daß Ashley gefunden und auf dem Weg nach Hause sei.

›Ich will jetzt wissen, was gespielt wird‹, sagte ich. ›Ich will wissen, warum du alles zu wissen scheinst und ich nichts. Wo ist Ashley gewesen?‹

Meyer hatte sich an den Schreibtisch gesetzt und blätterte in meiner Übersetzung. ›Aha, Perrone weiß nicht weiter‹, sagte er.

›Darauf mußten wir lange warten, was, Sam? Daß dieser eingebildete Sack mal nicht weiterweiß.‹ Er fuhr mit dem Finger einen Satz entlang. ›Unsere gute alte Sprache‹, murmelte er, ›wie bin ich stolz auf dich, daß du sie beherrschst.‹

›Lenk nicht ab, Meyer. Warum wohnst du in meinem Haus? Warum weiß ich nichts davon?‹

Er zupfte lachend das rote Ziertuch in seinem braunen Wildlederjackett zurecht. ›Weil du den Wald vor lauter Bäumen nicht siehst‹, sagte er. ›Aber keine Sorge, ich werde dir helfen. Bald wirst du dich besser zurechtfinden in der Welt. Hast du mal zwanzig Francs? Ich bin momentan etwas klamm.‹

›Du bist nicht zufällig gemütskrank, Meyer?‹, sagte ich und gab ihm den Schein. ›Du bist nicht zufällig in nervenärztlicher Behandlung?‹

Er sah mich traurig an. Ich kannte diesen Blick. Männer, die mit dem Gedanken spielten, ihn zu verraten, bekamen diesen Blick zum Abschied geschenkt. Ich brachte nichts mehr aus ihm heraus. Wir saßen schweigend und warteten. Endlich hörte ich den Schlüssel in der Wohnungstür.

Elizabeth kam als erste. ›Schau mal, wen ich unten getroffen habe‹, strahlte sie. ›Ich bin ja so erleichtert.‹ Unten auf dem Treppenabsatz stand Ashley. Aber sie war nicht alleine. Sie stützte eine japsende alte Frau, die aussah wie eine frisch blondierte Golda Meir. Als die beiden die Wohnung betraten, erkannte ich, daß es eine billige Perücke war.

›Madame Rosen hatte einen Schwächeanfall, wir mußten ins Krankenhaus‹, sagte Ashy. ›Und dann bin ich bei ihr geblieben, und sie hat kein Telefon, und ich konnte sie doch nicht alleine lassen.‹

Ich umarmte meine schluchzende Tochter. Das alte Leid, das alte Lied, die alte Sprache waren zurückgekehrt.

◆◆◆

Sie hieß Dina Rosen und hatte alles überlebt, und ich wollte sie so schnell wie möglich loswerden. Aber Meyer bettete sie auf Elizabeths Ottomane und ließ ihr Kakao servieren, und Ashley saß zu ihren Füßen und flehte: ›Bitte, Dina, werd gesund, wir lieben dich, wir brauchen dich.‹ Auf mich machte sie einen rüstigen Eindruck. Immerhin spazierte sie offenbar jeden Nachmittag mit meiner Tochter durch Paris.

Wenn ich die (um einem soliden deutschen Wort die Ehre zu geben) ›Sachlage‹ richtig verstand, hatte Meyer seit Jahren nach jemandem gesucht, der ihm Auskunft geben konnte über den Verbleib seiner hunderttausend Jahre älteren Schwester Amelia Mushkin, die meine Großmutter väterlicherseits gewesen war und über die Vater nie je ein Wort verlor. Bei seinen Nachforschungen, die ihn bis zu den Jeckes nach Israel geführt hatten, war Meyer auf den Namen Dina Rosen gestoßen, angeblich die Letzte, die Mali (wie sie von jung und alt, lebendig oder tot genannt wurde) gesehen haben sollte. Für Meyer, den Historiker, war es kein Zufall, daß die Rosen nach Odysseen, von denen ich nichts, aber auch gar nichts hören wollte, ausgerechnet in der Stadt gelandet war, in der Sam the Kid seine Zelte aufgeschlagen hatte. Jede Familie sei eine *big operation*, meinte er, durchgeplant bis ins Detail, für jeden, dem man das Licht ausknipste (so seine Worte), rücke ein anderer nach, springe ein anderer ein. Meyer und die Alte hatten Briefe gewechselt und sich schließlich vor einem Jahr in Paris getroffen. (Ich wunderte mich über gar nichts mehr.) Auch zwischen Meyer und Ashley war es in Sachen Mali zu regem Briefverkehr und einem Treffen im Internat gekommen, da es meine Tochter danach dürstete, mehr über ihre Herkunft und speziell über ihre Urgroßmutter zu erfahren, die laut Meyer und Rosen eine sagenhafte Gestalt gewesen sein sollte.

›Sie nahm Milchbäder, wußtest du das?‹ sagte Ashley.

›Nein‹, sagte ich. ›Aber wußtest du, daß Zab und ich eine *Surprise*-Party für dich geplant hatten? Mit Marie-Pierre und Lili und wie sie noch alle heißen? Die Geschenke liegen in deinem Zimmer, falls du noch vorhast, den Rest deines dreizehnten Geburtstags zu feiern …‹

›Wir waren unterwegs ins Lager‹, meldete sich die Rosen mit schwacher Stimme. ›Ich hab's überlebt, Mali nicht. Sie war älter als ich, sie hatte dem Führer aus der Hand gelesen, sie war völlig meschugge. Ich sagte zu ihr: Wer bist du, was suchst du hier?‹

›Mein Vater kann die Geschichte für dich aufschreiben, Dina. Damit sie nie vergessen wird‹, sagte Ashley.

›Ich habe Ihnen ein Taxi gerufen‹, sagte ich.

›Ich dachte, er schreibt nur Kriminalromane‹, sagte die Rosen.

›Das ist mein Großvater‹, sagte Ashley.

Die Rosen musterte mich. ›Du scheinst ein guter Junge zu sein. Hast auch dein Päckchen zu tragen mit diesen Augen, nicht wahr?‹

›Ja, er ist ein guter Junge‹, sagte Meyer. ›Er wird alles aufschreiben.‹

›Den Teufel werde ich.‹

›Ihr Taxi ist da, Madame‹, sagte Elizabeth, die am Fenster stand und uns, klug, wie sie war, den Rücken zuwandte.

›Ich darf dich begleiten, Dina?‹ sagte Meyer. ›Du weißt ja, wo du mich finden kannst‹, sagte er zu mir. Es gefiel mir nicht, Wand an Wand mit Meyer zu wohnen wie damals in Lenin Castle. Man hatte das Gefühl, keinen Zentimeter weitergekommen zu sein. ›Sobald ich meine Arbeit beendet habe, fahren wir nach Bayonne‹, flüsterte ich Zab zu. Ashley versprach der Alten, sie morgen zu besuchen.

Darüber würde ich nachher ein paar Takte mit ihr reden. Sie umarmte die zwei Köpfe Kleinere und warf ihr Kußhände hinterher.

Das Telefon klingelte, es war Leti. Auf Spanisch breiteten Tochter und Mutter Nettigkeiten aus, ich mußte an die von Herzen umkringelten Namen im Tagebuch denken, doch dann fiel irgendein falsches Wort, und sofort war Totenkopfzeit, sie brüllten sich an, bis Ashy den Hörer auf die Gabel knallte. Kurz darauf klingelte es wieder. Ich hob ab. *Hellooo?* sagte eine wohlbekannte Stimme. Wortlos gab ich an Ashy weiter. Opa und Enkelin wünschten einander langes Leben. Wie geht's Rachel, wie gefällt ihr die Riviera? wollte ich wissen. ›Darüber haben wir nicht gesprochen‹, sagte Ashley. ›Aber er schenkt mir tausend Dollar. Für meine Zukunft‹, schluchzte sie und rannte in ihr Zimmer, weil ich vor der Rosen nicht auf die Knie gefallen war, sondern sie hinausgeekelt hatte.

Ich kippte einen doppelten Whisky und bat Elizabeth um weiblichen Beistand. Wie ein gottverdammtes Ehepaar, dessen letzte Lust darin bestand, die Dramen der eigenen Nachkommen zu deuten, kratzten wir an Ashys verriegelter Tür. Abermals wurde Spanisch, die Sprache meiner Ohnmacht, gesprochen, bis Ashy uns endlich öffnete. Sie hatte nicht einmal die Schleife von ihrem neuen Cello gelöst. Auch die Geschenke der Klassenkameradinnen und Elizabeths illustrierte Ausgabe des ›Quijote‹, Audrains in Plastik eingeschweißte Klein-Tricolore und Ringolds gerahmter Filmschnipsel lagen unberührt und unbeachtet auf dem Sekretär. Dafür drückte sie ein sepiabraunes Photo, das die Rosen als Kind mit Spielreifen zeigte, an ihr Herz.

›Mir geht es viel zu gut‹, sagte sie. ›Ich werde Dina die tausend Dollar schenken.‹

Ich hielt mich nicht mit langen Vorreden auf. Ich sprach Amerikanisch, Sprache der Ankunft, der Zukunft.

›Du wirst Madame Rosen nicht mehr treffen‹, sagte ich. ›Die Vergangenheit ist tot und begraben. Nur Träumer und Verlierer hängen ihr nach. Du bist der neue Mensch, *mein* neuer Mensch. Ich will nicht, daß du dich mit schrecklichen Geschichten belastest, die du weder erlebt hast noch auf ihren Wahrheitsgehalt überprüfen kannst. Ich will nicht, daß du für andere nachleidend durchs Leben gehst. Und außerdem fahren wir nächste Woche nach Bayonne.‹

Ashy sah mich verständnislos an. Elizabeth fühlte sich bemüßigt, mich zu übersetzen.

›Dein Vater meint, du sollst dir das alles nicht so zu Herzen nehmen.‹

›Du kannst ihm ausrichten, ich pfeife auf seine Meinung.‹

›Das ist keine Meinung, Ashley, sondern ein Befehl‹, sagte ich.

›Sag ihm, ich bin nicht seinetwegen hier, sondern wegen Dina. Darum hab ich die Fensterscheiben eingeschmissen.‹

›Ein Anruf bei British Airways, und du bist zurück in Mousehole‹, spielte ich meine Macht niederträchtig aus. Unglaublich, dachte ich, was Eltern sich herausnahmen, nur weil sie Scheckbücher besaßen.

›Dann bringe ich mich um!‹ Ashy warf sich aufs Bett, vergrub das Gesicht in ihrem Kissen und begann, fürchterlich zu weinen. Elizabeth setzte sich neben sie und strich über ihren Kopf. ›Erzähl mir von Mali. Hat sie wirklich in Milch gebadet …?‹

›Zab!‹ warnte ich sie. ›Wir lassen uns nicht erpressen.‹

›Ich will dich heute nicht mehr sehen, Sam‹, sagte sie.

›Und wie lautet die Anklage?‹

Elizabeth antwortete nicht, sie strafte mich mit Verachtung. Wie Meyer, aber weniger verspielt, vermittelte sie mir manchmal den Eindruck, daß sie mehr wußte als ich. So verhielt sich meine

Geliebte also, wenn sie wütend war, sie wurde still wie die Wolle wickelnde Frau vor der Hütte, alles wissend, nichts verzeihend.

Ich schleppte mich in mein Büro und übersetzte das letzte Kapitel Perrone, in welchem der Detektiv, nachdem er dem Tod in der Bucks County Garage einmal mehr entkommen war, zurück nach Japan flog, um Makiko zu beerdigen. Allein stand er an ihrem Grab im Regen und lauschte einem Sermon, den er nicht verstand, weil er nicht Japanisch sprach. Ich war drauf und dran, Hildegard anzurufen, um in ihren Armen bei deutschem Sex Vergessen zu suchen.

◆◆◆

In der nächsten Zeit gingen wir uns alle mehr oder weniger erfolgreich aus dem Weg. Nachdem ich Ashy ein paarmal von der Schule abgeholt hatte, um sie an Spaziergängen mit Dina Rosen zu hindern, kamen Meyer und sie auf die Idee, der alten Frau eine Art ›Stammtisch‹ bei Audrain einzurichten, was zur Folge hatte, daß alle, auch Elizabeth (einmal sogar Armands Mutter) dort *Cous-Cous* aßen, außer mir. Madame Rosen, erzählte mir Audrain, hatte zu allem Übel auch noch Krebs, ich bat ihn, mir die Einzelheiten zu ersparen.

Meine Tochter schloß sich mehr und mehr Meyer und seinen Spießgesellen an. Sie redeten ohne Unterlaß, oben im *Golden Fist* oder unten bei Audrain oder bei geschlossener Tür in Ashleys Zimmer. Wir behandelten einander mit distanzierter Höflichkeit. Natürlich war Dina Rosen, war der Wunsch, sich fortan Mali zu nennen, nur eine vorübergehende Phase in ihrem jungen, dank Leti und mir wurzellosen Leben. Mit dem ersten Freund, nach dem ersten Kuß, würde der Spuk vorbei sein. Ich ertappte mich dabei, diesen jungen Lovy Loverson regelrecht herbeizusehnen. Dann könnte ich ihr Ratschläge geben, sie über die Untiefen der männlichen Seele aufklären, sie trösten und mit ihr *Bonjour Tristesse* sehen.

Meyer begegnete ich meistens vor dem Haus. Stundenlang stand er an Audrains Tür oder an eine Platane gelehnt, Hut im Gesicht, den weiten Cashmeremantel locker über die Schultern gelegt, in eine Wolke strengen After-Shaves gehüllt, bei Tag und bei Nacht, als wartete er darauf, daß die guten alten Zeiten ihn abholten und nach Hause brachten. Über Rachel wollte er sich nicht äußern, sie sei ein notwendiger Teil seines ›Plans‹, aber sonst nicht von Bedeutung, sagte er mit wegwerfender Geste. Ich machte mir Sorgen um Rachel, sie war jetzt schon sehr lange mit Vater an der Riviera und hatte noch kein einziges Mal geschrieben.

Elizabeth stand auf einem ganz anderen Blatt. Wenn wir uns wenigstens gestritten hätten. Aber sie wiederholte, was sie mir damals in der Kirche gesagt hatte: Sie glaube nicht an *doomed love* und sei für alle Zeit bedient von den kriegerischen Auseinandersetzungen ihrer Eltern. Insgeheim war ich tief beleidigt. Sie verglich mich doch nicht etwa mit ihrem manisch-depressiven, cholerischen Vater? Ihre Erkältung wurde schlimmer, sie verbrachte einige Tage in Decken gehüllt auf der Ottomane und wollte nicht gepflegt und nicht besucht werden. Ihre kleinen Geschwister fehlten ihr. Sie hätte gerne eigene Kinder, sagte sie. Dann schüttelte sie den Kopf: ›Nein‹, sagte sie, ›es ist zu spät.‹ ›Wie kann es je zu spät für Kinder sein?‹ sagte ich und biß mir gleich danach auf die Zunge. Sie schwieg. Dann sagte sie: *›Da sprach die Schlange zum Weibe: Ihr werdet keineswegs des Todes sterben, sondern Gott weiß: An dem Tage, da ihr davon esset, werden eure Augen aufgetan, und ihr werdet sein wie Gott und wissen, was gut und böse ist.‹* Dazu fiel mir nichts mehr ein. Einmal beobachtete ich sie durch das Loch im Wandschrank und sah sie wieder weinen und schrak zurück. Ich fragte mich, womit ich diese beleidigte Leberwurst an meiner Seite verdient hatte.

Auch die gesundete Elizabeth verweigerte sich. Einmal im Halbschlaf schliefen wir vage miteinander, gemessen an unserer früheren Tollheit war es ein nahezu postmodernes Erlebnis. Von Bayonne wurde nicht mehr gesprochen. Zweimal die Woche hielt Dina Rosen unten Stammtisch. Man wagte gar nicht mehr, Reisepläne zu schmieden, meinte Zab, wenn man hörte, wo diese arme Frau überall gewesen sei. ›Warum verraten wir Menschen einander so gerne?‹ wollte sie wissen, ›es ist wie ein Sport, es scheint uns Spaß zu machen.‹ Ashy hatte die Kratzspuren am Telefonschloß bemerkt und sich bei Elizabeth beschwert, sie und ich sollten gefälligst die Pfoten von ihrem Tagebuch lassen. Das traf Zab tief. Sie hätte mich schon beim ersten Mal davon abhalten sollen, warf sie sich vor. Ich konterte, Ashleys Erziehung sei ja wohl meine und Letis Sache. Aber sie war untröstlich. Das Lesen in einem fremden Tagebuch sei der Anfang vom Ende, der Untergang jeder Zivilisation.

Und dennoch liebten wir uns. Hin und wieder tauschten wir sie noch, die staunenden Blicke des Anfangs, teilten das plötzliche Innehalten und Überraschtsein von der bloßen Existenz des anderen in der Welt. Hand in Hand und schweigend wanderten wir im Novembernebel durch die Stadt. Kopf an Kopf saßen wir auf meiner Gymnastikmatte und lauschtem dem novembrigen Klavierspiel des Bill Evans. Bein an Bein lagen wir wach in der Nacht und lauschten dem Atem des geliebten Wesens.

Bis eines Tages etwas geschah, das die kleine Pause, die wir alle voneinander genommen hatten, schlagartig beendete und unseren hinter den Kulissen verborgen gebliebenen Hauptdarsteller endlich auf die Bühne brachte.

Dritter Teil

Gott am Ende

Ich hatte mal wieder keinen blassen Schimmer, an welchem Wochentag wir angelangt waren, also mußte es wohl Sonntag sein, einer dieser verhangenen, stillstehenden Sonntage, die nicht recht wußten, was sie aufführen sollten: Hamlet, Faust, My Fair Lady? Ich aß ein spätes Frühstück mit Kaffee und Cornflakes und las den Messeprospekt der Optikmaschinen-Fabrikanten Korrektur. Ashleys Tür war verschlossen, aber dahinter wurde gewispert und gekichert. Sprach sie im Schlaf, hatte sie Besuch? Ich klopfte diskret. Stille. War Elizabeth bei ihr? Nein, auf meinem Schreibtisch fand ich einen Zettel: *Nachmittags zurück. Kuß, Zab.* Mißmutig beäugte ich den Sack, in den ich die von Kater Rodrigo arg zerkratzte uruguayische Flagge gezwängt hatte. Auf einen Plausch mit dem uruguayischen Dichter verspürte ich heute wenig Lust, doch die Leihfrist war lange überschritten. Sie uferten immer aus, diese Gespräche über Gauchos und Guerillas bei daumendicken Joints, denn nirgendwo (nicht einmal an mitteleuropäischen Novembersonntagen) stand die Zeit stiller als im ewigen Montevideo der Seele.

So auch diesmal. Der Dichter Carlitos (ich nenne seinen Namen mit Ehrfurcht und Grauen, denn er ist nicht mehr unter uns, er wurde zu Tode gefoltert in einem Erdloch) schwärmte, wieviel bedachtsamer die Uhren am Rio de la Plata schlugen, wie sehr aber auch die Revolution nach Beschleunigung, wenn nicht gar Zerhacken der alten Uhren verlangte. Nichts gegen dich persönlich, Sam, sagte er, aber es treiben sich zu viele Yankees bei uns herum, sie warten, sie lauern. Sie haben Raúl Sendic verhaftet, wer wird der nächste sein? Ich vielleicht, sagte ich leichtfertig. Er legte den Arm um meine Schultern. Nein, sagte er, du nicht, *compañero*, du bist kein Opfer mehr, andere sind jetzt Opfer.

Irgendwann taumelte ich auf die Straße und ins nächste Café, um mir eine Koffeininfusion zu verpassen. Neben mir prahlte ein pickliger Jüngling, wie viele Biere und Bienen er letzte Nacht vernichtet hatte. Ich erkannte ihn wieder, es war der Etagenkellner des Stundenhotels. Mir wurde wehmütig ums Herz. Unser Nachmittag der Erleuchtung und Erfüllung schien Jahre zurückzuliegen. Wo steckte Zab? Wahrscheinlich in irgendeiner Kirche, heimliche Rosenkränze betend. Neulich hatte ich neben Kafkas *Verwandlung* eine spanische Bibel unter der Matratze gefunden. Ich wußte so wenig von ihr.

Tatsächlich wohnte der uruguayische Dichter dem Stundenhotel schräg gegenüber. Ich versuchte noch, mich zu erinnern, durch welche Straßen wir, trunken vor Liebe, von Saint-Séverin hierher gelangt waren, als ich Elizabeth herauskommen sah. Sie trug einen dicken, orangefarbenen Rollkragenpullover unter einer blauen Seemannsjacke. Sie wirkte fast wie ein Junge, wie Ahabs Starbuck. Sie blieb stehen, hob die Hand, spähte nach links und nach rechts, ließ die Hand sinken, nickte. Erst da bemerkte ich Rosinante, halb auf dem Bürgersteig geparkt und mit Strafzetteln gespickt.

Im selben Augenblick trat Jonathan Still aus dem Hotel. Er wiederum trug einen seiner schweren, schwarzen Pelzkragenmäntel, in denen er kurz vor Weihnachten, die Arme voller Geschenkpäckchen, die Nutten beehrte. Elizabeth nahm Mr. Stills Hand, führte sie an ihren Mund und küßte sie.

Diesmal sah er mich zuerst. Sein kühler, leicht angewiderter Blick bedeutete mir, daß ich mich endlich aus der Stadt verziehen sollte, solange er in ihr seine Angelruten kaufte und meine Geliebte flachlegte. Oder ekelte er sich vor sich selbst? Zab folgte seinem Blick. Ich sah sie seufzen und den Kopf schütteln. Sie wollte zu mir kommen, aber J.S. hielt sie zurück, beugte sich zu ihr hinunter, hauchte irgend etwas Intimes in ihr Ohr und entfernte sich gemessenen Schrittes in die entgegengesetzte Richtung.

Elizabeth und ich trafen uns am Auto, das wie eine feindliche Grenze, wie die Berliner Mauer zwischen uns stand. Ich bedeutete ihr fingerschnipsend wie ein Zuhälter, die Zündschlüssel herauszurücken, auf dieses erbärmliche Niveau hatte sie mich heruntergezogen. Ich öffnete ihr die Tür des Beifahrersitzes. Sie stieg ein. Der Wagen stank nach kaltem Zigarettenrauch, im Aschenbecher drei Stummel Newport Menthol, die J.S. seit seinem Herzinfarkt den filterlosen Camel vorzog. Ich startete. Dann stellte ich den Motor wieder ab. Ich hatte keine Lust, mit ihr irgendwohin zu fahren. Besser am Tatort bleiben und die Sache hier beenden.

›Es ist nicht so, wie du denkst‹, begann sie. Auch diesen Satz hatte Homo sapiens mittlerweile tausendmal im Kino gehört. ›Wir haben nur geredet.‹

›Genau. Wenn man reden will, geht man ins Fickhotel.‹

›Wir haben ein anderes Zimmer genommen.‹

›Wie zartfühlend.‹

›Es war meine Idee. Dein Vater wollte ins Sélect, da hat er früher oft gesessen …‹

›Er ist nie im Sélect gewesen. Er trank Wasser aus einer Straßenpumpe.‹

›… aber ich hatte Angst, du würdest zufällig vorbeikommen …‹

›Zufällig, großer Gott!‹

›… und uns sehen und alles falsch verstehen. Und ins Ritz konnten wir auch nicht, weil Rachel so eifersüchtig ist …‹

›Ihr Armen, mir kommen gleich die Tränen.‹

›Ich habe ihm die Orgel in Saint-Séverin gezeigt, aber in der Kirche wollte er nicht bleiben. Da fiel mir unser Hotel ein. Wir haben nur geredet.‹

›Wie lange geht das schon?‹

›Es war das erste Mal‹, log sie. ›Ich wußte nicht weiter, Sam. Du bist so kalt und distanziert, besonders mit Ashley. Ich wollte ihn um Rat fragen. Er ist ein kluger Mann und er ist dein Vater. Ich dachte, er kennt dich am besten.‹

›Und? Kennt er mich?‹

Sie schüttelte den Kopf. ›Er hält dich für einen Träumer. Aber das bist du nicht. Väter sind alle gleich, sie haben eine unterirdische Wut, ich weiß nicht warum. Meiner wirft mir vor, daß ich studiere. Deiner ist sauer, weil du dein Studium abgebrochen hast. Und du … du läßt Ashley nicht träumen. Aber Kinder brauchen Träume und Phantasien und …‹

›Hat er dir gesagt, warum ich das Studium abgebrochen habe?‹ unterbrach ich ihr Geplapper.

›Nein. Sag es mir, Sammy. Ich liebe dich. Es ist nicht so, wie du denkst.‹

›Du hast seine Hand geküßt.‹

›Aus Dankbarkeit.‹

›Wofür?‹

Sie schwieg. Ich konnte und wollte mir die Szene nicht vorstellen, die zu diesem Handkuß geführt hatte.

›Er hat mir bei einem Problem geholfen‹, sagte sie schließlich.

›Ich höre.‹

›Mit Gott … ich will nicht darüber sprechen.‹

›J.S. hat dir da oben Religionsunterricht gegeben? Für wie bescheuert hältst du mich eigentlich, Flittchen?‹

Sie nahm mir die Zigarette aus der Hand und rauchte ein paar Züge. Es war das erste Mal, daß ich sie rauchen sah. Auch diese Bastion hatte er genommen.

›Ich habe geglaubt... nein, ich glaube immer noch, daß du und ich ... daß unsere Liebe einen Unterschied macht, daß sie ein Licht ist, eine kleine schöne Kerze, die wir jeden Tag anzünden, verstehst du, gegen die Lügen und ... ‹

›Unsere Liebe ist besudelt und vergiftet und liegt in den letzten Zuckungen‹, unterbrach ich sie und startete den Wagen. Bis zur Garage fuhren wir schweigend. Auch auf dem Fußweg in die Denfert-Rochereau wechselten wir kein Wort. Als wir uns dem Haus näherten, sagte ich: ›Ich möchte, daß du deine Sachen packst. Ich rufe Armand an wegen der Mansarde.‹ ›Ich habe mit Armands Mutter gesprochen‹, sagte Elizabeth, ›sie ist noch unentschlossen.‹ Sie hatte unser Ende und ihren Absprung also vorausgeplant. Unfaßbar. ›Ich bin sicher, J. S. findet was für dich. Bei seinen Huren war er immer großzügig.‹

Meyer wartete vor dem Haus, schwarzgewandet und mit bekümmerter Miene wie ein Leichenbestatter. Er schien bereits informiert zu sein. ›Du bleibst hier, Juanita‹, sagte er, als Elizabeth die Tür aufschließen wollte. Folgsam hielte sie inne. *Voilà, un homme.* Ich fragte mich, ob Meyer je von seinen Frauen hintergangen worden war, und wenn ja, wie er reagiert hatte. Ab in die Teigmaschine in Rindelaub's Bakery?

›Ich habe eben mit Vater telefoniert‹, fuhr er fort. ›Es tut ihm leid. Es ist alles anders, als du denkst.‹

Ich wollte mich abwenden, aber er bohrte seine hochhackige Stiefelette in meinen Fuß. ›Weißt du, Sam, auch ich habe Bammel. Deshalb stehe ich hier herum und schiebe es auf und schiebe es auf. Aber ich glaube, die Zeit ist jetzt reif. Wir beginnen mit einem

Abendessen, der Fraß ist schon unterwegs. Morgen gehen wir alle spazieren. Übermorgen dann der Höhepunkt, Meyers Überraschung.‹ Er drehte sich zu Elizabeth und herrschte sie an: ›Du bist mit von der Partie. Wir brauchen jede Seele, die wir kriegen können.‹

›War's das, darf ich gehen?‹ Ich hatte meine Ohren auf Durchzug gestellt, mittlerweile kannte ich seine Platten.

›Vater kommt in zwei Stunden. Zähne zusammenbeißen, Sam.‹

›Wie, *hierher*? Zu uns? Dann werde ich nicht da sein.‹

›Doch, wirst du. Oder ist es dir lieber, Mo und Randy mischen dich ein bißchen auf? Findet das Treffen eben auf der Intensivstation statt.‹

Er meinte es tatsächlich ernst, ich kannte diesen gefährlich lammfrommen, pazifistischen Gesichtsausdruck. Und wenn schon, dachte ich, einmal mußte es ja passieren, warum nicht heute, nachdem er sich an meinem Liebchen gütlich getan hatte? Auch konnte ich Ashy nicht die ganze Zeit von ihrem Opa fernhalten.

›Okay‹, sagte ich. ›Für Ashy. Aber wenn ich sage, das war's, dann war's das auch. Dann verschwindet ihr.‹

Er zog mich beiseite und deutete auf Elizabeth, die mit hängendem Kopf dastand und so tat, als hinge sie tiefschürfenden Gedanken nach. In Wirklichkeit, war ich mir sicher, plante sie bereits die nächsten Schachzüge in ihrem kalkulierenden Kopf. ›Sei nicht so streng mit deiner Mieze‹, sagte Meyer. *›Be a mensch.‹* Er ließ von mir ab und verschwand im *Roi du Cous-Cous*.

Elizabeth und ich schauten ihm hinterher. Dann sahen wir einander an, beinahe so, als wäre nichts geschehen. Wir hatten für einen Moment den Faden verloren. Ach ja, wir wollten uns trennen. Ich hob gerade zu neuer Anklage an, als die Haustür aufging und eine lachende Leti herauskam, dicht gefolgt von unserer singenden

Tochter. Sie schienen wieder ein Herz und eine Seele zu sein. Wie oft hatte ich diese zwei wilden Schönheiten an der Placita Gomensoro so aus der Tür stürmen sehen, unbändig dem Tag ins Gesicht lachend! Ich lächelte. Jetzt würde alles gut werden. Dann fiel mir ein, daß Leti, Ashy und ich seit Jahren nicht mehr zusammenlebten. Auch diesen Faden hatte ich verloren. Meine Welt zerfiel mehr und mehr.

›Schau mal, da ist Papas Spanischlehrerin!‹ rief Ashley. ›Hey Zab, meine Mamita ist zurück!‹

Bevor eine langatmige spanische Begrüßung überhaupt um sich greifen konnte, zerrte ich Leti über die Straße und direkt ins Belfort. Normalerweise zerrte man Letitia Weintraub nicht einfach irgendwohin, aber was war an diesem Tag schon normal? Sie ließ es gnädig, fast amüsiert geschehen.

›Das gute alte Belfort‹, sagte sie, als wir uns wie zwei müde Tiere, die nach langen Wanderungen in ihr Revier zurückgekehrt waren, an unserer alten Tränke neben der Musicbox niedergelassen hatten. Der Wirt, ein früher Fan Letis, drückte sofort die sinnige Begleitmusik, *Como dos extraños*, Roberto Goyeneches traurigen Tango über das Lebensende ohne Liebe. Leti schien gewachsen zu sein, oder trug auch sie hochhackige Stiefel? Ich schaute unter den Tisch. Nein, ihre großen, immerkalten Füße steckten in derben Bergsteigerschuhen, die in Leti-typischem Kontrast zu ihrem eleganten gelben Strickkleid standen. Sie war behängt mit leise klingelndem Silber.

›Hast du Milchbäder genommen?‹ sagte ich, ›damals in der Stoneybrook Road?‹

Sie lauschte dem Tango. Am Garderobenhaken hing ihr dunkelbrauner Poncho, übersät von kleinen Buttons, ›Ami Go Home‹, ›Mao‹, ›Kilroy Was Here‹, auch ein deutsches Kleinod war dabei

›Wer zweimal mit derselben pennt, gehört schon zum Establishment‹.

Me acobardó la soledad
y el miedo enorme de morir lejos de ti
que ganas tuve de llorar
sintiendo junto a mi
la burla de la realidad.

›*La burla de la realidad*‹, sang sie mit. ›Du flüchtest immer noch mit Frauen vor Menetekeln. Jetzt sind also die Spanierinnen dran. Was sprecht ihr, die Sprache der Blumen und Bienen?‹

›Sie ist eine französische Spanierin. Wir trennen uns gerade.‹

Sie lächelte in sich hinein. ›*The Land of the Free*‹, sagte sie. ›Da kommst du doch her, oder?‹

›Schon die Pilgerväter sind gescheitert‹, sagte ich. ›Sie brachten ihre Käfige mit in die Neue Welt. Hätten ebensogut zu Hause weiter beten und heucheln können.‹

Gegenüber begrüßte Ashley einen Lieferwagen von Goldenbergs Deli. Zwei schwarz gekleidete Talmudschüler schleppten Schüsseln und Tabletts ins Haus. Pilgervater J.S. würde springen vor Freude. Ich kam mir vor wie in einem Zirkus, kurz vor Beginn der Show, wenn als Appetithäppchen die Clowns saltoschlagend in die Arena sprangen.

›Die Wohnung tickt immer noch. Und ich meine nicht die Standuhr‹, sagte sie. ›Ich meine Holzwürmer oder anderes Geziefer. Oder eine alte Bombe, die du versteckt hast? Jedenfalls konnte ich kaum schlafen.‹

›Du hast bei uns übernachtet?‹

Ich hatte nichts davon mitgekriegt. Meine Wohnung schien zu

einer Station für durchreisende Gespenster geworden zu sein. Allerdings war ich am Schreibtisch mehrmals eingenickt, ratlos über den neuneinhalb Seiten von *Telling Them: The Lives Of Yehuda Leiser*, die ich nachher zerreißen und im Mülleimer unter altem Kaffeesatz begraben würde.

›Ich mußte mich mal mit Madamchen aussprechen‹, sagte Leti. ›Sie macht auf wehleidig, und das dulde ich nicht. Sie will, daß wir nach Monte fliegen und heiraten. Ha!‹

›Hast du in Milch gebadet damals?‹ wiederholte ich meine Frage.

›Ja‹, sagte sie. ›Dein perverser Vater wünschte es. Das ist ewig her, Sam. Vergiß es. Wir haben unser Leben, wir haben Verantwortung – also gut: *ich* habe Verantwortung – es ist ungesund, den alten Geschichten nachzuhängen. Werd endlich erwachsen.‹

›Immerhin sind wir an dieser alten Geschichte gescheitert.‹

›Ach, was. Wir sind gescheitert wie alle anderen modernen Menschen auch. Wir waren einfach zu lasch. Himmel, bin ich hungrig! Meyer sagt, es gibt Tzimmes, hab ich das letzte Mal bei meiner Bobbe Miri gegessen. Ringold kann es kaum erwarten, den großen Jonathan Still kennenzulernen. Schauspieler und ihr sklavisches Verhältnis zum Wort! Lachhaft!‹

›Ringold ist auch da? Was soll das werden, ein Veteranentreffen?‹

›Er sitzt oben und telefoniert mit der Küste. Schick mir die Telefonrechnung.‹

›Ich höre, ihr wollt heiraten.‹

›Ach was. Schauspieler und ihr sklavisches Verhältnis zu Regisseuren!‹

›Du liebst ihn also nicht?‹

Leti lachte hell. Ihre silbernen Reifen und Ketten und Ohrringe tanzten. Der Wirt drückte den verfluchten Tango ein zweites Mal.

Sie sagte: ›Liebe? Damit ist es vorbei, Sam.‹ Während die Sandpapierkehle aus Buenos Aires davon sang, wie man weinen wollte beim Gedanken, fern der Geliebten zu sterben, und wie alle Wirklichkeiten der Welt dieser Tränen spotteten.

◆◆◆

Erinnerungen haben, metaphorisch gesprochen, so manches gemeinsam mit Wolken, die durch unser Blickfeld ziehen. Wie diese werden sie unablässig neu erschaffen, aus den Wassern der Seine (die wir auch trinken, die wir auch weinen), aus Staub und Schmutz. Wie die Wolken gaukeln Erinnerungen uns vor, was wir in ihnen zu sehen meinen, zu sehen wünschen.

Man hatte Dina Rosen bei Elizabeth und mir im Büro abgestellt. Die alte Frau, von Ashley in Alpträumen zu Tode gefoltert, stand mit mir am Fenster, versunken in das Wolkendrama. Es wäre ein Fest für Rachels Beschreibungswut gewesen, dieses Großreinemachen am Himmel, diese von stürmischen Winden gejagten Lumpen und zerrissenen Laken und grauschwarzen Reisekoffer. Rachel wusch und polierte in der Küche mein Woolworth-Geschirr und befehligte Leti, Ashley und Ringold, die das Mittelzimmer dekorierten. Rachel war, die Arme voller Blumen, mit einem Taxi gekommen, als Vorhut. Meyer holte mit Ringolds weißem Mercedes Jonathan Still ab.

›Wolken sind wie Erinnerungen, finden Sie nicht, Samuel?‹ sagte Madame Rosen. ›Mal flüchten sie, mal bleiben sie stehen.‹

›Die Wissenschaft meint, Erinnerungen seien elektrische Schocks‹, sagte ich. Darüber dachte sie kurz nach. Dann sagte sie:

›Wie kann die Wissenschaft das meinen, sie kennt mich doch gar nicht.‹

Ich drehte mich zu Elizabeth um. Sie betrachtete van de Vennes Bilder, ›Der Sommer‹, ›Der Winter‹, ihr Kopf bewegte sich langsam vom einen zum anderen und wieder zurück wie bei einem Tennismatch. Sie hatte sich umgezogen. Alle außer mir hatten sich fein gemacht, sogar Ashley, die nun endlich in das anmutige blaue Kleid mit den pickenden Hühnchen geschlüpft war. Zab trug lange, schottisch grünblau karierte Hosen und eine weiße Bluse mit maurischen Stickereien. Ihre kurzen schwarzen Locken, die ich in diesem Augenblick seltsamerweise nicht als Ganzheit, sondern als Einzelwesen, Schlangenjunge vielleicht, wahrnahm, glänzten feucht wie am ersten Tag. Ich seufzte. Es gab zwei Elizabeths. Eine, an die ich mich nach den Ereignissen des Nachmittags nicht mehr erinnern wollte, und eine andere, in die ich mich unaufhörlich neu verliebte.

›Da sitzt ein Vogel im Baum‹, sagte Zab vor den Bildern. ›Derselbe Vogel im Sommer und im Winter.‹

›Haben Sie schon mal ein Buch meines Vaters gelesen?‹ fragte ich die Rosen.

›Nein, aber ich gehöre trotzdem zur Familie‹, sagte sie.

Die Alte lebte in ärmlichsten Verhältnissen, lebte von Goldenbergs Abfällen, im grauen Gruselreich eines Hinterhofverschlags im Marais, Meyer hatte sie eingeladen, damit sie sich einmal richtig sattesse. Die Pfundnoten in Ashleys Brustbeutel waren für sie bestimmt gewesen, wie ich erst vor kurzem erfahren hatte, Ashys Ersparnisse aus Jahren. Warum, mein Kind, warum? Bücher und Fahrräder und Kleider solltest du dir von deinem Ersparten kaufen. Ich habe aber ein schlechtes Gewissen, hatte sie geantwortet.

Leti kam an der offenen Bürotür vorbei, mit einem Schälchen Milch unterwegs zu meinem Schlafzimmer, in das Kater Rodrigo geflüchtet war. ›Ha!‹ sagte sie, als sie Elizabeth und mich sah.

›Wir alle träumen von Amelia Mushkin‹, sagte Dina Rosen urplötzlich zu den Wolken. ›Darum sind wir hier.‹

›Hat Mali Ihnen je von Hargensee erzählt?‹ fragte ich.

›Hargensee? Auch Monsieur Meyer redet immer von Hargensee. Aber kam sie nicht aus Kiew, der Mutter aller russischen Städte? Ihre Eltern wurden gemeinsam erschlagen vom Blitz. Im Lager hat sie allen die Träume gedeutet.‹

Mali hatte auch die Kunst des Handlesens beherrscht, behauptete Meyer, und war eine gefürchtete Gartenräuberin gewesen, hatte ganze Birnbäume leergepflückt und die Beute in ihren Röcken versteckt, die sie übereinandertrug nach Art der Zigeuner. Von ihrer Blitzschlagmutter hatte sie einen wiederkehrenden Traum geerbt, sie träumte, daß der Zar sie zusammenfaltete und siegelte und als Brief nach Berlin schickte. Angeblich war Mali jeden Abend in Wannen voller Milch gestiegen, um ihre kostbare, luminöse Haut zu pflegen. Es hieß, ihr Bauch sei von einer Tätowierung entstellt gewesen, die ein Schaf oder ein Lamm darstellte. Wie eine Hexe war sie aus dem Nichts in Hargensee aufgetaucht und hatte meinem Großvater Jockel Leiser den Kopf verdreht. Jockel starb wenig später, erlebte die Geburt seines Sohnes Yehuda nicht, erlebte einiges nicht. Und es stimmte: Ich träumte gelegentlich von Mali Mushkin, die ich nie gesehen hatte. Sie gab mich postlagernd ab, als Paket zusammengerollt, sie flüsterte zu mir durch die kleinen Luftlöcher, die sie in mich gebohrt hatte, aber ich verstand kein Wort, denn sie sprach eine tote Sprache. Als Junge erzählte ich Meyer von diesem wiederkehrenden Traum, der mich quälte. Fürchte dich nicht, sagte Meyer, meine Schwester will dich nur in Sicherheit bringen. Merkwürdigerweise träumte am anderen Ende der Welt, in Montevideo, Ludovico Weintraub seit seiner Kindheit etwas ganz Ähnliches, wie er mir in der dunkelsten Ecke des Café

Sorocabana hinter vorgehaltener Hand gebeichtet hatte. Bei Ludo war es Tante Carlotta, die ihn nächtens in einer Fischreuse auf den Grund eines östlichen Tümpels sinken ließ. Du hattest wenigstens Luftlöcher, warf er mir vor, ich mußte mir Kiemen wachsen lassen.

Leti kam herein und schnappte sich das von Ringolds Ferngesprächen noch glühende Telefon. Sie tat dem Lycée Saint Louis kund, daß sie die Mutter sei und um dreitägige Befreiung Ashleys vom Schulunterricht ersuche, wegen einer ›Familienfeier‹. Offenbar mußte sie erst mit der dafür zuständigen Person verbunden werden, sie pulte an meinen Bücherrücken und ließ ihren Blick über Elizabeths Hose und Bluse schweifen. ›Ha!‹ sagte sie wieder. Zab drehte sich zu ihr um. Mutter und Noch-nicht-Mutter, Studentin und Mitten-im-Leben-Stehende, Sinnsuchende und Sinnverkäuferin starrten einander an. ›Schon in Ordnung‹, sagte Leti. ›Wirklich?‹ Zab schien erleichtert zu sein. ›Danke‹, sagte sie, ›danke.‹ Leti legte den Hörer auf und hielt das Telefon hoch. ›Ich habe telefoniert‹, sagte sie. ›Telefon. Schon mal gesehen, *señorita*?‹ ›Er kommt‹, sagte Dina Rosen. ›Und: *action!*‹ sagte Leti. ›Opa ist da!‹ rief sie in die Wohnug. Zab trat zu mir ans Fenster und nahm meine Hand.

Vor dem weißen Mercedes, der soeben einparkte, wartete ein kleines Empfangskomitee, bestehend aus Audrain, der ein altes Perrone-Taschenbuch vor sich hertrug wie eine Gabe, Lobo und zwei weiteren Karatejüngern. Mo entstieg mit wichtiger Miene der Limousine und öffnete seinen Fahrgästen die Tür. Zuerst schälte sich Meyer heraus, der an der Spitze des Spaliers Aufstellung nahm. Dann kam eine kleine Weile gar nichts, nur überraschenderweise unsere flüchtige Concierge mit ihrer Handtasche, unterwegs zu welchem Stelldichein auch immer. Von der Edelkarosse und der Menschenakkumulation angelockt, blieb sie stehen. Sodann sah man einen blankpolierten Pferdelederschuh gleich Satans Huf Tritt auf dem Trottoir fassen. Erkannte die Hirondelle in dem Pelzkragenträger und Mohairgewandeten, der nun in voller Länge seinem Publikum gegenübertrat, den verzweifelten Angler vom Pont-Neuf wieder? Nein, denn bereitwillig nahm sie den Photoapparat, den Audrain ihr andiente, und knipste, wie der Meister das Taschenbuch signierte und widerwillig den Arm um seinen Bewunderer legte. Er war einen langen Weg gegangen von Hargensee über die schäbige Pension in der Rue de l'Université über Lenin Castle bis zu den Gipfeln der Bestsellerlisten, die er sich nun freilich mit der vor Liebe und guter Laune platzenden Rachel Birnbaum teilen mußte. Rachel stand dem Empfangskommitee an der Wohnungstür vor. Zab hatte demonstrativ auf der Gymnastikmatte Platz genommen, als sei sie die erste Teilnehmerin eines von ihr organisierten Sitzstreiks. Ich lehnte, wie es sich für den Übersetzer gehörte, in meinem Schreibtischstuhl, den Ordner mit zweihundertsiebzig Seiten *Perrone weiß nicht weiter* auf meinem Schoß.

Sogar der Fahrstuhl schien wieder zu funktionieren, ich hörte sein schweres Schleifen und Ashys Ausruf ›Ach, Opa, endlich!‹ und Rachels ›Zieh den Kopf ein, Darling‹ und Meyers ›Sam freut sich schon so‹ und Letis ›Ha!‹ Natürlich war Englisch *la langue du jour*. Obschon des Französischen und manch anderer Zunge mächtig, bevorzugte der Meister die Sprache, die ihn reich gemacht hatte, wenn er mit den weniger Glücklichen parlierte. Er wurde nun, von Ashy gezogen, von Rachel geschoben, den Flur entlangbugsiert bis zur Bürotür. Da stand er, und es ward sehr still. Wir beschnupperten einander aus vier Metern Entfernung, so nah waren wir uns seit vielen Jahren nicht gewesen. Trotz Ritzsuite und Rachel roch ich Lenin Castle, diesen unverwechselbaren modrigen Mief, der älter war als wir, älter als Philadelphia selbst, der die vergessene Essenz von Europa war, dem ältesten Knochenhaufen der Welt. Ich erhob mich umständlich und überreichte ihm den Ordner. Ebenso umständlich öffnete er ihn, setzte seine Brille ab, setzte sie wieder auf.

›Was, ein Durchschlag? Du gibst mir einen Durchschlag?‹ sagte er.

›Das Original ist per Post an Steinböck gegangen‹, sagte ich. ›Wie immer‹, fügte ich hinzu.

›Wie immer‹, bestätigte Meyer, der hinter ihm lauerte, alle Muskeln angespannt. ›Es ist eine prima Übersetzung.‹

›Großartige Übersetzung, Yehuda, die beste bisher‹, sagte Rachel und drängelte sich an Meyer vorbei und zwinkerte mir zu.

Mr. Still reichte den Aktenordner über Rachels Kopf hinweg an Meyer weiter. Er würdigte weder die am Boden hockende Elizabeth noch die im Flur Hand in Hand mit Ashley von einem Bein aufs andere tretende Leti eines Blickes, sondern stellte sich vor die van de Vennes und nahm wieder seine Brille ab.

›In der Mount Vernon wohnen jetzt Farbige‹, war das einzige, was ihm zu den Bildern des niederländischen Malers einfiel.

›Sie wohnen jetzt überall‹, sagte Meyer.

›Hi, ich bin Ringold.‹

Mit dem sicheren Instinkt des geborenen Szenendiebs hatte der Star, seiner beträchtlichen Whiskyfahne folgend, das Büro betreten. ›Ringold Schneider. Es ist mir eine Ehre, Mr. Still.‹ Jonathan drehte sich langsam zu ihm um. Ich konnte sehen, daß er jede Faser, jedes Molekül, jedes Atom des Platinblondierten mißbilligte.

›Ja, und?‹ sagte er.

Darauf wußte Ringold momentan keine Antwort, aber er überspielte die kleine Verlegenheit, indem er sein berühmt-berüchtigtes, männlich-sensitives Heldenlächeln aufsetzte und die rechte Hand hob. Es sollte wohl eine Art indianische Geste der Friedfertigkeit sein, doch es sah aus, als begrüßte Reinhard Heydrich den Führer in Hollywood.

Dina Rosen, die weiterhin am Fenster lehnte und von Jonathan bislang noch nicht wahrgenommen worden war, räusperte sich.

›Ich kannte Ihre Mutter, Herr Leiser‹, sagte sie. ›Herrn Meyers Schwester.‹

›Wer ist diese Schreckschraube?‹ fragte Vater laut und ungeniert, wie es seine Art war. Ich mußte an Ezra Pounds Diktum über die großen alten Männer mit den wundervollen Manieren denken, die nie wiederkehren würden. Yehuda Leiser gehörte nicht zu ihnen, mit seiner Wiederkehr war also zu rechnen. *Le juif errant*, rastlos und in vielerlei Gestalt auf den Landstraßen durch die Jahrhunderte wandernd, zum Zuschauen verdammt.

›Sie war mit Mali … du weißt schon wo …‹, sagte Meyer.

›Möchtest du was trinken, Vater?‹ fragte ich schnell.

Er sah mich dankbar an. ›O ja. Ja, ja. Ich nehme ein *l'eau qui fait pshit.*‹

Beim nachfolgenden Abendessen im Mittelzimmer (es blieb fast alles stehen, Vaters Gesicht versteinerte, nur Ashley und Dina pickten spatzenhaft in den koscheren Speisen herum) gab es zwei Gesprächsblöcke, zwei Steinbrüche, in denen wir uns redlich abmühten. Der erste Block begann als Ringolds Soloprogramm. Er konnte es wohl einfach nicht fassen, daß die zweite Berühmtheit im Raum ihn so achselzuckend ignorierte. Also fühlte er sich bemüßigt, ein wenig aus dem Nähkästchen seiner Profession zu plaudern. Des langen und breiten führte er aus, wie viele Charaktere und Typen er immer wieder ›in sich‹ fand, wenn er seine Visage in die Kamera hielt. Ringold Schneider aus Hopping Gulch, Oregon, war von allen Anwesenden vermutlich der einzige, der genau wußte, wer er war. Wenn die Familien Leiser, Weintraub und Birnbaum in sich hineinschauten, fanden sie verwirrend viele unklare Lebensläufe, wechselnde Namen und Identitäten, die nie entwickelten Negative eines ganzen Volkes. Über Dina Rosen, mit der beim Essen nur Ashley sich unterhielt, die jedoch manch verstohlenen Blick mit Meyer tauschte, wollten wir lieber gar nicht erst anfangen nachzudenken. Natürlich blieb das alles unausgesprochen, sozusagen unter dem Teppich, auf dem dicht neben Vaters Beinen der offensichtlich in diese verliebte Kater Rodrigo hockte. Obwohl Leti irgendwann klug bemerkte, jetzt fehle eigentlich nur noch ›Opa Karneval‹, der einzige Mann von Welt, den wir besäßen, zum Familienglück. ›Hat Ludo euch auch angerufen?‹ fragte Vater. Wen meinte er mit ›euch‹? Nur selten schaute er mich direkt an, meistens sprach er zu einem imaginären Punkt im Unendlichen. ›Wenn er so oft anruft, kann er nicht weit sein‹, sagte Meyer, ›das lehrt die Ludoerfahrung.‹ Meine wundervolle neue Freundin Rachel blieb die meiste Zeit still. Ab und zu nahm sie Vaters Hand. Es war schwer zu sagen, was die beiden verband, ob sie überhaupt verbunden waren. Vater behandelte sie, wie er die Frauen schon immer behandelt hatte, mit zuvorkommender Nichtachtung, nobler Geringschätzung oder amüsiert-maßregelnder Strenge. Rachel wiederum bemutterte, ermahnte (›Yehuda, muß diese Zigarette jetzt sein?‹) und verzärtelte ihn. Wenn sie wirklich ein Paar waren, paßten sie hervorragend zusammen, besser konnte man gar nicht aneinander vorbeireden, sich gegenseitig aufheben. Zab, die neben Dina Rosen saß, schwieg und beobachtete aus den Augenwinkeln Leti, die sich alle Teilnehmer dieses merkwürdigen Beisammenseins einzuprägen schien, als seien wir Filmtakes, über deren Verwendbarkeit sie sich noch nicht ganz im klaren war. Sowenig gegessen wurde, so heftig wurde gebechert. Bis auf Ashy und die Rosen, die ihre Schnäbelchen in verdünnten Erdbeersaft tunkten, waren alle mehr oder weniger von schweren, roten Goldenberg'schen Weinen angesäuselt, als Rachel, ohne zu wissen, was sie tat, Gesprächsblock Nummer zwei heranwälzte. ›Sam ist wirklich eine wundervolle Übersetzung gelungen‹, sagte sie, ›und darauf trinken wir jetzt.‹ Vater und mir war schon klar, was sie bezweckte. Aber wir spielten nicht mit. Ich sagte: ›Die Liebesgeschichte, so großartig ich sie finde, könnte Perrone Stammpublikum kosten.‹ Er sagte: ›Der deutsche Titel ist völlig inakzeptabel.‹

Wir schleppten das Thema ›deutscher Titel‹ in die Küche, wo Rachel eigentlich nur rasch Kaffee kochen wollte und man sich dann nacheinander, Weingläser in den Händen, einfand. Da der kleine Raum überfüllt war, was zu einer unangenehmen körperlichen Nähe führte, ließ ich mich am Fußboden nieder, meinem neuen Lieblingsplatz. Ashy saß auf ihrem Thron, Vater ihr gegenüber, die Rosen auf einem Stuhl, den sie eigenhändig aus dem Mittelzimmer herbeigeschurrt hatte. Die anderen lehnten an Wand und Küchenschrank. Hier ein paar Highlights des Dialogs für die Perrone-Forschung:

›Perrone weiß immer weiter. Ein Zustand, in dem er nicht weiterwüßte, ist undenkbar. Ich frage mich manchmal, ob du meine Figur überhaupt je richtig verstanden hast, Sam.‹ (Während sich Vater und Kater Rodrigo mit einem langen Blick maßen.)

›Aber es würde ihn vermenschlichen, Yehuda, wenn er endlich mal nicht weiterwüßte. *Fucking Linzer tart me!* Er ist so ein Steifarsch.‹ (Während Rachels Kaffee in den Tassen erkaltete und man zu Whisky und Wodka überging.)

›Reicht dir Makikos Tod nicht, Rachel? Menschlicher geht es doch nun wirklich kaum mehr, verdammt noch mal!‹ (Während das Licht zu flackern begann und Dina Rosen, die eingenickt war, mit dem Ruf ›Wo bin ich?‹ aufschrak.)

›*Weiß nicht weiter* ist heldenhaft, es bezieht sich auf das heldenhaft Existentialistische in deinem Buch, Vater.‹ (Während Ashy sich unter den Tisch beugte und mir zulächelte und mit ihren Lippen die Worte *love you* formte.)

›Wie ein Kantianer vom Schlage Perrones gleichzeitig Existentialist sein kann, ist wohl nur meinem halbgebildeten College-Abbrecher-Sohn klar.‹ (Während Ringold ›*Sam had his day, now he's passé*‹ sagte und seine Hand vorsichtig auf Letis Schulter legte.)

›Wie wär's mit *Mein Name ist Perrone und mir ist alles scheißegal*? Hey, Juanita, bist du taub?‹ (Während es klingelte und Zab auf Meyers Geheiß wortlos die Küche verließ, um wenig später mit Bruno Fetterly zurückzukommen.)

Vater schlug die Hände vors Gesicht und rief mit gespieltem Entsetzen: ›*Professor Fetterly, the one man I fear in Europe!*‹ Er schien nichts mehr zu vertragen, seine Augen waren glasig, die Hände zitterten. Fetterly, ein Bewunderer der ersten Stunde, konnte sein Glück kaum fassen. ›Jonathan‹, sagte er, ›Jonathan, ich wollte dir schreiben, aber ich weiß, du liest keine Fanpost. *Perrone Has No Clue* ist dein Meisterwerk, wirklich, es ist so wahrhaftig, so voller Liebe und Kränkung und Todessehnsucht und ...‹

Ich sprang auf und zog den widerstrebenden Fetterly hinaus und direkt in mein Büro und schloß die Tür hinter uns. Ich unterbrach seine langatmigen Ausführungen über Bratwürste, Brecht und die untergründige Erotik der kommunistischen Horden in ihren engen Sportlaibchen, die in dem alten Bücherwurm offenbar einen späten Hormonschub hervorgerufen hatten. Wir beugten uns über die Weimarer Vierhundert-Dollar-Beute. Wie Hubert Hawkins, der Hofnarr in Vaters geliebtem gleichnamigem Film, hatte Fetterlys Informant dort ›Zugang zu den Gemächern‹, sprich gewissen Akten in den Gewölben der Geheimpolizei. Ich überflog Fetterlys Notizen und Exzerpte. Dem Literaturwissenschaftler waren die Jahrhunderte ein wenig durcheinandergeraten, auch bei den Namen herrschte anachronistische Verwirrung, doch sie sagten ihm sowieso nichts, ich hatte ihn nur vage eingeweiht in die Hintergründe meiner Recherche.

Die Fakten waren niederschmetternd, kamen aber nicht unerwartet. Meine Mutter war erwiesenermaßen, amtlich besiegelt, definitiv tot. Sie hatte sich an der Ilm erschossen. Und noch eine andere Ungeheuerlichkeit war in Goethes und Schillers Städtchen geschehen. ›Kein Wort darüber zu Vater‹, beschwor ich Fetterly und schickte ihn zurück in die Küche, aus der trunkenes Gelächter erscholl. Er wollte heute noch den Nachtzug nach Madrid nehmen, der letzten Station seiner Europatour, und ich versteckte ein kleines Geschenk (Letis vergessene spanische Ausgabe des ›Kamasutra‹) in seinem Koffer.

Ich kniete mich auf meine Matte und vergrub den Kopf in den Händen und verfluchte den *pater familias* und die ganze Mishpoche, diesen Leidensmoloch genannt ›Familie‹, von dem wir Menschen uns freiwillig fressen ließen, wo es doch eigentlich nur um Titten und Ärsche und Reproduktion ging. Mit der Liebe sei es vorbei, hatte Leti gemeint. Vielleicht lag sie nicht so falsch. Warum mußten wir uns die Welt, die Karawanserei, die gute *durée pure* unbedingt gemütlich machen durch illusionäre Historisierung, Papa, Mama, Opa, Oma, Uroma? Lag Mao Zedong nicht richtiger, wenn er die Kinder früh den Familien entriß, um sie in den Rieseninternaten des Staates auf Elternmord, Geschichtsmord zu drillen?

Zab schlüpfte ins Büro. Sie setzte sich wortlos neben mich und legte den Kopf an meine Schulter. Aus welchem ureigenen, französisch-spanischen Schreckensgewebe kam dieses arme, von Freiheit und Neuanfang träumende Menschenkind, wie hießen die Gespenster bei ihr zu Hause? ›Haben deine Eltern Vornamen?‹ fragte ich. ›Carmen und Christian‹, sagte sie nach einer kleinen Weile. Carmen und Christian. Schon das Namenspaar atmete Gewalt, Unterwerfung, Wahnideen, Kreuzzüge.

Ashy schlüpfte herein. Sie setzte sich wortlos neben mich und legte den Kopf an meine andere Schulter.

›Leti ist anstrengend‹, sagte sie. ›Wenn wir quatschen, weiß ich nie, ob sie mich meint oder jemand ganz anderes.‹

›Deine Mutter ist Regisseurin‹, sagte ich. ›Sie weiß alles über Rollenspiele. Sie kitzelt deine verschiedenen Ichs hervor.‹

›Es gibt mehr als ein Ich? Lach.‹

›Das Ich ist ein Kartenhaus, Ashy‹, sagte ich.

›Nein, das stimmt nicht‹, sagte Zab. Sie strich Ashley über den Kopf. ›Hör nicht auf ihn.‹

So saßen wir eine Zeitlang, erschöpft vom Menschlich-Allzumenschlichen, und dösten. Schließlich hörten wir, wie Meyer zum Aufbruch blies, da wir morgen, verkündete er, einen anstrengend amüsanten Tag vor uns hätten. Er stieß die Tür auf und schüttelte vorwurfsvoll den Kopf über unser kleines Tête-à-tête auf der Matte. In Meyers neuem Familiengangsterland waren Abtrünnige nicht erwünscht. Die Küchenbande versammelte sich an meiner Bürotür. Vater überragte sie, leicht schwankend, alle. Das Licht gab knisternd seinen Geist auf und ging kurz danach knackend wieder an.

›Du weißt hoffentlich, daß Händel anfangs einen viel besseren Titel für *The Triumph Of Time And Truth* hatte?‹ sagte er triumphierend, als besäßen einzig Händel und er das richtige Gespür für Titel. ›*Il Trionfo del Tempo e del Disinganno.* Was soviel bedeutet wie Enttäuschung im Sinne desillusionierender Erkenntnis …‹

In dieser Nacht träumte ich von Mali Mushkin, während ihr jüngerer, jetzt alt gewordener Bruder und die Karatekämpfer im flackernden Licht meine Wohnung aufräumten und den beträchtlichen Abwasch erledigten.

◆◆◆

Am nächsten Tag, einem der schrecklichsten meines Lebens, karrte Meyer die ganze verkaterte Gesellschaft in verschiedenen Taxis zum Père Lachaise, unermüdlich pendelte er hin und her zwischen Ritz, Avenue Montaigne, Marais, Denfert-Rocherau und seinem Schicksalsfriedhof, auf welchem er an Balzacs Grab einst von den Quakern erwählt worden war. Als wir uns dann endlich unter den wachsamen Augen Mos und Randys, die in die Runde witterten, als lauerten Heckenschützen hinter den Grabstätten, vor der kleinen Büste des großen Gehetzten der Literatur versammelt hatten, zog Meyer ein Blatt Papier aus seinem blauen Blazer und begann, eine Rede zu verlesen.

Nach unruhigem Schlaf war ich in aller Herrgottsfrühe neben Zab erwacht, die mich, den Kopf in die Hand gestützt, wohl bereits seit einiger Zeit düster kontemplierte wie einen ihrer Kirchenaltäre.

›Laß uns abhauen nach Bayonne‹, sagte sie.

›Und Ashy mit Vater und Meyer alleine lassen? Kommt nicht in Frage.‹

›Wir nehmen sie einfach mit.‹

Ich schüttelte den Kopf. ›Sie will bei der Rosen bleiben. Sie fühlt sich schuldig. Mit allem habe ich gerechnet, Schwierigkeiten in der Schule, Liebesdramen auf dem Boule Miche, kaputte Fensterscheiben, aber nicht damit.‹

›Wofür sollte eine Dreizehnjährige sich schuldig fühlen?‹

›Das ist eine sehr lange Geschichte.‹

›Ihr scheint in langen Geschichten regelrecht zu baden‹, sagte Elizabeth. Sie stahl mir einen Kuß. ›Mein Vater ist übrigens harmlos‹, sagte sie.

›Ach, wirklich?‹

Sie schwieg. Sie strich das Laken glatt. ›Er hält mich für eine große Sünderin.‹ Sie nahm meine Hände. ›Halt mich fest, Sammy.‹ Ich hielt sie ein bißchen fest. ›Weißt du, er hat recht‹, sagte sie.

Meyer hatte Vater von meinem Schatten erzählt, Vater hatte mit Elizabeth im Stundenhotel über die Bedeutung der Sünde in der modernen Welt debattiert. Zu Zärtlichkeiten und ›mehr‹ war es angeblich nicht gekommen. Sie hatte nur den Rat meines Erzeugers einholen wollen, wie man mich erfolgreich liebte. Wäre es nicht dieser Erzeuger gewesen, der liebloseste unter der Sonne, ich hätte sie vor Rührung um Verzeihung gebeten für meine gestrigen harschen Worte im Auto.

›*For he shall purify the sons of Levi*‹, sagte ich.

›Wie bitte?‹

›Immer wieder Händels Messias.‹

›Dieser Meyer ist ein Fall für den Psychiater, siehst du das nicht? Er will euch gegeneinander aufhetzen. Ich glaube, er haßt alle Menschen. Besonders dich.‹

›Meyer und mich hassen? Er hat immer zu mir gestanden, er ist mein Schutzengel. Und er ist Quaker.‹

›Nach Bayonne, Sammy. Wir fangen noch mal von vorne an. Ich bring dir wieder Spanisch bei. Bitte.‹

Aber ich hörte nicht auf sie (ich hätte es tun sollen), sondern schlüpfte in meine Pferdelederschuhe und setzte die Sonnenbrille auf.

Rachel hatte noch rasch die Grabstätte der Colette besuchen wollen und Vater und mich, der ich die widerstrebende Zab hinter mir herzog, im Nieselregen verschiedene endlose Wege des Friedhofs hinauf- und hinabgejagt. Bis Vater streikte und einfach vor irgendeiner verwitterten Totenbude stehenblieb, in deren Halbdunkel übelwollende Katzenaugen aufglühten, und seine neue Brille trockenwischte.

›Aber willst du nicht auch die Colette besuchen, *chéri*?‹ sagte Rachel. ›Von der können wir uns alle eine Scheibe abschneiden, sogar du.‹ Und mit einem Seitenblick auf Zabs Hosen: ›Sie hatte so ein wunderbares Gefühl für das kleine Karo des Alltags.‹

Vater dachte seine eigenen Friedhofsgedanken. ›Der Tod ist ein Geschenk. Nur wenige wissen das‹, murmelte er. Dieser Gedanke war neu. Jahrzehntelang hatte er mit Paul Perrone im Tod den letzten Zahlungsbefehl gesehen. ›Einem geschenkten Gaul schaut man nicht ins Maul‹, fügte er in der Sprache meiner definitiv toten Mutter hinzu.

›Du wirst ewig leben‹, sagte ich, ebenfalls auf Deutsch.

Wir tauschten einen scheuen, fast furchtsamen Blick, zwei östliche Eckensteher, die Angst hatten, daß die wackligen Holzhütten, an denen sie lehnten, ja das ganze Shtetl jeden Moment zusammenkrachte.

›Meyer will, daß ich mich erinnere‹, sagte er leise.

›Verstehe‹, sagte ich.

›Du hast keine Ahnung‹, sagte er.

›Liebe Familie, liebe Dina, liebe Rachel, habe ich jemanden vergessen ...?‹ begann Meyer kurz darauf seine Rede, als stünde er nicht unserem verlorenen Häuflein, sondern einem vielhäuptigen Clan vor, den Waltons, den Buddenbrooks. Er schaute zu Elizabeth, die ihren kleinen Finger in meinen kleinen Finger gehakt hatte, und nickte knapp, ohne ihren Namen auszusprechen.

›Mich‹, sagte Ringold. Meyer beachtete ihn nicht. Er fuhr fort: ›Die erwachsenen Mitglieder der Familie und die gute Dina werden morgen in Samuels Wohnung ein kleines Spiel spielen, unter meiner Anleitung. Ein sagenhaftes New Yorker Weibsbild hat es mir beigebracht. Danach werden wir uns wieder lieben und verstehen und respektieren, das verspreche ich, so wahr ich Meyer Mushkin heiße. Zur Vorbereitung habe ich euch, sentimental wie ich bin, hierher gebeten, wo alles anfing. Vor langer, langer Zeit wanderten Yehuda und ich, arm wie die Kirchenmäuse ... ‹

Weiter kam er nicht. Mo und Randy kämpften mit Händen und Füßen, schoben sogar drohend die Hände in ihre Jacketts, als trügen sie dort Waffen, aber die Meute der Photographen und Reporter war nicht aufzuhalten. Wie sie von unserem Ausflug Wind bekommen hatten, blieb ungeklärt. Vielleicht war es Ringolds Rache an Vater. Vielleicht war es eine Inszenierung Letis für die Geldgeber ihres neuen Films. Jedenfalls drängte man Meyer und das Fußvolk ab und umringte unsere vier Berühmtheiten.

›Wen beerdigen Sie, Monsieur Still?‹ wollte ein ganz Vorschneller wissen.

›Mir ist jeder recht‹, sagte Vater leutselig.

›Wen spielen Sie in Ihrem neuen Film, Monsieur Schneider?‹

›Ich spiele Chaim Zilbergeld, einen kleinen Bäcker im Großen Krieg‹, sagte Ringold.

›Wen haben Sie bei Chaim Zilbergeld im Sinn, Mademoiselle Weintraub?‹

›Einen alten ungarischen Argentinier, der nie die Sonne sah‹, sagte Leti.

›Was würden Sie einem sexuell frustrierten Paar raten, Madame Birnbaum?‹

›Den neuen Jonathan Still zu lesen, der knistert vor Erotik‹, sagte Rachel.

›Hey, Ringold, stimmt es, daß Tootsie Westmoreland Ihnen eine Million Dollar für die Rolle des Trotzki geboten hat ...?‹

Wir Namenlosen flüchteten in ein nahegelegenes räudiges Café, das von einer stinkenden Töle terrorisiert wurde, die hechelnd reihum alle Beine vergewaltigte, um einem danach knurrend in die Schuhe zu beißen. Meyer streckte das Vieh mit einem Faustschlag nieder. Dann befahl er Randy, den aufgebrachten Wirt in Schach zu halten, und schwor Ringold Rache. Meyer war bitterböse über die Unterbrechung seiner sorgsam vorbereiteten Rede, das abrupte Ende seiner Inszenierung. Er malte sich und uns die Folterqualen aus, die der publicitysüchtige Schauspieler an einem fernen Frühlingstag, wenn er gar nicht mehr damit rechnete, unter seinen Händen leiden würde.

Ein letztes Mal in dieser Geschichte bestellten Ashy und ich Diabolo Menthe und prosteten einander zu. Sie war ernst und still geworden in den letzten Wochen, meine arme Tochter, älter als ein Stein wirkte sie, aber diesmal war es nicht gespielt wie damals am Flughafen. In Lenin Castle existierten Photographien von Sam The Kid, auf denen er genauso aussah: zu jung zum Sterben, zu alt geboren, um unbeschwert jung zu sein.

Nach und nach trudelten die anderen ein. Der Gesprächsblock der Stunde war, angesichts der immer noch bewußtlosen Töle, Heinrich, Perrones Rottweiler. Rachel haßte Heinrich und schlug vor, ihn an Altersschwäche sterben zu lassen. Heinrich sei Perrones Bote und werde leben und leben, verfügte Vater. Tootsie Westmoreland oder ich, du hast die Wahl, Ringold, hörte ich Leti zischen, als ich, vom Klo kommend, Zab einen Wink gab und auf die Tür zusteuerte. ›Dann vermach doch dein Vermögen dem Tierschutzverein, *you Knaker*!‹ hallte uns Rachels Stimme im Regen nach.

Vielleicht war es diese unterschwellige Gewalttätigkeit, ausgelöst durch die Reporter und den sexsüchtigen Hund, vielleicht waren es die wenigen Worte und die langen, morbiden Gedanken, die

Vater und ich auf dem Friedhof gewechselt hatten – jedenfalls fingen Zab und ich in der Metro einen völlig blödsinnigen Streit an, der nicht enden wollte und sich zu einem handfesten, leider auch handgreiflichen Krach steigerte. Nachdem wir eine Weile schweigend gefahren waren, fragte sie mich plötzlich, warum ich die Perrone-Romane eigentlich nicht ins Französische übersetzte. Weil ich von meinem Vater nun einmal dazu auserkoren worden sei, sie ins Deutsche zu übertragen, antwortete ich. Natürlich verschwieg ich die wahren Gründe, mein Studium des Deutschen als Provokation und Hutbinders Demission als Wiedergutmachung für Stoneybrook Road.

›Aber Deutsch ist oll‹, sagte Elizabeth.

›Es gibt ollere Sprachen‹, sagte ich.

›Nein‹, beharrte sie. ›Zum Beispiel der Mond. In allen intelligenten, schönen Sprachen ist der Mond feminin. *La lune, la luna.* Nur in Deutschland ist *la lune* ein Mann.‹

›Dafür gibt es bedeutende deutsche Gedichte, die den Mond besingen, wie er nirgendwo sonst auf Erden besungen wurde‹, sagte ich. ›Der Mond ist aufgegangen …‹, fügte ich hinzu, aber das war's auch schon, mehr fiel mir nicht ein.

›Ich sehe es direkt vor mir, wie Débussy auf sein Notenpapier schreibt: *Clair de der Mond.*‹

›Haarspaltereien, Zab. Laß mich in Ruhe.‹

Aber sie wollte nicht aufhören. ›Ein männlicher Mond ist krank. Die Deutschen sind krank.‹

›Willst du wissen, wer krank ist? Dein Vater, der Franzose, beißt in spanische Klassiker und wringt sie wie Hühnerhälse.‹

›Deine Frau, die Sudaca, spricht falsches Spanisch und hat Minderwertigkeitskomplexe und vögelt mit Ringold Schneider, um Karriere zu machen.‹

›Am Rio de la Plata wird das schönste Spanisch der Welt gesprochen. Und wenn jemand Komplexe hat, dann doch wohl du mit deinem abgetriebenen Katholizismus.‹

›Mademoiselle hat recht‹, mischte sich ein vornehmer, älterer Monsieur in unseren Streit. ›Das deutsche *Der Mond* ist eine Beleidigung für die zivilisierte Menschheit.‹

›Halt dich raus, du Pfeife‹, sagte ich auf Deutsch.

Im Abteil begann es zu grummeln. Ein langes Elend pflanzte sich vor Zab auf und fragte, ob er sie vor mir Barbaren beschützen sollte. Ich stieß ihn zur Seite. Er ohrfeigte mich. Ich rammte ihm meinen einst gefürchteten Lacrosse-Arm in die Visage. Er drehte sich zu den anderen Fahrgästen und zeigte auf seine blutende Nase. Ich bekam einen schmerzhaften Schlag ins Genick. Bevor ich herumschnellen und mich revanchieren konnte, rammte mir ein Halbstarker unter Applaus seine Faust in den Magen. Ein Stöhnen ging durch den Wagen, als ich ihm das Ohr abdrehte, während mein Genick weiter übelst von hinten bearbeitet wurde. *›La Lune, la lune, la lune!‹* skandierte die wütende Menge. Elizabeth kämpfte jetzt an meiner Seite, biß in Arme und Hände und kickte gegen Schienbeine.

Unsanft wurden wir an der nächsten Station auf den Bahnsteig getreten. Wir sanken auf eine Wartebank und betupften gegenseitig unsere Wunden und Blessuren.

›Ach, Zab.‹

›Ach, Sam.‹

›Zabisticou.‹

›Mein Sammy.‹

Das Leidenschaftszimmer mit der Spiegelkommode war ›belegt‹. Wir nahmen ein anderes, sogar noch raffinierteres, Spiegel überall. Der picklige Etagenkellner brachte den süßen Champagner und begrüßte Zab wie eine alte Bekannte. Wir liebten uns in einem Bett mit geblümten rosa Laken, aber sie weinte die ganze Zeit. Draußen im Regen gingen die Lichter an. Würden wir Weihnachten noch zusammen erleben?

›Ich wünschte, ich hätte dich früher kennengelernt‹, sagte sie traurig, als wir am steinernen Löwen von Denfert-Rochereau aus der Metro kamen.

›Noch früher? Ich bin sowieso schon zu alt für dich. Man hätte mich eingesperrt als *Lolitero*‹, versuchte ich sie aufzuheitern.

›In einem anderen Jahrhundert‹, sagte sie.

›Es gibt kein anderes Jahrhundert‹, sagte ich.

Insgeheim hatte ich gehofft, daß Meyer und seine Gemeinde ins Ritz oder in die Coupole oder sonstwohin weitergezogen wären. Doch leider hörten wir schon im Treppenhaus Musik und einander übertönende und übertrumpfende Stimmen und trunkenes Gelächter.

Vater und sein neuer Freund, der Kater Rodrigo, hockten vor der offenen Wohnungstür auf dem Treppenabsatz.

›Sie wollen auf die Baustelle‹, sagte er. ›Die machen dort Nachtführungen.‹

Ich setzte mich neben ihn. Zab hob den fauchenden Kater hoch und ging hinein. Ich sah, wie Ashley den Flur entlanggerannt kam und Zab und das Tier umarmte.

›Im neuen Roman baut Perrone ein Haus …‹ sagte Vater.

›Unglaublich. Erzähl.‹

›Du weißt, daß ich das nicht tue. Aber soviel verrate ich dir: Perrone erkennt, wie unsinnig das Bauen ist. Wie der bauende Mensch zuletzt doch immer nur den Schauplatz für eigenes Unglück und Verderben bereitet.‹

›Hm.‹

›Frank Mistico, Ron Adler, Sal Cohnheim, alles Bauherren aus der Mount Vernon, alle unter der Erde, noch bevor ihre blöden Vorortbungalows fertig waren.‹

›Wie sieht's in Lenin Castle aus?‹

›Wie immer.‹

›Was machst du so den ganzen Tag?‹

›Was soll ich machen, ich schreibe.‹

›Und wenn der Roman fertig ist?‹

Er dachte einen Augenblick nach. Dann sagte er: ›Ich weiß nicht. Ich denke, meine Hauptbeschäftigung besteht darin, schwer erreichbar zu sein.‹

›Wird Perrone sich nach Makiko ein zweites Mal verlieben?‹

›Frag Altshuld, es war seine Idee. Er will an Rachels Leserinnen ran. Und ich Trottel habe mich breitschlagen lassen.‹

›Die Kritiker sind aus dem Häuschen.‹

›Lach.‹

Er sprach bereits Rochereau, ein gutes Zeichen. Ich wagte einen weiteren Vorstoß.

›Du und Rachel … ich finde, ihr paßt gut zusammen.‹

›So, findest du? Kennst du den Stuß, den sie verzapft und der auch noch gedruckt wird? Kaum zu ertragen. Aber sie kocht gut und … und so weiter. Haßt du mich eigentlich immer noch, Sam?‹

Diese Frage kam derart überraschend, daß mir die Spucke wegblieb. Ich erinnerte mich an sein Interview mit Lucien und drehte den Spieß um.

›Und du?‹

›Ich?‹ stellte er wiederum die Gegenfrage.

›Ja. Du. Kann ein Vater sein Kind hassen?‹

›Ich weiß es nicht. Haß, Liebe, wo liegt der Unterschied? Ist wohl immer beides im Spiel. Alles andere ist Illusion, Romantik, Rachelquark.‹

›Daß ich Ashley liebe, ist keine Ilusion‹, sagte ich.

›O doch. Doch, doch. Bei einem dekadenten Tier wie dem Menschen: ein Prozent natürliches Verhalten, neunundneunzig Prozent gelernte und tradierte Illusion.‹

›Das ist Perronequark.‹

Er lachte schallend wie früher am Radio bei seinen Quiz-Shows, wenn ein Kandidat sich entweder besonders klug oder besonders dämlich angestellt hatte. Das Gespräch dauerte jetzt bereits länger als irgendein Gespräch, das wir je geführt hatten (oder an das ich mich erinnern konnte). Wir würden nie Vater und Sohn im herkömmlichen, menschenüblichen Sinn werden, doch beide waren wir älter geworden und ein wenig milder vielleicht.

›Ich hatte immer das Gefühl, daß ich nicht dein richtiger, dein wahrer Sohn bin‹, setzte ich die Konversation im Plauderton fort.

›Ich weiß‹, plauderte er zurück. ›Aber wie deine tiefgläubige kleine Freundin sagen würde: jeder für sich, Gott für uns alle.‹

›Sie veranstalten eine Sonderführung für uns, ich habe eben mit der Bauleitung telefoniert.‹ Leti, die sich immer noch wie ein Kind darüber freuen konnte, wenn sie etwas umsonst bekam, zwängte sich neben mich auf den Treppenabsatz und legte ihren Arm um meine schmerzende Schulter. Ich spürte die Kraft ihrer begabten Hand, begabt für handwerkliche Zauberkunststücke, kaputte Blitzableiter, unglaubliche Zärtlichkeiten. Ich sah sie wieder Rumba tanzen auf der Treppe in Lenin Castle, verliebt in ihr Leben und in mich. Ich würde nie erfahren, was Vater wirklich verloren hatte auf seinen langen Wegen, wahrscheinlich wußte er es selber nicht mehr. Aber Leti und ich hatten viel, sehr viel verloren.

›Keine Presseleute‹, sagte Vater und rückte von uns ab, so daß er fast an der Wand klebte. ›Sonst komme ich nicht mit.‹

›Ich muß dich sprechen‹, flüsterte Leti in mein Ohr.

◆◆◆

Ich balancierte die letzten Meter auf einer kippeligen Planke zu einem weiteren bodenlosen Loch in der Erde, als ich plötzlich Mali Mushkin erblickte. War so etwas möglich, oder spielte mir meine beschwipste Phantasie einen Streich? Jetzt erinnerte ich mich, daß ich unseren Besuch auf der gigantischen Baustelle vorausgeträumt hatte, letzte Nacht. Hatte Vater nicht recht, wenn er Träume mit Müllhalden um Mitternacht verglich? Aber was war diese Baustelle denn anderes als ein auf dem Müll vergangener und vergeblicher Träume errichteter neuer Traum, ein Traum im Traum? In meinem Nachtmahr hatte Mali genau dort an der Brüstung des Erdlochs gestanden und mir etwas zugerufen, ihrer Gestik nach eine Warnung, wieder in der mir unbekannten, wahrscheinlich toten Sprache.

›Mali!‹ rief ich. ›Mali Mushkin!‹

Doch es war nicht Mali, sondern Leti. In der Halbfinsternis (denn nur der schon weiter gediehene Teil des geplanten Einkaufszentrums war von Scheinwerfern angestrahlt) sah Leti meiner legendären Großmutter väterlicherseits, von der keine Photos, nur Schilderungen existierten, auf einmal so fürchterlich ähnlich, als wäre sie ihrerseits von Mali vorausgeträumt worden.

Ich weiß, das alles klingt bedenklich kraus und verquast, doch eines darf mir der Leser getrost glauben: Ich schaudere, ich zittere wieder, während ich diese Sätze in der kleinen Klinik am Meer diktiere, die seit vielen Jahren meine Zuflucht ist.

›Leti!‹ rief ich. ›Worüber wolltest du mit mir reden?‹

Sie winkte mir zu. Dann schien die Dunkelheit sie plötzlich verschluckt zu haben. Fluchend stolperte ich weiter. Vor unserer Abfahrt in einem von Meyer gemieteten Kleinbus waren noch jede

Menge Alkoholika geflossen. Auch hatte Ringold einen seiner happigen mexikanischen Joints kreisen lassen. Mir war entfallen, warum ich hier mutterseelenalleine und meines Bauhelms verlustig im Regen durch die Finsternis taperte und mich nicht bei den anderen im helleren, einladender wirkenden Abschnitt der Baustelle aufhielt.

Der Regen hatte Verstärkung von einem schneidenden, tückisch-böigen Wind erhalten, der alles, was nicht niet- und nagelfest war, durch die Gegend wirbelte. Ich klammerte mich an einem wackligen Lattenzaun fest, der die Ausschachtung umgrenzte. Vergeblich hielt ich Ausschau nach dem Bauhelm, den unser junger Führer mir unter ernsten Ermahnungen (er sah sofort, daß wir alle blau wie die Veilchen waren) eingangs überreicht hatte. Ich starrte hinab in die Finsternis des Lochs. Die kleine Euphorie, die das eilige Kippen verschiedener Drinks im Kreis mitkippender Artgenossen hervorruft, war verflogen. Was für eine ideenlose Familie, die zu nachtschlafender Zeit in Sturm und Schauer werdende Einkaufshallen besichtigte. Warum war Zab nicht an meiner Seite, wir hätten wenigstens Münzen hinunterwerfen und einander zum Abschied ein langes, glückliches Leben wünschen können. Elizabeths Tränen im Stundenhotel wogen schwer auf meiner Seele. Sie erzählten von ihren, von unseren Kindern, die empfangen, geboren werden wollten. Ich mußte diese Geschichte beenden, sobald wieder Ruhe eingekehrt war in der Denfert-Rochereau.

So grübelte ich vor mich hin, als mir plötzlich eine Hand von hinten einen Stoß versetzte und ich durch das Geländer brach und in die Tiefe stürzte.

Ein Fall in fast völliger Dunkelheit, aus großer Höhe ins vermeintlich Bodenlose, dem sicheren Tod entgegen, kann (berichten andere Überlebende) luzide letzte Gedanken, spirituelle Erleuchtungen, Gottesbegegnungen auslösen. Mein letzter Gedanke galt weder Gott, noch Ashley, noch Leti, sondern einem Romanhelden. Hilf mir, Perrone, dachte ich, du bist der einzige, der mich retten kann. Dann spürte ich einen fürchterlichen, stechenden Schmerz in meinen Eingeweiden, als würde ich gepfählt, und fiel in noch schwärzere Tiefen.

Als ich unten (aber wo unten?) wieder zu mir kam, war oben auf der Erde die Hölle los. Am lautesten brüllte Rachel. Einem Familienfeldwebel gleich befehligte sie die schemenhaft am Rande des Lochs herumgeisternden Schatten, die ich, wenn ich meinen Kopf vorsichtig drehte, aus den Augenwinkeln erkennen konnte. ›Halt durch, Sam!‹ rief sie hinunter. Scheinwerfer flammten auf und blendeten mich. Ich versuchte, meine Augen zu beschirmen.

›Freeze‹, zischte eine Stimme dicht neben mir, *don't move one inch!‹* Ich erstarrte. Hatte Perrone meinen Hilferuf erhört und sich materialisiert? *›Gimme a rope, Randy!‹* rief dieselbe Stimme. Abgesehen von einem betäubenden Stechen im Unterleib schien mir nichts zu fehlen. Ich schien sogar zu schweben, zu fliegen, Sam die Fledermaus. ›Ist er bei Bewußtsein?‹ brüllte Rachel. ›Er lacht‹, sagte Perrone.

Der gute alte Ricard und Mo Zippowitz (geheiligt werde sein Name) hatten mich letztlich vor weiterem, tieferem, tödlichem Absturz bewahrt. Vielleicht auch die Turnstunden an der Central High, bei denen ich, sehr zum Gespött der Base- und Footballer, stets für meine heimlich zuschauende Melissa Green geglänzt hatte. Bäuchlings war ich auf zwei in nicht allzu großer Tiefe aus der Wand des Loches ragende hölzerne Streben geknallt. Meine von sechs, sieben Ricards gelösten Glieder und besagte frühe Übungen an Barren und Reck hatten den Aufprall abgefedert und mir geholfen, meinen geknautschten Leib elastisch um das rettende Hindernis zu winden und mich daran festzukrallen. Beinahe zehn Minuten hatte ich so gehangen, besinnungslos zwischen Leben und Tod, bis Elizabeth mein Fehlen bemerkte. Die Feuerwehr und der Baustellenarzt waren gerufen worden, doch längst hatte Mo meine Bergung im Alleingang eingeleitet, hatte sich abgeseilt, meine Lage mit weiteren Seilen stabilisiert und mich schließlich auf einer von Randy herbeigeschafften Winde nach oben befördert.

Schulterprellung, Zerrung der Bauchmuskeln, Schürfwunden und Schock lautete die Diagnose des Baustellenarztes. Ich nahm alle Schuld an dem Unfall auf mich, unterschrieb mit zittriger Hand eine entsprechende Erklärung und lehnte krankenhäusliche Behandlung ab. Rachel schüttelte nur den Kopf, es gelüstete sie nach einer Millionenklage gegen die Stadt, das Land, urbi et orbi. Immerhin wurde ich auf Kosten des französischen Steuerzahlers in einem Ambulanzwagen unter Sirenengeheul nach Hause gefahren. Zab und ich trösteten Ashy, die sich ab und zu mit meiner Hand, die sie hielt, Tränen aus den Augen wischte. ›Wenn du nun tot wärst‹, sagte sie. ›Dein Vater ist unverwüstlich, Schatz‹, sagte ich. ›Du wirst sehen, wenn ich hundert bin, sitze ich bei dir und zähle deine Kinder und Kindeskinder.‹ Das entlockte ihr ein Lächeln.

›Schick mir Meyer‹, sagte ich wenig später grimmig zu Ringold, den ich als einzigen Besucher an die Ottomane zitiert hatte, damit er mir eine extra starke Tüte baute. Die anderen hockten in der Küche und drehten und wendeten das Ereignis. Audrain hatte eine Kiste seines besten algerischen Weins heraufgebracht, und die Korken knallten wieder. Nichts belebender, als wenn der Tod mal kurz um die Ecke schaut und sagt: Falls ihr mich vergessen haben solltet, ich bin immer für euch da. Nur Zab wollte allein sein, sie hörte nebenan im Büro Bill Evans, ›Waltz For Debby‹.

Meyer kam herein. Ich bat ihn, die Tür zu schließen. Er wußte, daß etwas faul war, ich sah es an seinem gravitätischen Gesichtsausdruck. Wer so lange ›im Geschäft‹ gewesen war wie er, konnte die Anzeichen einer *assisted departure* lesen.

›Es war Mord‹, sagte ich. Und hatte im selben Moment das seltsame Gefühl, mich erneut nicht in der Wirklichkeit, sondern in einem Perrone-Roman zu befinden. ›Jemand hat mich geschubst.‹

›Bist du sicher?‹

›Denkst du, ich erfinde so was? Ich kann noch seine Hand spüren.‹

›*Seine*? Vielleicht war es eine deiner Shiksen, die du geschwängert und sitzen gelassen hast.‹

›Ich habe nur sitzen gelassen, nie geschwängert.‹

›Was erwartest du von mir, Sam?‹

›Daß du dir Sevenster greifst und ihn zu mir bringst. Ich will Zab von diesem Vater befreien. Sie soll erkennen, daß er alles andere als harmlos ist.‹

›Vielleicht war es Leti …‹, sagte Meyer nachdenklich. ›Letitia Weintraub‹, wiederholte er, mehr zu sich, ›was für eine Frau.‹

›Warum sollte Leti mich umbringen wollen? Das ist doch absurd.‹

›Ich weiß noch, wie du sie mir zum ersten Mal vorgestellt hast unten am Schuylkill an der Girard. Sie hatte einen Blick für vierblättrigen Klee, die kleine Hexe. Meyer, hast du gesagt, Leti ist mein Mensch. Nicht: Ich liebe sie. Nein, dein Mensch ist sie!‹

›Ich bin müde, Meyer. Hol mir Sevenster her. Ich werde ihn weder anzeigen noch sonst was. Nur Zab die Augen öffnen …‹

›Ja, du bist müde‹, sagte er. ›Schlaf dich aus. Ich kümmere mich darum.‹

Ich schlief bis zum nächsten Nachmittag. Als ich die Augen öffnete, saß Ashy neben mir und las in den La Fontaine'schen Fabeln, die ich ihr am ersten Tag aufs Bett gelegt hatte.

›Er ist wach!‹ rief sie.

Es stellte sich heraus, daß alle, sogar Dina Rosen, aus Sorge um mich in ungewöhnlichen Unterbringungskonstellationen über Nacht geblieben waren, Vater und Rachel in meinem Schlafzimmer mit Kafkas *Verwandlung* unter der Matratze (ich wollte lieber nicht darüber nachsinnen), Leti und Ringold bei Ashy (auch das überstieg meine Vorstellungskraft), Zab und die Alte auf der von Kissentürmen verlauschigten Gymnastikmatte (sie schnarcht, sie ist eine ganz gewöhnliche alte Frau, meinte Zab), Meyer und die seinen im *Golden Fist*, das ihm sowieso gehörte. Man behandelte mich vorsichtig wie ein rohes Ei, als sei ich der Choleriker (und nicht mein Beinahemörder). Ich war gerührt. Rachel fütterte mich mit Kaviar und Toast und Hühnerbouillon, Zab massierte meinen Nacken, Ashy brachte mir eine Wärmflasche für die geschundene Bauchmuskulatur, Ringold baute mexikanische Tüten, und Leti legte Musik auf. Schließlich ließ sich auch Vater blicken, der laut Rachel die ersten zehn Seiten des neuen Perrone in meine Olivetti gehackt hatte. Meyer fehlte, zweifellos stellte er in diesem Moment *Père* Sevenster in welchem leergeräumten Schnürsenkelchefbüro auch immer.

Ich sank auf die Ottomane zurück und betrachtete meine Lieben. Man hatte sich in Grüppchen niedergelassen und ging friedvollen Tätigkeiten nach, es wirkte fast wie eine barocke Schäferszene. Elizabeth und Ashley lagen einander gegenüber auf dem Fußboden, weiß und rot besockte Füße in die Luft gereckt, und spielten Schiffe versenken. Rachel und Ringold saßen mit übereinandergeschlagenen Beinen am *coffee table*, sie las ihm leise aus der Zeitung vor, er schenkte ihr sein schüchternstes Big-Boy-Lächeln, worauf sie errötete, worauf er errötete. Dina Rosen lagerte im Sessel und hielt schnirchelnd Siesta. Leti kauerte mit angezogenen Knien zu ihren Füßen und pulte zart an einer Laufmasche in den schwarzen Nylonstrümpfen der Alten. Vater, der letzte große Fenstersteher des Jahrhunderts, stand, die Hände auf dem Rücken verschränkt, und beobachtete das Treiben auf der Avenue. Ich winkte Leti zu mir.

›Wolltest du nicht etwas mit mir besprechen?‹ flüsterte ich.

›Es geht um Ashy‹, flüsterte sie zurück. ›Ich will nicht, daß sie hierbleibt. Nach gestern noch weniger.‹

›Die Frage ist, was will sie selbst?‹

›Ach, sie ist so verwöhnt. Wir sollen immer noch nach Monte fliegen und heiraten, damit sie sich nach einer deiner diversen Großmütter nennen kann, die kein Mensch je gesehen hat.‹

›Dina Rosen kannte Mali Mushkin‹, sagte ich.

Leti formte mit Daumen und Zeigefinger eine Hummerschere und kniff in meinen Bauch. Es tat höllisch weh.

›Ich weiß, du gibst dir Mühe, Sam. Aber es reicht nicht.‹

›Du bist eifersüchtig auf Zab. Ashy mag Zab.‹

›Natürlich! *Estoy a flor de piel.* Ich bin keine dieser anämischen europäischen Gänse, die dir immerzu hinterherschnattern und sich alles gefallen lassen.‹

›Ashley hat darum gebettelt, bei mir zu sein. Denn du bist nie für sie da. Du bist wie mein Vater, schwer zu erreichen. Du entfernst dich und zwingst die Menschen, dich zu verfolgen. So war es immer. Das gibt dir ein Gefühl der Macht.‹

›Ich will nicht, daß Ashy so wird wie du, melancholisch und bitter.‹

›Zwanzig kaputte Fensterscheiben sind nicht gerade ein Zeichen überschäumender Lebensfreude. Lassen wir sie das Schuljahr im Lycée beenden, sie wird sonst meschugge. Moment mal, was redet sie da …?‹

Ashley, deren Schiffe sich offensichtlich in großer Not befanden, brabbelte unablässig vor sich hin, eine Beschwörungsformel, Zauberformel. Ich glaubte, meinen Ohren nicht zu trauen. Die Sprache besaß Struktur. Die Sprache besaß Bedeutungen. Sie klang, als sei sie auf einer alten, endlosen Landstraße erfunden worden, an der Gabelung Osten Ecke Süden. Kein Zweifel, es war die Sprache, die Großmutter Mali Mushkin in meinen Träumen sprach.

›Erinnerst du dich nicht? Du hast ein Gedächtnis wie ein Sieb‹, sagte Leti. ›Das ist doch ihre Sprache für tote Riesenschildkröten‹, fügte sie leise hinzu.

Und da erinnerte ich mich an das sanfte gepanzerte Wesen, von ungünstigen Strömungen der Weltmeere als Kadaver an den Strand von Piriapolis geschwemmt, den ersten Todesfall in Ashleys Leben.

◆◆◆

Meyer kehrte erst abends zurück, unverrichteter Dinge, mit leeren Händen. Nach der Untat mußte Sevenster fluchtartig die Stadt verlassen haben. Ich war außer mir und warf mein Weinglas gegen die Wand. Man interpretierte diesen Wutanfall als Spätfolge des Schocks und versuchte wieder, mich durch konstante Anwesenheit im Mittelzimmer zu besänftigen. Ein Kreis von vollen, halbvollen und leeren Weinflaschen, verkrusteten Tellern, zerlesenen Zeitungen, überquellenden Aschenbechern bildete sich um meine Ottomane. Man hauste auf dem Fußboden, nur die Rosen hing schief im Sessel. Sie schlief jetzt fast ununterbrochen. Selber schuld, dachte ich, was mischte sie sich ein, was versprach sie sich davon? Wollte sie Vaters Herz erweichen? Hatte sie noch nicht begriffen, wie gefährlich der Mann war, wie hart dieses Herz?

›Yehuda‹, sagte Meyer, ›weißt du noch, was die Hafenarbeiter gesungen haben, als wir in New York ankamen? Sam hat es vergessen, und das quält ihn.‹

›*Let Doctor Schmett vet your pet*‹, sagte Vater, ohne eine Sekunde zu zögern. Er atmete schwer. Allein in den letzten zwei Tagen hatte er sich vermutlich eine ganze Jahresration Wein, Whisky und Zigaretten zu Gemüte geführt. Nun sang er auch noch:

If your donkey starts to balk,
If your parrot talks double-talk,
If your hen by some rooster's upset,
Let Doctor Schmett vet your pet.

Ich hatte diesen wohlklingenden Bariton das letzte Mal auf den Friedhöfen von Philadelphia gehört. Nach einem irischen Begräbnis auf Laurel Hill gab es bei uns zu Hause immer drei Tage gebratene Hühnerinnereien, denn ergreifender als er trug keiner ›Danny Boy‹ vor. Er goß sich einen Whisky ein, aber Rachel nahm ihm das Glas mit den Worten ›Du wirst geliebt und verehrt, du brauchst das nicht‹ aus der Hand.

›Mach den Hofnarren nach, Opa!‹ rief Ashy. ›Der Wein mit dem Fächer …‹

›Im Becher mit dem Fächer ist der Wein mit der Pille‹, zitierte Vater aus seinem Lieblingsfilm. ›Der Pokal mit dem Portal hat den Wein gut und fein. – Aber …‹ er hob einen warnenden Zeigefinger, ›sie haben den Pokal mit dem Portal zerbrochen …‹

›Au ja‹, sagte Ashley.

›Wer hat ihn zerbrochen?‹ meldete sich plötzlich Dina Rosen.

›Die Mächte der Welt‹, sagte Vater. Zu Ashy gewandt fuhr er fort: ›Und ihn durch den Kelch mit dem Elch ersetzt.‹

›Lach‹, sagte Ashy. ›Also ist der Wein mit der Pille weiter in dem Becher mit dem Fächer, und der Kelch mit dem Elch hat den Wein gut und fein?‹

›*Just remember that*‹, sagte Vater.

›Danny Kaye‹, sagte Ringold aus einer Wolke von Marihuana. ›*That's entertainment.*‹

›*That's bullshit*‹, sagte Leti. ›Darüber kann ich nicht lachen.‹

›Du sollst auch nicht darüber lachen‹, sagte Vater, ›sondern es dir gut merken. Das Leben wird dich noch lehren, wie wichtig es ist, die Parole zu kennen.‹

›Du rührst mich so, Ashley‹, meldete sich Dina Rosen erneut aus heiterem Himmel. ›Ich sehe sie alle, alle in dir wieder. Alle Mädchen, die in Rauch aufgegangen sind ...‹

›*Ta geule!*‹ sagte Vater sehr leise, sehr eindringlich. Einen Augenblick hatte ich Angst, er würde aufspringen und die alte Frau schlagen. Statt dessen nahm er die Whiskyflasche, legte den Kopf in den Nacken, sperrte den Mund auf wie beim Zahnarzt und schüttete sich einen langen Strahl gluckernd in den Rachen. Rachel knurrte.

Ashley war bleich geworden. ›Sei bitte lieb zu Dina, Opa‹, sagte sie.

›Wenn du soviel Spaß hast am Leid, werde doch Rabbi‹, antwortete Opa böse.

›Es reicht, Yehuda‹, sagte Leti.

›Nein, ich werde Prophetin‹, sagte Ashley trotzig.

›Bravo‹, klatschte ich Beifall. ›Das ist meine Tochter. Laß dich umarmen.‹

Rachel lenkte das Gespräch gekonnt in andere, modernere Bahnen, auf die besonnten Freeways ihrer Romanwelt, denn auch sie bereitete ein neues Werk vor und war, im Gegensatz zu Vater, nur allzu willig, uns mit ein paar Appetithäppchen aus ihrem Notizbuch zu erfreuen. Allem Anschein nach ging es diesmal um einen Medizinstudenten, der sich in eine Medizinstudentin umwandeln ließ, die sich hernach in den Studenten verliebte, der sie selbst gewesen war.

Vater stöhnte und schüttete nach. Ringold beachtete den vor kurzem noch verehrten Kriminalschriftsteller nicht mehr, sondern loderte jetzt für die kleine, häßliche, wunderschöne Frau mit den luftigen Metaphern und dem pragmatischen Herzen. Er hatte den halben Tag am Telefon verbracht, eingehüllt in eine anschwellende Seifenblase weltumspannender Filmprojekte, klotziger Gagen und luftiger Immobilienhändel. Warum rufst du nicht Little Robin an? fragte ich ihn. Warum lernst du nicht Spanisch? gab er zurück. Leti behandelte ihn sachlich, professionell, nicht ohne den gelegentlichen verbalen Weintraub'schen Tritt dorthin, wo es weh tat. Fand Ringold tatsächlich Gefallen daran, oder spielte er bereits den gebeutelten Bäcker Chaim Zilbergeld? Ab und zu durfte er an ihrem Mund vorbeiküssen, da sie den Kopf stets im letzten Moment zur Seite drehte.

Keiner machte Anstalten, ins Ritz oder in die Avenue Montaigne zurückzukehren; man schien sich beim armen Verwandten sauwohl zu fühlen. Meyer trug Dina Rosen wie eine späte Braut nach oben ins Karatestudio, um sie dort irgendwo zu betten oder abzulegen. Ich fühlte mich inzwischen wieder kräftig genug, um meinen Claim im eigenen Schlafzimmer abzustecken. Ashley verkuppelte, schlau wie ein altes *Shadchen*, Ottomane und Sessel zu einer Art Bett für Vater und Rachel und trollte sich murrend in ihr eigenes, wo sie neben ihrer im Schlaf stets wild um sich schlagenden Mutter nächtigen mußte. Ringold wurde auf meine Gymnastikmatte verbannt und revanchierte sich, indem er weiter telefonierte. Es war bereits zu spät, um ein neues Telefonschloß zu kaufen.

Mit kurzen amourösen Unterbrechungen hatte ich Letis und meine alte Wohnung lange Zeit alleine bewohnt. Das Glück und das Gelächter, die Streits und die Tränen, das kleine Karo des Alltags (und seine große Herrlichkeit) blieben unvergessen, doch brachten diese Erinnerungen keine tieferen Empfindungen mehr hervor, kein Herzweh, nur Stiche, Momentaufnahmen, Ashys regennasse Kinderschuhe vor der Wohnungstür, Letis Hand in der Sonne auf der Fensterbank, ein altes Kissen in der Kapelle, aus dem hin und wieder eine Feder zu Boden schwebte, Relikt einer ausgelassenen sonntäglichen Bettenschlacht.

Umso unheimlicher die geballte Präsenz der Köpfe, der ganze Epochen und Welten in sich bergenden Hirnwindungen, die jetzt Wand an Wand einem neuen Tag entgegenschlummerten. Montevideo und Hopping Gulch, Lenin Castle und Milwaukee, Weimar und Hargensee und alle Vergangenheiten, alle Geschichten, die diese Orte erst erschaffen hatten, übernachteten in der Denfert-Rochereau und sendeten Impulse, schlugen Funken. Hätte ich nachts aufs Klo gemußt, ich wäre schon im Flur zusammengebrochen unter den Emanationen dieser Wechselspannung.

Andere suchten das Klo heim, es war ein Kommen und Gehen, Husten und Seufzen auf dem Flur. Natürlich tat ich kein Auge zu. Auch Zab konnte nicht schlafen. Ich nahm ihre Hand und zählte die Finger. Langsam dämmerte mir, wie knapp ich dem Tod durch die Mörderhand ihres katholisch verwirrten Vaters entronnen war. War sie das wert, die süße Haut der jungen Frau aus dem alten Oropesa, die ich mit Küssen bedeckte und wie ein Bluthund beschnupperte, als könnte mir ihr Duft einen Weg aus der Gruft der Geschichte weisen?

›Wir sind nur Staub‹, sagte Elizabeth. Sie hatte meine Gedanken gelesen und zu Ende gedacht. Ich war drauf und dran, ihr alles über *Père* Sevenster zu erzählen, als wir einen Schrei hörten.

›Das war dein Vater‹, sagte Zab.

›Vater schreit nicht‹, sagte ich, ›er knirscht mit den Zähnen.‹

Ashy kam lautlos hereingeschlüpft. Sie kuschelte sich leise kichernd an Zab. Zabs Finger tanzten Menuette auf Ashys Flöte spielenden Pyjamaschweinchen. Ich betrachtete todmüde, hellwach meine um ein Haar halbverwaiste Tochter in den Armen meiner Geliebten und fühlte mich alt, alt wie ein Stein.

›Opa ist vom Klo gekommen‹, frohlockte Ashley, ›und hat den Mann gesehen und peng …‹

Sie spielte uns vor, wie Vater die Schneiderpuppe ausgeknockt hatte. ›Schade, daß wir nicht ins Büro können…‹ Sie flüsterte Zab etwas zu.

›Sprich bitte laut‹, sagte ich, ›keine Geheimnisse mehr.‹

›Du hast ein *Loch* in deinen Wandschrank gebohrt?‹ fragte Zab mich entgeistert.

›Nicht ich. Andere. Die Vormieter, was weiß ich …‹

Aber sie sah mich an, als sei ich der Verderbteste unter Gottes Sonne und verloren für alles Menschliche.

Der nächste frühwinterliche Tag dunkelte heran. Nach mehr oder weniger improvisierten Waschungen und Salbungen bildeten sich Frühstücksgrüppchen. Ashley pendelte mit der Kaffeekanne hin und her. Ich zupfte an ihrem Pullover. Wäre es möglich, daß man sie in der Schule erwartete? Sie lachte mir ins Gesicht. Keine Spur von Melancholie und Bitterkeit. Sie entfernte sich. ›*We all live in a yellow submarine*‹, sang sie. Ich beschloß, dem Treiben ein Ende zu setzen und allen, außer Ashy und Zab, die Tür zu weisen. Danach würde ich Madame Armand anrufen und ihr eine Gratisübersetzung anbieten, wenn sie Zab die Mansarde überließe.

Aber Meyer, übernächtigt und hohlwangig, beharrte auf seinem am Grabe Balzacs angedrohten Spiel, das wir anderen längst vergessen hatten. Im Flur musterte er die Nichtspieler aus, Ashley, Rachel und Ringold. Ashley zuckte die Achseln. Ringold war erleichtert und sofort unterwegs zum Telefon.

›Elizabeth darf, und ich nicht?‹ protestierte Rachel.

›Du kannst gerne für mich einspringen, ich wollte sowieso zur Uni‹, sagte Zab.

›Juanita bleibt‹, sagte Meyer. Er wandte sich wieder an Rachel. ›Sie hat mit Yehuda über Sam und Gott gesprochen.‹

›Die *farmishte shikse*? Was weiß die schon? Ich rede über nichts anderes mit Yehuda.‹

›Nein‹, sagte Vater. ›Verlobungsringe. Damit hast du mir die ganze Nacht in den Ohren gelegen.‹

›Wunderbar, ihr seid in der richtigen Stimmung‹, sagte Meyer.

›Achthundert Dollar das Stück‹, fügte Vater hinzu.

›Rachel, du bleibst in der Küche und schreibst dein schönes neues Buch‹, ordnete Meyer an. ›Ashy, du gehst einkaufen, wir brauchen Brot, wir brauchen Öl, wie brauchen Wein. Gib dem Kind Geld, Samuel.‹

›Öl? Wozu brauchen wir Öl?‹

›Für das Brot.‹

Ich gab Ashley ein paar Francs und befahl ihr flüsternd, den Wein zu vergessen. Es war genug gesoffen worden.

›Die halbe Welt liegt auf Sofas herum und läßt sich analysieren nach der Methode Freud‹, begann Meyer seine Ausführungen. Mo und Randy hatten die Möbel des Mittelzimmers an die Wände geschoben, Dina Rosen hereingeführt und sich diskret zurückgezogen. Leti, Vater, Zab und ich waren von Meyer wie unartige Schulkinder in die Ecken gestellt worden. Vater schaute verstohlen auf seine Zehntausend-Dollar-Armbanduhr. Es nötigte mir Respekt ab, wie er Meyer die Treue hielt, bei diesem Blödsinn mitmachte, keine Miene verzog. Die Rosen stand mit herabhängenden Armen im Zentrum wie die blinde Kuh gleichnamigen Spiels, ihre Laufmasche war über Nacht zu einem bananenförmigen Loch gediehen, aus dem das faltige, graue Fleisch ihrer Wade quoll.

›Ich weiß, Freud ist *the man*. Er sagt, Moment …‹ Meyer zog seine Brieftasche heraus und entnahm ihr einen kleinen blauen Zettel, den er umständlich auseinanderfaltete. ›Erinnern, Wiederholen, Durcharbeiten, sagt er. *Meine* Pussy in New York sagt etwas ganz anderes.‹ Er blickte in die Runde, um zu prüfen, ob wir auch gespannt genug waren.

›Eigentlich muß ich zur Uni‹, sagte Zab.

›Mach *presto*, Meyer‹, sagte ich.

›Ich habe dieses Spiel mit meiner Pussy und ein paar anderen gespielt, und es hat mir geholfen‹, sagte Meyer. ›Bei Verschiedenem‹, fügte er hinzu.

›Vom Gangster zum Quaker zum Zaddik‹, sagte Vater. ›Alle Achtung, Meyer.‹

›Es heißt *Familienaufstellung*‹, fuhr Meyer unbeirrt fort. ›Und das Prinzip ist …‹ Er konsultierte wieder sein blaues Zettelchen, ›Bäumchen wechsle dich, sei einmal ein anderes Bäumchen.‹

›Ich habe Durst‹, sagte Leti.

›Wir beginnen mit Sam‹, sagte er. ›Sam ist sein eigenes Bäumchen. Stell dich zu Dina und sei du selbst. Dina ist deine Mutter.‹

Ich schleppte mich zu Dina. Sie roch nach alter Wäsche, altem Schlaf.

›Sag, wie du dich fühlst, Sam. Neben deiner Mutter.‹

›Hungrig. Hab noch nicht gefrühstückt.‹

›Deine innersten Gefühle, Sammy. Bewegt sich da nicht etwas in dir, nach so langer Zeit neben deiner Mutter zu stehen?‹

›Nein.‹

›Willst du vielleicht woanders sein? Bei deinem Vater? Yehuda, stell dich neben Sam und Dina und spiel den Vater.‹

›Ich denke nicht daran‹, sagte Vater. ›Außerdem *bin* ich der Vater, falls du das vergessen hast.‹

›Du mußt dich aber stellen, Yehuda.‹

Vater ging wortlos zum Fenster und pflanzte sich neben der Schneiderpuppe auf.

›Das gilt nicht‹, sagte Meyer ungehalten. ›Letitia, geh zu Yehuda und sei seine Mutter und meine Schwester.‹

›Mach ich nicht‹, sagte Leti. ›Ist nicht mein Ding.‹

›Ist nicht unser Ding, Meyer‹, gab ich ihr recht.

›Ihr seid alle Verlorene‹, sagte Dina Rosen.

›Haben wir noch Kartoffeln?‹ fragte ich Leti. ›Du könntest mir Reibekuchen brutzeln.‹

›Du ißt immer noch Reibekuchen?‹ sagte Leti.

›Der Magen geht nicht gerne auf Reisen‹, sagte ich.

›Seid still!‹ brüllte Meyer.

In diesem Moment kam Elizabeth aus ihrer Ecke und trat neben mich.

›Ich bin Ashley‹, sagte sie.

›Du bist noch nicht dran. Und du bist nicht Ashley‹, sagte Meyer.

Zab brach in Tränen aus. Ich wollte sie in meine Arme nehmen, doch sie stieß mich fort. ›Ich bin Ashley und ich bin meine kleinen Geschwister und ich bin alle, die ihr fertigmacht!‹ schrie sie.

Es wurde sehr still.

Nur Zabs Schluchzen war zu hören. Plötzlich wich alles Blut aus ihrem Gesicht, und sie kippte um.

Ich fing sie auf. Sie war ohnmächtig. Ich trug sie ins Schlafzimmer und bettete sie auf die Matratze. ›Bringt mir Wasser, bringt mir Wodka!‹ rief ich.

Vater stand in der Tür, er bebte am ganzen Körper. Rachel eilte mit Wasser herbei. Ich besprenkelte Zabs Gesicht und benetzte ihre Lippen. Die anderen drängten sich auf der Schwelle.

›Dann machen wir eben ohne Juanita weiter‹, sagte Meyer aus dem Hintergrund.

›Laßt mich mit Mademoiselle Sevenster allein‹, sagte Vater und schlug ihnen die Tür ins Gesicht. Er schloß ab und warf den Schlüssel auf die Matratze. ›Du darfst bleiben‹, sagte er zu mir. Draußen tuschelte man wild durcheinander. *›Get lost!‹* rief Vater. Er hockte sich hin und zerrte mit zitternden Händen an seinen Schnürsenkeln. Ich hielt die immer noch bewußtlose Elizabeth im Arm. Vater kniete jetzt am Rande der Matratze. Ich war in allerhöchster Alarmbereitschaft.

Zab schlug ihre tiefen, dunklen Augen auf. Sie schielte stärker, als ich es bisher wahrgenommen hatte. Vermutlich eine Folge der Ohnmacht. Oder war ich einer Täuschung erlegen gewesen? Meinten die Menschen in meinem deformierten Blick nicht auch eine fiktive Ernsthaftigkeit und Demut, ja Schönheit zu lesen? Zab schüttelte meinen Arm ab und kroch zu Vater, der sich jetzt auf der Matratze niedergelassen hatte. Sie legte ihren Kopf in seinen Schoß. Seine langen, dicht behaarten Hände nestelten an ihren schwarzen Locken.

›Was habe ich dir geraten, Elizabeth?‹ sagte er leise und schaute dabei nicht sie, sondern mich an. ›Entweder alles leugnen. Oder alles zugeben. Dazwischen gibt es nichts.‹

›Ich verstehe‹, sagte ich tonlos. ›Ihr habt es also hinter meinem Rücken getrieben.‹

›Nichts verstehst du‹, sagte Elizabeth leise. ›Aber es ist nicht deine Schuld.‹

›Leugnet man alles‹, sagte Vater, ›muß man dieses Alles neu erfinden. Sonst entsteht eine Lücke, und die Welt gestattet keine Lücken.‹ Er starrte mich unverwandt an. ›Sam hat seinen alten Deutschprofessor nach Deutschland geschickt, um mich festzunageln. Aber ich habe nicht achtundzwanzig Romane geschrieben, um mich festnageln zu lassen.‹

›Deutsche Akten lügen nicht‹, sagte ich. ›Von allen Akten der Welt lügen deutsche Akten am wenigsten.‹

Vater ringelte eine Elizabethlocke um seinen Finger. ›Sam ist ein bißchen plemplem‹, sagte er auf Deutsch. ›Das ganze Reich war eine Fälschung, von Anfang an, schon vor seiner Gründung. Oder kann er mir eine Akte über Simcha Rebtschik zeigen?‹

›Wer ist Simcha Rebtschik?‹ sagte ich.

›Niemand. Ein alter Wanderfreund. Dessen Akte du nicht finden wirst, weil es sie niemals gab. Weil es uns niemals gab.‹

›Wie wär's mit Ingelore Weisheit, meiner Mutter? Sie hat sich in Weimar erschossen. Warum?‹

Er küßte Zabs Stirn. Auf Französisch sagte er zu ihr:

›Keine gute Frau, die Ingelore. Hat unsere Wohnung angezündet und den Brand mir in die Schuhe geschoben. Wollte mich loswerden, hatte sich neu verliebt, in den Führer. So ist das mit der Liebe.‹

Zab nickte langsam, als sehe sie das alles vor sich, als erlebte sie es gerade selbst.

›Geh zu deiner Familie zurück, Elizabeth, leugne nicht mehr. Du bist anders als wir, anders als Sam. Und vergiß diesen Gott, der in deinem Kopf herumspukt. Gott gibt es nicht, es kann ihn nicht geben. Denk doch mal in Ruhe darüber nach. Wenn es so ein Ding gäbe, wäre es schon nicht mehr Gott.‹

›Aber bevor sie, wie du behauptest, den Brand gelegt hat, ist jemand anderes in Weimar aufgetaucht. Nämlich deine Mutter, Mali Mushkin‹, sagte ich. Das war Bruno Fetterlys Überraschung für mich gewesen. Laut Polizeibericht war Mali ›aufgegriffen‹ und in Gewahrsam genommen worden. Danach verlor sich ihre Spur. Sie wurde erst später wieder in einem der Lager gesichtet, als Dina Rosen sie mit den Worten begrüßt hatte: ›Wer bist du? Was suchst du hier?‹

›Amelia Leiser‹, sagte Vater zu Elizabeth. Er sprach weiter Französisch. ›Sie und mein Vater waren ein ordentlich verheiratetes Paar.‹

›Und wo haben sie geheiratet?‹ sagte ich. ›In Hargensee? Wo bitte liegt Hargensee?‹

›Da, wo ich herkomme, Elizabeth, gab es Orte, die wanderten mit den Menschen weiter, die in ihnen wohnten. Unglaubliche Orte voller Weisheit und Wissen.‹

›Und wohin sind diese Orte gewandert, Yehuda?‹ sagte Elizabeth sanft.

›Haben sich in Luft aufgelöst.‹

›*Conceal me what I am and be my aid, for such disguise as haply shall become the form of my intent*‹, sagte ich.

›Er zitiert den Barden. Das ist leider alles, was er kann. Übersetzen, zitieren, falsch interpretieren.‹

Vater nahm die herzförmige Brille ab und begann sie zu putzen. Dann ließ er sie plötzlich fallen und schlug die Hände vors Gesicht. Er zitterte am ganzen Körper.

Es war entsetzlich. Mir schossen augenblicklich die Tränen in die Augen. Ich hatte Vater noch nie in einer derart hilflosen Verfassung erlebt.

›Vater ... verzeih mir‹, hörte ich mich sagen. Es war alles meine Schuld, von Anfang an meine Schuld gewesen, man durfte ihm nicht weh tun, ihn nicht kränken, verletzen, es mußte ihm gutgehen, jetzt und immerdar.

›Sie rief: Erkennst du mich nicht?‹

›Wer?‹ fragte ich behutsam.

Er sah mich blutleer und blicklos an, wie ein Untoter, und zum ersten Mal in meinem Leben erkannte ich mich selbst in ihm, wußte ich, daß ich sein Sohn war.

›Sie rief: Yehuda, ich bin es doch, deine Mutter. Vor Goethes Haus, stellt euch das bitte vor! Meine Mutter in Lumpen, Lumpen, Lumpen! Und ich ...‹ Vater rang nach Atem. Ich kroch zu ihm und nahm seine linke Hand. Zab hielt seine rechte. ›... ich stand nicht weit, ein paar Meter weit stand ich. Die Gendarmen schlugen sie und traten ihr in den Bauch, sie hatten auch Hunde. Und ich ging einfach weg, ich ging angeln.‹

›Sie kam von so weit‹, sagte er, nachdem wir lange geschwiegen hatten. ›Aus Kiew, wißt ihr? Kiew. Ich wollte wie Goethe werden, versteht ihr? Wir haben sie nie wiedergesehen ...‹

Vater bekam keine Luft mehr. Sein Gesicht lief blau an.

›Zab, ruf den Notarzt!‹

Es dauerte eine Ewigkeit, bis sie den Türschlüssel fand. Er hatte verborgen in einer Falte der Bettdecke gelegen.

Ich hielt Vater in meinen Armen.

›Meyer ...‹, keuchte er, ›ist sehr krank. Er darf es nicht erfahren, es gibt ihm den Rest. Ich verlasse mich auf dich. Ich habe das bisher nur einem einzigen Menschen erzählt.‹

›Wem, Vater? Sag's mir.‹

›Als wir nach Amerika kamen. Einem Zeitungsjungen im Hafen. Wollte es los sein, weißt du, neu anfangen…‹

◆◆◆

Ihm graute davor, ins Ritz zurückzukehren, wo den Gästen bereits kleine Weihnachtssterne auf die Kissen gelegt wurden, also war die Ottomane jetzt sein. Wir hegten und pflegten ihn. Die Ärzte hatten auf Kreislaufschwäche entschieden, ihm Ruhe verordnet, Tabak und Alkohol untersagt. Wie schon ihre amerikanischen Kollegen anläßlich seines Herzinfarkts vor einigen Jahren hatten die Experten nach dem Studium der Röntgenbilder die Kleinheit seines Herzens hervorgehoben und gelobt. Kleinere Herzen, so die damalige medizinische Lehrmeinung, waren widerstandsfähiger und schlugen länger.

Tage vergingen, eine Woche, zwei Wochen. Ein unglaublicher Schlendrian griff um sich. Bis auf Ashley, die endlich wieder in die Schule ging, arbeitete niemand. Mitte Dezember, und man wohnte immer noch bei Sam The Kid. Dina Rosen war praktisch ins *Golden Fist* umgezogen, wo sie Gesellschaft hatte, aus einem tiefen Korbsessel den Kämpfern bei ihren komplizierten Übungen zuschaute. Zunächst schien es, als warteten wir auf Vaters Genesung. Doch als er längst wiederhergestellt war, Pampelmusen löffelte, Marzipantee schlürfte und seine Mitmenschen mit gewohnter Herablassung behandelte, warteten wir, wie auf ein geheimes Zeichen, weiter. *C'est toujours les mêmes têtes qu'on voit ici,* sagte Ashy.

Leti schlug vor, ein Opfer zu bringen dafür, daß wir alle gesund waren und das Leben zelebrierten und uns so innig liebten. Es wurde hin und her überlegt. Was konnte, sollte, mußte man opfern? Ringold schlug allen Ernstes eine Jonathan-Still-Stiftung für Menschen mit gefährlich großen Herzen vor. Zu banal, entschieden wir. Ringold genoß den Verfall von Ordnung und Disziplin am meisten. Tag und Nacht lief er in meinem zerschlissenen Bademantel herum, weder rasierte noch blondierte er sich, seine Beschäftigung bestand darin, Ashleys alte, spanische Kinderbücher wieder und wieder zu lesen, bis er sie auswendig konnte. Man las überhaupt sehr viel. Wenn ich an einem beliebigen frühen Abend durch die Wohnung schlenderte (wir erwachten selten vor ein Uhr mittags), war es, als befände ich mich in einem weit verzweigten Lesesaal oder schaute in verschiedene Wartezimmer einer verstaubten, verschlampten Arztpraxis (niemand raffte sich auf sauberzumachen). Vater las im Stehen, am Fenster des Mittelzimmers, unter dessen Heizkörper Kater Rodrigo schlief, Conan Doyle, *The Valley Of Fear*. Rachel, in einem weiten, weißen Karateanzug auf der Ottomane liegend und billiges Konfekt in sich hineinschaufelnd, die Gedichte von Emily Dickinson. Zab schleppte, in Ermangelung einer französischen oder spanischen, meine englische Ausgabe von Calderons *Das Leben, ein Traum* ruhelos zwischen Schlafzimmer, Büro und Küche hin und her. Leti bevorzugte Ashleys Fußboden, wo sie in kürzester Zeit nahezu das Gesamtwerk Jules Vernes verschlang. Die Rosen wollte nicht lesen, sie hatte es, wie sie sagte, vor langer Zeit aufgegeben. Meyer hockte an meinem Schreibtisch und studierte, mit dem Zeigefinger Zeile um Zeile entlangfahrend, meine Übersetzung von *Perrone weiß nicht weiter*. ›Ich weiß nicht, Sam‹, sagte er, ›hat Vater wirklich geschrieben: Das grüne Kunstleder der Sitzbank zischte leise? Nie im Leben hat er das geschrieben, gib's zu.‹ Ich konnte mich nicht erinnern. Goethe war meine bevorzugte Lektüre in diesen Wochen, aber ich blätterte nur in ihm herum, denn ebensowenig konnte ich mich konzentrieren. Das Wahre, mit dem Göttlichen identisch, läßt sich niemals von uns direkt erkennen.

Wir schauen es nur im Abglanz, im Beispiel, Symbol, in einzelnen und verwandten Erscheinungen, lasen meine fahrigen Augen.

Meyer ahnte, daß Vater und ich hinter verschlossener Schlafzimmertür eine wie auch immer geartete Aussprache geführt hatten, und war es zufrieden. Was hatte er mit seinem lächerlichen Spiel bezweckt, welche Geständnisse und Einsichten zu hören erwartet? Elizabeths Tränen, die Tränen einer Unbeteiligten, waren am Ende der Auslöser für Yehuda Leisers selbstanklagende Mutter-Reminiszenz gewesen. Meine Zweifel an der Authentizität dieser Begebenheit wuchsen mit jedem Tag, den ich darüber nachdachte. Jonathan Still hatte in der Tat keine achtundzwanzig Romane und Weltbestseller geschrieben, um sich fern der Heimat in der abgewrackten Wohnung seines deutschen Übersetzers auf einer Matratze unter Tränen vor einer Wildfremden und einem fast Fremden auf diese Episode ›reduzieren‹ zu lassen. Vielleicht war es eine fiktive Rache, ein Wunschdenken. Vielleicht hatte Mali ihn früh verlassen, um ihrem unsteten Leben als Traumdeuterin, Handleserin, Zigeunerin nachzugehen. Sie waren fürwahr keine Ruhmesblätter, die Mütter unserer Familie. So unglaublich es scheinen mochte, Leben hatten stattgefunden vor der Verfolgung, den Lagern, der Auslöschung, Menschenleben voller gewöhnlicher menschlicher Makel, Kränkungen, Kuddelmuddel.

Natürlich behielt ich alles für mich. So war ich erzogen worden in Lenin Castle. Vater und ich, wir behielten die Dinge für uns. Auch Zab verpflichtete ich zu Stillschweigen. Aber sie war sowieso sehr still geworden. Sie las jetzt Pascals *Pensées*. Am Abend vor ihrem Kinobesuch sagte sie zu mir: ›*Le cœur a ses raisons que la raison ne connaît pas.*‹ Ich wußte nicht recht, was ich darauf antworten sollte. Es war eine dieser abgebrauchten Rachelromanweisheiten, von aller Welt zu Tode wiederholt.

Natürlich fragte ich Meyer nicht nach der schweren Krankheit, an der er laut Vater litt, verstand aber nun seine in den vergangenen Monaten oft geäußerte Bemerkung, er wolle ›klären‹. (Das Bedürfnis, vor dem Tod zu ›klären‹, ist verständlich, meinen und hoffen wir doch bis zum letzten Atemzug, wir hätten in größeren Zusammenhängen gelebt. Was aber, wenn es gar keine Zusammenhänge gibt, nur unsere Sehnsucht nach ihnen?) War der Krebs in Meyers Zellen gekrochen? Die Glatze schien dafür zu sprechen. Nun, Meyer hatte Schlimmeres überstanden, er würde leben.

Wenn wir nicht lasen, sangen wir. Ashley dirigierte den Familienchor bei einem seiner *all time favourites*, Tom Lehrers Hymne auf Wernher von Braun.

Gather round while I sing you of Wernher von Braun
A man whose allegiance is ruled by expedience
Call him a Nazi, he won't even frown
›Ha, Nazi, shmazi‹, says Wernher von Braun

Wir schmetterten gerade die dritte Strophe –

Some have harsh words for this man of renown
But some think our attitude should be one of gratitude
Like the widows and cripples in old London town
Who owe their large pensions to Wernher von Braun

– als es an der Tür klingelte. Es war Ludovico, komplett mit krokodilledernem Aktenkoffer, unterschriftsbereiten Reichtumsvermehrungspapieren und leicht verschämtem Lächeln beim Anblick seiner über diesen Besuch wenig amüsierten Tochter. Der alte Spieler Ludo, rastlos der eigenen Landstraße folgend, immer noch auf der Suche nach seiner Leidenschaft, und der Vater Paul Perrones brauchten nicht lange, um sich handelseinig zu werden und nebenbei auch gleich noch die Frage des ›Opfers‹ zu klären. Opa Karneval wußte kaum, wie ihm geschah, als er nun von allen, die es sich leisten konnten, mit Geldgaben und Einlagen in seine Fonds überschüttet wurde. Einmal in seinem Leben war er im richtigen Moment erschienen. Ich bereitete dem Weitgereisten ein Bett in der Badewanne.

◆◆◆

Am Tag, als Elizabeth ins Kino ging und die anderen mit dem von Vater einstweilen käuflich erworbenen Baustellen-Kleinbus nach Versailles fuhren, veranstalteten meine Wolken eine vormittägliche Prachtparade. Langsam und würdevoll zogen vorweihnachtlich gestimmte Walfische, Nußknacker und, wie Ashley beobachtet zu haben meinte, sogar ein Engel über die Giebel der Stadt.

Zab wollte die erste, die Vierzehn-Uhr-Vorstellung irgendeines neuen Films sehen, für den halb Paris Schlange stand; ich winkte dankend ab. Endlich allein. Als ich jedoch nach einem knappen Schäferstündchen mit Hildegard und einer längeren Lüftung meines Kopfes an den Ufern des Flusses die Wohnung aufschloß, spürte ich sofort, daß ich nicht allein war. In der Küche lief das Radio (ich erinnere mich, Yves Montand sang *Le Temps des Cérises*). Meyer saß mit ausdrucksloser Miene am Tisch.

Im ersten Moment dachte ich, er wäre tot. Dann seufzte er und rückte seinen Stuhl nach hinten, und ich sah, daß Ashleys kleines graues Kopfkissen in seinem Schoß lag und auf dem Kissen der Kater Rodrigo, definitiv tot, das Maul halb aufgerissen, die Zunge seitlich heraushängend, die gelblichen Zähne (er war nicht mehr der Jüngste gewesen) zu einem letzten seiner heimtückischen Bisse, vielleicht auch einem höhnischen, menschenverachtenden Grinsen gefletscht.

›Meyer, was hast du getan?‹

›Nichts. Er lag tot auf Ashys Bett. Armer Kerl. Sogar Yehuda hatte ihn fast schon ins Herz geschlossen.‹

›Ich glaub dir kein Wort. Wohin jetzt mit dem Vieh?‹

›Laß ihn doch noch ein bißchen ruhen bei mir‹, sagte Meyer. ›Sieben Trauertage, da darf das Tier doch vielleicht wenigstens sieben Minuten haben?‹ Er fügte schneidend hinzu: ›Oder?‹

›Meinetwegen.‹ Meyer schien einen seiner schlechten Tage erwischt zu haben. Er beugte sich über den toten Rodrigo und schnupperte.

›Rattengift‹, sagte er. ›Rieche ich zehn Meilen gegen den Wind.‹

›Wenn du ihn nicht vereist hast, wer war's dann?‹

›Oh, aber ich war's. Ja, Sam, ich war es.‹

›Dann darfst du's auch Zab beibringen.‹

Seine runden kleinen schwarzen Augen fixierten mich haßerfüllt. Ich erschrak sehr tief. Es war wie in einem Märchen oder in den frühen Perrones, wenn der liebste Mensch, dem man vertraut, an den man sich gelehnt, der einen beschützt hatte, plötzlich die Maske fallen ließ und sich in einen Todfeind verwandelte.

›Du machst mir angst‹, sagte ich.

›*You owe me big time, Sam*‹, sagte er.

›Aber was, Meyer? Was schulde ich dir?‹

›Als Leti nach Lenin Castle kam, wie ich sie haßte!‹

›Leti? Warum Leti?‹

›Weil ich dich liebe.‹

›Und ich liebe dich. Dann ist doch alles gut.‹

›Franz hat es fast umgebracht, nein: Es *hat* ihn umgebracht. Franz hast du auch auf dem Gewissen. Wenn Leti nicht gekommen wäre, hätte Yehuda ihn nie fallengelassen.‹

›Franz? Redest du von old Hutbinder?‹

›Wage es nie wieder, hörst du, *nie* wieder, dich über Franz lustig zu machen. Er war mein Mann.‹

›Franz Hutbinder war ein Mitglied deiner Gang? Also wirklich, Meyer.‹

Doch ich ahnte längst, worauf es hinauslief und was er mir sagen wollte. Im Büro läutete das Telefon. Wir ließen es klingeln. Die Szene war grausig. Meyer, der tote Kater auf Ashleys Kopfkissen in Meyers Schoß, ein klingelndes Telefon, ein Geständnis, das ich nicht hören wollte.

›Franz spielte Blackjack in Vegas. Armer Teufel. Wollte gewinnen, um frei zu sein. Verlor und konnte nicht zahlen. So lernten wir uns kennen. Ich verschaffte ihm den Job bei Yehuda. Und dann kam Leti.‹

›Aber hattest du nicht hundert Frauen und Shiksen und …‹

Daß Meyer und Hutbinder ein Liebespaar gewesen waren, konnte ich gerade noch schlucken, wenn auch kaum nachvollziehen. Aber alle seine ›Bräute‹, die lässigen Telefonate, die er mit ihnen geführt und die ich in meiner Jugend nachgeahmt hatte, unsere Gespräche über ›Weiber‹ von Buddy zu Buddy, wo blieben sie nun in meiner Meyer-Mythologie? Der kleine Gangster war lange mein Vorbild gewesen.

›Erfunden‹, sagte er. ›Was man halt so erfinden muß, wie die Dinge liegen.‹

›Meyer, ich weiß nicht, was ich sagen soll …‹

›Hast du noch nie gewußt und werfe ich dir auch nicht vor. Aber Leti …‹ Er fegte die tote Katze vom Kissen und versetzte ihr am

Küchenboden noch einen Tritt. ›... mir war schon klar, daß du mich nie auf ... meine Weise lieben konntest. Irgendwann habe ich Leti sogar akzeptiert. Habe sie fast liebgewonnen. Bewundert. Hat Eier, steht ihren Mann. Und dann läßt du sie gehen, *you little potz*. Kannst deine Familie nicht zusammenhalten, läßt deine Frau gehen. Was für eine Verschwendung!‹

Er massierte seine Schläfen. Das Telefon hatte aufgehört zu läuten. Jetzt hob es von neuem an.

›Ich war betrunken, es tut mir leid. Gott sei Dank ist dir nichts passiert‹, sagte Meyer.

›Wovon redest du?‹

›Von der Baustelle.‹

Er streckte seine rechte Hand aus und betrachtete sie versonnen, fast verliebt, fast wie Ashley ihre Hand kontemplierte.

›*Du* warst das? *Du* hast mich in die verdammte Grube gestoßen?!‹

Ich sprang auf und stolperte über die tote Katze und aus der Küche. Ich riß den Hörer vom Telefon. Es war irgendeine Krankenschwester des Hospital Cochin. Meyer war mir gefolgt.

›Sammy, es tut mir leid. *Don't be such a farbissener.* Du lebst. Du bist ein Glückspilz. Auch wenn ich dich dafür hasse, ich werde dich immer lieben.‹

›*Fuck off*‹, sagte ich. ›Ich will dich nicht mehr sehen.‹

Unser Gespräch widerte mich an, es klang wie ein *lover's tiff*, als würden wir eine lange, unglückliche Ehe beenden, Mordversuch inbegriffen.

›Ich höre‹, raunzte ich ins Telefon.

›Monsieur Leiser, besitzen Sie einen R4 mit dem Kennzeichen ...?‹

◆◆◆

›Selbstverständlich will ich verbrannt werden‹, sagte Vater. ›Und meine Asche möge man ins Meer streuen.‹

›In welches?‹ fragte Rachel.

›In Moby Dicks Meer‹, sagte er.

›Ist da auch genug Platz für dich, mein Brummbär?‹ sagte Rachel.

Es war der zweite Tag der Shiwah, die Rachel angeordnet hatte. Wir saßen im Belfort und tranken, ich weiß nicht mehr, was. Keiner wollte in der Wohnung sein. Ich trug meine Sonnenbrille, die ich vor achtundvierzig Stunden im Hospital Cochin aufgesetzt hatte. Ohne ein weiteres Wort hatte ich den Mörder Meyer stehengelassen und war zu Fuß in die Rue Cassini gestürmt. Die anderen riefen im Krankenhaus an, doch ich verbot ihnen zu kommen. Irgendwann sah ich Vater hilflos auf einem der grünen Nachtflure herumirren, grün die Wände, grün das Licht der Lampen, grün die Kittel der kettenrauchenden jungen, viel zu jungen Ärzte. Ich führte ihn zu Elizabeth. Hier war das Licht noch grüner, algengrün, unterseeisch. Sie wurde künstlich beatmet. Sollte sie überleben, aber das glauben wir nicht, sagte der grüne Arzt, um so schlimmer. Kein Gehirn mehr, sagte er, das Gas, das Gift. Sie hatte eine Flasche Schlaftabletten geschluckt, sich ans Steuer des Wagens gesetzt und den Motor laufen lassen. Geradezu perfekt, wie sie die Garage abgedichtet hat, sagte Leti später, nach Abschluß der polizeilichen Untersuchungen, als hätte sie einer Geschichtsstudentin soviel Geschicklichkeit nie zugetraut.

Ich saß auf einem Hocker und hielt Zabs noch warme, noch vertraute Hand. Sie war im ersten Monat schwanger, aber der Arzt glaubte nicht, daß sie es wußte. Vielleicht wollte er mich nur beruhigen. Mehrmals räusperte ich mich, wie damals unter der Orgel in Saint-Séverin, um ihr etwas zu sagen. Doch ich behielt es für mich. Vater stand am Fußende des Betts. ›Die Parole, Kleine, erinnere dich an die Parole‹, beschwor er die Komatöse. ›Der Wein mit der Pille ist im Becher mit dem Fächer, der Kelch mit dem Elch hat den Wein gut und fein …‹

Irgendwann entglitt mir ihre Hand, sie fiel leblos ab von meiner, wie ein totes Blatt. Zabs charmanter Silberblick hatte sich im Tod noch einmal potenziert. Sie sah aus, als schnitte sie kleinen Kindern ein lustiges Gesicht, eine Scherzgrimasse. *Let me look into a human eye, that's the magic glass, man.* Ich schloß ihr die Augen und setzte meine Sonnenbrille auf.

›Sie war der einzige Mensch, den ich kenne, der die Sache mit den vertauschten Weinkelchen verstanden hat‹, sagte Vater, als wir aus dem Hospital kamen. Sie hatte keinen alten Ringold-Western gesehen damals, sondern Vater im Ritz besucht, um Ratschläge über seinen Sohn einzuholen, und war ihm in seinen Lieblingsfilm gefolgt, der in der Cinémathèque lief.

Elizabeths Mutter, der sie sehr ähnlich gesehen hatte, entstieg mit zwei Mädchen, etwa in Ashys Alter, einem Taxi.

Zabs Geschwister schauten zu mir herüber.

Ich wandte mich ab.

Wir fanden das Rattengift, sie hatte es kurz nach ihrem Kinobesuch unten in der Eckapotheke für Rodrigo gekauft. Ihr Vertrauen in unsere Tierliebe war nicht groß gewesen. Ich fand auch das in rotes Seidenpapier gewickelte Dschungelbuch, ich hatte es in die unterste Schublade meines Schreibtischs gelegt und vergessen. Eine lustige Postkarte von Ashley klebte daran. Auf Spanisch und Französisch hatte sie geschrieben: *Hola, Zab, j'ai treize ans et je ne laisse personne dire que c'est le plus bel age de la vie. Amigos para siem-*

pre, Ashy. Was ich nicht fand, in ihren Sachen nicht und ihren Büchern oder unter den Kirchenbänken von Saint-Séverin, war ein Abschiedsbrief. Wortlos, kommentarlos war sie aus dem Leben gegangen. Noch nicht einmal einen ihrer Zettel hatte sie mir hinterlassen: *Kuß, Zab.*

›Sie wollte nicht an uns Erwachsenen verzweifeln‹, sagte Rachel jetzt im Belfort. ›Eher warf sie sich selber weg. So ist die Jugend.‹ Sie seufzte.

›Ich verstehe es immer noch nicht‹, sagte Ringold. ›Hat das irgendeiner von euch kommen sehen? Sie war immer so vergnügt.‹ Er fuhr sich durch seine kurzen, schwarzen Haare. Er war bereits in Maske. Bald würden die Dreharbeiten beginnen, würde er unter Letis Regie den verzweifelten Bäcker Chaim Zilbergeld darstellen. Leti war vor ein paar Stunden mit Ashley nach London geflogen. Neben dem neuen Cello, auf dem ich sie nie hatte spielen hören, stand noch ihre Schulmappe.

›Ich weiß nur eines‹, sagte Meyer. ›Wenn jemand sich umbringt, müssen wir sein Bild zu Ende malen. Sonst wird er vergessen werden.‹

›Ich habe nachgedacht‹, sagte Vater. ›*Perrone weiß nicht weiter* ist doch kein so schlechter Titel.‹

Ich zwang mich, ins Kino zu gehen und mir den Film anzuschauen, in den ich Elizabeth nicht begleitet hatte. Der Film spielte in Paris, Marlon Brando in der Hauptrolle. Sein erster Satz lautete *Fucking God!*, sein letzter: ›Unsere Kinder. Unsere Kinder werden sich erinnern.‹

Noch lange nach Schluß der Vorstellung saß ich im Kinosaal, starr wie eine Statue. Eine Platzanweiserin mußte mich hinausbegleiten. Ein kleiner Junge hob die Kinokarte, die ich weggeworfen hatte, vom Trottoir auf und hielt sie mir hin. Ich strich ihm über den Kopf. Er zuckte zurück. ›Er ist schüchtern mit Fremden‹, sagte seine Mutter. ›Sind wir das nicht alle?‹ sagte ich.

Ich umkreiste wieder die Kirche. Der gebildete Bettler verwikkelte mich in ein Gespräch. Der Mond war voll. ›Wie oft wirst du den Vollmond noch sehen, mein Freund?‹ sagte der Bettler. ›Und doch ist alles ewig‹, fügte er hinzu. Ich bezahlte den Preis für eine Kerze und zündete sie an und wartete kniend, bis sie heruntergebrannt war.

Vater hatte recht. Ein Gott, der existierte, war schon nicht mehr Gott. Götze, Dämon, belichtetes Zelluloid vielleicht, aber nicht Gott. Warum war Zab dann hier gewesen, zu wem hatte sie gesprochen? Kala Nag! Kala Nag! Nimm mich bitte mit, o Kala Nag!

Vater lebte noch lange und verschlüsselte die Fragen und Fragwürdigkeiten seines Lebens in den Perrone-Romanen. Rachel zog in Lenin Castle ein und flüchtete wenig später bei Nacht und Nebel. Ich werde nicht schlau aus diesem Mann, gestand sie mir am Telefon. Paul Perrone konnte jedes Verbrechen rekonstruieren, nur nicht die Identität seines Schöpfers. Nach Vaters Tod erschien Hutbinders Biographie, ein Märchen, das Jonathan Still gefallen hätte. Hargensee blieb Vaters und Meyers Geheimnis. Wo immer es gelegen und wer immer dort gelebt haben mochte, ich zündete eine Kerze an und schickte meine Seele auf eine lange Wanderschaft nach Hargensee und grüßte sie alle, grüßte auch Simcha Rebtschik. Vaters Asche war zu Händels Chor *All We Like Sheep Have Gone Astray* kaum im Schuylkill River verstreut, als Meyer ihm folgte. Er starb als Steuerflüchtling, in einer ärmlichen Holzhütte, irgendwo in Kanada.

Leti und ich rückten wieder enger zusammen, nicht sehr eng, das ließ unsere Geschichte nicht mehr zu, aber ein wenig. Wir wollten sogar nach Montevideo fliegen und zum Schein heiraten, damit

Ashy sich Mali nennen konnte. Die Militärdiktatur kam dazwischen. Ashy gab ihren Plan auf. Aber nicht für immer. Es existiert heute wieder eine Mali in der Welt. Mali Zusmanovitz, um genau zu sein, vier Jahre alt.

Unsere Ashley ist, wie sie es sich in ihrem Tagebuch gewünscht hatte, jemand geworden. Sie studierte Tiermedizin in England und ging nach Tel Aviv. Dort verliebte sie sich in den Tierarzt David Zusmanovitz und heiratete ihn heimlich. Nebenbei erbte sie Vaters neunzig Millionen. Schwere Last. Sie und David errichteten eine Tierklinik am Meer, spezialisiert zunächst auf Pferde, dann auf Esel, diese freundlichen, oft verspotteten Lasttiere. Nicht ohne Stolz darf ich sagen, daß Ashley die einzige Esel-Klinik auf dieser Erde leitet. Begleitet von den heiseren, mittelalterlichen Schreien der Tiere diktiere ich mal Ashy, mal ihrem Mann meine Erinnerungen, die nun zu Ende sind.

Wir müssen das Bild unserer Toten beenden, wie unfertig und widersprüchlich das Resultat auch sein mag. Andere werden eines Tages dasselbe für uns tun. Es wird viel gebetet im Hause Zusmanovitz. David half Ashley, die alten Legenden und unseren alten Glauben wiederzufinden. Die unstillbare Sehnsucht, die Elizabeth in Saint-Séverin verspürt hatte, die uns Gott einst erfinden ließ, sie stirbt nicht. Wem sollen wir, trotz allem, sonst danken?

Ich gab die Wohnung in der Avenue Denfert-Rochereau auf und bezog ein Zimmer in der Rue de Médicis. Aus meinem Fenster konnte ich den Park sehen und die Luftballons, die zur Herbstzeit in den Himmel stiegen. Ich war kaum eingezogen, als Armand anrief. Seine Mutter hatte der Schlag getroffen. Die Mansarde war frei.

—

»Martin Kluger gehörte zu den bedeutendsten Schriftstellern Deutschlands.«

NEUE ZÜRCHER ZEITUNG

Mehr von Martin Kluger bei DuMont

ABWESENDE TIERE

1040 Seiten / Auch als eBook

Der Berliner Zoo als aberwitziges Reich voller Rätsel. Martin Kluger führt mit grandioser Erzählkunst durch ein Paradies, aus dem sich die Menschen fortwährend selbst verstoßen.

DIE GEHILFIN

318 Seiten / Auch als eBook

Henrietta Mahlow wächst in der Berliner Charité zwischen Präparaten und Reagenzgläsern auf. Es ist die Zeit der großen Forscher: Rudolf Virchow, Robert Koch, Emil Behring. Um ihnen nachzufolgen, nimmt Henrietta in Männerkleidern ein Medizinstudium auf. Da kommt es zum Skandal.

DER KOCH, DER NICHT GANZ RICHTIG WAR

148 Seiten / Auch als eBook

Aus Liebe, Sehnsucht und Melancholie gewobene Geschichten: Zwischen Litauen, Uruguay und Berlin-Steglitz erschafft Martin Kluger eine strahlend schöne, strahlend traurige Welt.